Das bietet Ihnen die CD-ROM

Demo-Programm

Mit der Wertermittlungssoftware, die auf 30 Tage begrenzt ist, erstellen Sie rechtssichere Mustergutachten.

Rechner

Excel-Tools zur Berechnung des Verkehrswerts (Marktwerts). Vergleichswert-, Ertragswert- und Sachwertverfahren zur Bewertung bebauter Grundstücke.

Muster und Checklisten

- Beispielgutachten eines Einfamilienhauses
- Informationsbeschaffung für Kaufinteressenten
- Wesentliche Anforderungen an ein Gutachten
- Abschlussbericht „Aktuelle Gebäudesachwerte in der Verkehrswertermittlung" und Anlagen

Gesetze und Verordnungen

- Immobilienwertermittlungsverordnung (ImmoWertV)
- Wertermittlungsrichtlinien (WertR 2006)
- Normalherstellungskosten (NHK 2005)
- Honorarordnung für Architekten und Ingenieure (HOAI)
- Energieeinsparverordnung (EnEV)

Bibliografische Information der Deutschen Nationalbibliothek

Die Deutsche Nationalbibliothek verzeichnet diese Publikation in der Deutschen Nationalbibliografie; detaillierte bibliografische Daten sind im Internet über http://dnb.d-nb.de abrufbar.

ISBN 978-3-448-10055-6 Bestell-Nr. 06265-0004

4., aktualisierte Auflage 2010

Redaktionsanschrift: Fraunhoferstraße 5, 82152 Planegg/München
Telefon: (089) 895 17-0
Telefax: (089) 895 17-290
www.haufe.de
online@haufe.de
Lektorat: Jasmin Jallad
Redaktion: Cornelia Rüping, 81679 München

Desktop-Publishing: Agentur: Satz & Zeichen, Karin Lochmann, 83129 Höslwang
Umschlag: Kienle gestaltet, Stuttgart
Druck: Bosch-Druck GmbH, 84030 Ergolding

Zur Herstellung dieses Buches wurde alterungsbeständiges Papier verwendet.

Wertermittlung von Immobilien und Grundstücken

Bernhard Metzger

4. aktualisierte Auflage

Haufe Mediengruppe
Freiburg · Berlin · München

Inhaltsverzeichnis

Abkürzungsverzeichnis

II. BV	Zweite Berechnungsverordnung
BauGB	Baugesetzbuch
BauNVO	Baunutzungsverordnung
BBodSchG	Bundes-Bodenschutzgesetz
BetrKV	Betriebskostenverordnung
BGB	Bürgerliches Gesetzbuch
BGBl.	Bundesgesetzblatt
BGF	Brutto-Grundfläche
BKleinG	Bundeskleingartengesetz
DIN	Deutsche Industrie-Norm(en)
ebf	erschließungsbeitragsfrei
ebp	erschließungsbeitragspflichtig
GA	Gebäudealter
GND	Gesamtnutzungsdauer
GrundRBerG	Grundstücksrechtsbereinigungsgesetz
GRZ	Grundflächenzahl
GFZ	Geschossflächenzahl
HOAI	Honorarordnung für Architekten und Ingenieure
ImmoWertV	Immobilienwertermittlungsverordnung
LandR	Entschädigungsrichtlinien Landwirtschaft
LBO	Landesbauordnung(en)
NHK 2000	Normalherstellungskosten 2000
NutzEV	Nutzungsentgeltverordnung
RND	Restnutzungsdauer
SachenRBerG	Sachenrechtsbereinigungsgesetz
SchuldRAnpG	Schuldrechtsanpassungsgesetz
WertR 2006	Wertermittlungsrichtlinien 2006
WertV	Wertermittlungsverordnung
WaldR	Waldermittlungsrichtlinien
WEG	Wohnungseigentumsgesetz
WoFG	Wohnraumförderungsgesetz
WoFlV	Wohnflächenverordnung

Vorwort zur vierten Auflage

Da sich die Bedingungen auf dem Grundstücksmarkt seit Erlass der bisherigen Wertermittlungsverordnung (WertV) tiefgreifend geändert haben, wurde die WertV in 2010 novelliert und in Immobilienwertermittlungsverordnung (ImmoWertV) umbenannt.
Die Novelle tritt am 1.7.2010 in Kraft und ist dann insbesondere für Grundsstückwerte und für die Grundstückswertermittlung zwingend anzuwenden.
Die ImmoWertV legt die Grundsätze zur Ermittlung der Verkehrswerte von Grundstücken fest und stellt eine einheitliche Vorgehensweise bei der Verkehrswertermittlung in Deutschland sicher. Sie findet überall dort Anwendung, wo der Verkehrswert (Marktwert) von Grundstücken oder Immobilien zu ermitteln ist.
Seit Erlass der Wertermittlungsverordnung hat sich die Wertermittlungspraxis erheblich weiterentwickelt. Die ImmoWertV, die am 1.7.2010 in Kraft tritt, greift diese Entwicklungen auf und erfasst neue für den Grundstücksverkehr wichtige Aspekte. Sie erhöht die internationale Vermittelbarkeit, beispielsweise durch Aufnahme des Discounted-Cash-Flow-Verfahrens in einer für die Grundstückswertermittlung geeigneten Form, dem sog. Ertragswertverfahren auf der Grundlage unterschiedlicher Erträge. Sie regelt den Umgang mit künftigen Entwicklungen – wie beispielsweise absehbare anderweitige Nutzungen, wenn sie mit hinreichender Sicherheit und ohne spekulative Ausnahmen zu erwarten sind – da diese den Verkehrswert enorm beeinflussen und fordert, dass diese plausibel und nachvollziehbar ermittelt werden. Die Vergangenheit hat gezeigt, dass Portfolios oft falsch und i. d. R. zu hoch bewertet wurden. Daher sollen zukünftig spekulative Annahmen minimiert werden, um einer erneuten Finanzkrise bereits auf der Ebene der Grundstückswertermittlung wirksam entgegenzutreten. Materiell hat sich mit der ImmoWertV gegenüber der WertV fast nichts geändert. Jedoch ergeben sich bei der Ausarbeitung von Gutachten erhebliche praktische Änderungen was zum Einen aus einem geänderten systematischen Aufbau der ImmoWertV resultiert und zum Anderen modifizierte Begriffsbestimmungen und neue Bezeichnungen betrifft.

Der Praxisratgeber bietet auf CD zahlreiche Arbeitshilfen für die Wertermittlung.

Inning a. A. im Juni 2010 *Bernhard Metzger*

Vorwort

Es gibt eine Vielzahl von Anlässen, aus denen eine Bewertung von Grundstücken und Gebäuden notwendig ist. In Betracht kommen beispielsweise die Überprüfung von Kaufpreisvorstellungen bei Immobilienangeboten, Vermögensauseinandersetzungen infolge von Ehe- oder Erbstreitigkeiten, die Bewertung von Rechten und Belastungen bei Immobilienfinanzierungen oder bei einer Beleihung etc.

Die objektiv richtige Werteinschätzung einer Immobilie, insbesondere als Grundlage für Kaufentscheidungen, ist von grundsätzlicher Bedeutung, da häufig hohe Geldbeträge im Spiel sind und Fehlentscheidungen in der Regel sehr teuer bezahlt werden müssen.

Ziel und Gegenstand einer Wertermittlung ist es unter anderem, für bebaute und unbebaute Grundstücke den Verkehrswert (Marktwert) objektiv festzustellen und ihm so darzulegen, dass das Ergebnis und die zum Ergebnis führenden Schritte für einen Laien nachprüfbar und nachvollziehbar sind.

Dieser Haufe-Praxisratgeber soll dem „Wertermittlungs-Einsteiger" als Leitfaden dienen. Er soll Schritt für Schritt in die Praxis der Wertermittlung einführen und den Einstieg in die Erstellung von Wertermittlungsgutachten erleichtern.

Es wird aufgezeigt, wo welche Informationen für ein fundiertes Gutachten beschafft werden können und welche Anforderungen an ein Gutachten gestellt werden. Neben der Bodenwertermittlung werden die in Deutschland normierten Verfahren (Vergleichswert-, Sachwert- und Ertragswertverfahren) beschrieben.

Darüber hinaus soll der Leser darauf aufmerksam gemacht werden, welche Auswirkungen die einzelnen Eingangsgrößen bei der Wertermittlung auf den Verkehrswert haben.

Mithilfe von Sensitivitätsanalysen und Plausibilitätskontrollen können sowohl das eigene Ergebnis als auch die Ergebnisse bestehender Gutachten kritisch überprüft werden. In Form von Excel-Tabellen werden Ihnen dafür wertvolle Rechenhilfen an die Hand gegeben.

Schließlich finden Sie im Anhang dieses Buches ein Beispielgutachten für ein Einfamilienhaus mit allgemeinen Erläuterungen, das Ihnen als Leitfaden und Basis für ein zu erstellendes Gutachten dienen kann.

Viel Erfolg bei der Gutachtenerstellung wünscht Ihnen

Bernhard Metzger

1 Welche Informationen benötigen Sie?

1.1 Grundsätzliches zur Wertermittlung

Gegenstand einer Wertermittlung muss nicht immer ein bebautes Grundstück sein. Die Wertermittlung kann sich auch auf ein unbebautes Grundstück oder bestehende Gebäude, Rechte und Belastungen, welche mit dem Grundstück verbunden sind, beziehen.

Interessensausgleich

Zweck einer Wertermittlung ist es, einen Interessensausgleich zwischen dem „Anbieter" und dem „Nachfrager" herbeizuführen. Häufig haben dabei beide Parteien unterschiedliche Wertvorstellungen.

Ziel einer Wertermittlung

Ziel einer Wertermittlung ist in der Regel die Ermittlung des so genannten Verkehrswerts. Dieser wird in § 194 des Baugesetzbuchs wie folgt definiert:

§ 194 BauGB
„Der Verkehrswert (Marktwert) wird durch den Preis bestimmt, der in dem Zeitpunkt, auf den sich die Ermittlung bezieht, im gewöhnlichen Geschäftsverkehr nach den rechtlichen Gegebenheiten und tatsächlichen Eigenschaften, der sonstigen Beschaffenheit und der Lage des Grundstücks oder des sonstigen Gegenstands der Wertermittlung ohne Rücksicht auf ungewöhnliche oder persönliche Verhältnisse zu erzielen wäre."

Weitere Werte

Neben dem Verkehrswert gibt es zahlreiche weitere Werte wie z. B. den Beleihungswert, Versicherungswert, Einheitswert, Grundbesitzwert etc. Die folgende Tabelle[1] gibt einen Überblick über die für die Immobilienbewertung wesentlichen Werte und die Fälle, in denen diese Werte benötigt werden.

---

[1] www.immobilienbewertung-online.de.

Wert	Wird benötigt in folgenden Fällen:	Wird ermittelt von:
Verkehrswert	• Gerichtsurteile • Bewertungen von Fonds- und Gesellschafteranteilen • Vermögensauseinandersetzung (z. B. Erbfall, Scheidung) • Kauf- bzw. Verkaufsverhandlungen • Widerlegung der in der steuerlichen Bedarfsbewertung ermittelten Werte • Enteignungen • Entschädigungen etc.	• Sachverständigen • Gutachterausschüssen
Beleihungswert	• Beleihung von Liegenschaften	• Banken
Versicherungswert	• Abschluss von Gebäudeversicherungen	• Versicherungen
Einheitswert, Grundbesitzwert	• Besteuerung von Liegenschaften	• Finanzamt

Aus der Tabelle wird ersichtlich, dass der Verkehrswert der Wert ist, der am häufigsten benötigt wird. Lediglich in einigen Spezialfällen, wie z. B. bei der Beleihung, beim Abschluss von Gebäudeversicherungen und bei der steuerlichen Bewertung sind andere Werte maßgebend. Auch viele Banken ermitteln heutzutage zunächst den Verkehrswert und leiten daraus den Beleihungswert ab.
Der Grundstücksmarkt ist von so vielen erkennbaren und versteckten, objektiven und subjektiven, vermeintlichen und tatsächlichen Einflussfaktoren geprägt, dass es häufig unmöglich ist, den einzig richtigen Wert zu ermitteln.

Normierte Verfahren der ImmoWertV

Am besten geeignet zur Abbildung eines Grundstücksmarktes und rechtlich vorgeschrieben ist die Anwendung der normierten Verfahren der Immobilienwertermittlungsverordnung (ImmoWertV).

In der ImmoWertV sind drei Wertermittlungsverfahren definiert:

- das Vergleichswertverfahren (§ 15–16 ImmoWertV),
- das Ertragswertverfahren (§§ 17–20 ImmoWertV) und
- das Sachwertverfahren (§§ 21–23 ImmoWertV).

Mit Einführung der ImmoWertV werden beim Ertragswertverfahren drei Methoden geregelt:

Drei Methoden beim Ertragswertverfahren

1. allgemeines Ertragswertverfahren [§ 17 Abs. 2 (1) ImmoWertV]
2. vereinfachtes Ertragswertverfahren [§ 17 Abs. 2 (2) ImmoWertV]
3. Ertragswertverfahren mit periodisch unterschiedlichen Erträgen (§ 17 Abs. 3 ImmoWertV)

Die Erstellung eines Gutachtens vollzieht sich in der Regel in drei Arbeitsschritten:

Drei Arbeitsschritte

1. Informationsbeschaffung
2. Wertermittlung
3. Dokumentation

Alle drei Bausteine nehmen sicherlich den gleichen Stellenwert ein, jedoch ist der Zeitaufwand für jeden Arbeitsschritt unterschiedlich hoch.

Informationsbeschaffung am zeitintensivsten

Den zeitintensivsten Arbeitsschritt stellt mit ca. 50 bis 60 Prozent die Informationsbeschaffung dar. Sie hat stets besondere Bedeutung, da ohne sie letztendlich auch kein seriöses Gutachten zu erstellen ist.
Nicht nur der Sachverständige, der am Beginn seiner Laufbahn steht, sondern auch erfahrene Sachverständige stehen oftmals vor der Frage, wo im Einzelfall bewertungsrelevante Informationen eingeholt werden können.
Die Informationsbeschaffung erstreckt sich in der Regel über einen längeren Zeitraum und beginnt bereits beim Ortstermin.
Sämtliche Informationen, die der Sachverständige vor Ort erhalten hat, sind kritisch zu bewerten und auf Plausibilität zu prüfen. Im Gutachten sollten die Quellen der Informationen – schon aus Haftungsgründen – benannt werden.
Im Folgenden erfahren Sie, welche Informationen Sie benötigen und wie Sie bei deren Beschaffung am besten vorgehen.

Achtung:
Mangelnde oder gar fehlerhafte Recherchearbeit führt regelmäßig zu falschen Ergebnissen.

1.2 Der erste Schritt: Einsicht nehmen in das Grundbuch

Grundbuch

Das Grundbuch ist ein beim Amtsgericht geführtes öffentliches Register, das die Wirtschafts- und Rechtsverhältnisse an Grundstücken darlegt. Das Grundbuch kann bei berechtigtem Interesse von jedermann (z. B. Käufer) eingesehen werden und genießt öffentlichen Glauben, d. h., dass die dort eingetragenen Tatbestände jedem gutgläubigen Dritten gegenüber als richtig gelten. Das Grundbuch besteht aus dem Bestandsverzeichnis und den Abteilungen I, II und III. Das Bestandsverzeichnis enthält die genauen Grundstücksangaben und sollte mit den Katasterpapieren übereinstimmen. In Abteilung I werden die Eigentumsverhältnisse, in Abteilung II die Lasten und Beschränkungen und in Abteilung III die Belastungen eingetragen. Aufgrund der zahlreichen Informationen, die dem Grundbuch zu entnehmen sind und die in das Gutachten einfließen, ist es notwendig, dass immer die aktuellste Grundbuchabschrift zur Bearbeitung vorliegt. Beim Einblick in das Grundbuch sollten Sie wissen: Was rot unterstrichen ist, gilt als gelöscht.

Aufbau des Grundbuchblattes

Das Grundbuchblatt besteht aus

- der Aufschrift (Titelblatt),
- dem Bestandsverzeichnis sowie
- den Abteilungen:
  - erste Abteilung,
  - zweite Abteilung und
  - dritte Abteilung.

Aufschrift (Titelblatt)

Die Aufschrift (das Titelblatt) gibt Ihnen Auskunft darüber, ob es sich z. B. um

- ein normales Grundstück,
- ein Erbbaurecht,
- Wohnungseigentum,
- Teileigentum,

- Wohnungs- und Teilerbbaurecht oder
- eine Heimstätte

handelt.

Im Bestandsverzeichnis finden sich die Katasterangaben, also Gemarkung, Flur, Flurstück, Wirtschaftsart, Lage und Größe des Grundstücks.

Bestandsverzeichnis

Achtung: Öffentlicher Glaube des Grundbuchs

Eintragungen in das Grundbuch müssen nicht zwingend mit der wirklichen Rechtslage übereinstimmen. Damit das Grundbuch dennoch als Grundlage für alle Rechtsgeschäfte mit Grundstücken eingesetzt werden kann, genießt es (nach § 892 BGB) „öffentlichen Glauben", das heißt, zugunsten desjenigen, der ein Recht an einem Grundstück oder ein Recht an einem solchen Recht durch ein Rechtsgeschäft erwirbt, gilt der Inhalt des Grundbuchs als richtig, es sei denn, dass ein Widerspruch gegen die Richtigkeit eingetragen oder die Unrichtigkeit dem Erwerber bekannt ist. Der gutgläubige Erwerb eines Rechts wird durch den öffentlichen Glauben geschützt. Wer jedoch die Unrichtigkeit des Grundbuchs kennt, kann nicht den Schutz des öffentlichen Glaubens in Anspruch nehmen.

Der öffentliche Glaube des Grundbuchs umfasst
- die Rechtsvermutung: Es wird bis zum Beweis des Gegenteils angenommen, dass der Nachweis des Grundbuchs richtig ist.
- den Rechtsschutz des gutgläubigen Erwerbers: Der Erwerber eines Grundstücks genießt besonderen Schutz.

Der öffentliche Glaube erstreckt sich auf alle eingetragenen und gelöschten Rechte und auf die Angaben, von denen das eingetragene Recht abhängt. Deshalb sind folgende Katasterangaben vom öffentlichen Glauben umfasst:
- die Flurstücksbezeichnung (Gemarkung, Flur, Flurstücksnummer) und
- die Liegenschaftskarte mit ihren Unterlagen, soweit diese Grenzen der einzelnen Grundstücke (Flurstücke) festlegen.

Der Verfasser eines Gutachtens sollte wissen, dass sich der öffentliche Glaube hingegen nicht auf die tatsächlichen Eigenschaften eines Grundstücks wie
- die Lagebezeichnung,
- die Flächengröße und
- die Nutzungsart

erstreckt. Da diese Angaben lediglich nachrichtlich aus dem Liegenschaftskataster übernommen werden, sollten Sie diese – insbesondere die Grundstücksgröße – nochmals mit dem Liegenschaftskataster des zuständigen Katasteramtes vergleichen.

Erste Abteilung

In der ersten Abteilung des Grundbuchblatts wird der Eigentümer und die Grundlage seiner Eintragung vermerkt. Grundlage können z. B. Auflassung, Erbfolge oder Zuschlagsbeschluss im Versteigerungsverfahren sein.

Als Auflassung wird die Einigung zwischen Verkäufer und Käufer über den Übergang des Eigentums bezeichnet. Aufgrund der Eintragung der Auflassung kann nachvollzogen werden, wann ein Eigentumswechsel stattgefunden hat.

Zweite Abteilung

In der zweiten Abteilung werden Lasten und Beschränkungen des Grundstücks vermerkt, mit Ausnahme der Grundpfandrechte, die in Abteilung III eingetragen werden.

Hierunter fallen z. B.:

- Lasten
  - Grunddienstbarkeiten nach §§ 1018 ff. BGB (Dienstbarkeiten, Grunddienstbarkeiten, persönlich beschränkte Dienstbarkeiten)
  - Dauerwohn- und Dauernutzungsrecht
  - Reallasten
  - Nießbrauch
  - Vorkaufsrechte
  - Auflassungsvormerkung
  - Erbbaurecht
- Beschränkungen
  - Nacherbenvermerk
  - Testamentsvollstreckervermerk
  - Zwangsversteigerungs- und Zwangsverwaltungsvermerk
  - Insolvenzvermerk
  - Sanierungs- und Umlegungsvermerk
  - Verwaltungs- und Benutzungsregelungen bei Miteigentum

In der dritten Abteilung des Grundbuchblatts finden sich schließlich die Hypotheken, Grundschulden etc. Diese sind für die Wertermittlung allerdings in der Regel nicht von Interesse. Auch geht die tatsächliche Höhe der Schulden hieraus nicht hervor.

Dritte Abteilung

1.3 Wo Sie Informationen über ein eventuelles Erbbaurecht erhalten

Wie bereits erwähnt, ist ein Erbbaurecht als Belastung in der zweiten Abteilung des Grundbuchblatts eingetragen.
Um Einsicht in den Erbbauvertrag zu nehmen, müssen Sie sich an den Eigentümer bzw. Erbbauberechtigten wenden. Der Vertrag enthält Regelungen über

Erbbauvertrag

- das Tragen der öffentlichen und privatrechtlichen Lasten und Abgaben,
- die Errichtung, Instandhaltung und Verwendung des Baurechts,
- besondere Nutzungen oder Nutzungsbeschränkungen,
- Heimfallregelungen,
- eine Verpflichtung des Eigentümers, das Grundstück an den jeweiligen Erbbauberechtigten zu veräußern,
- eine Verpflichtung des Erbbauberechtigten zur Zahlung von Vertragsstrafen oder die Verpflichtung zum Heimfall,
- die Einräumung eines Vorrechts für den Erbbauberechtigten auf Erneuerung des Erbbaurechts nach dessen Ablauf,
- die Höhe der Entschädigung für das errichtete Bauwerk bei Beendigung des Erbbaurechts nach Zeitablauf,
- Anpassungsklauseln
- etc.

1.4 Wohnungs- und Teileigentum

Informationen über Wohnungs- oder Teileigentum erhalten Sie, wie bereits erwähnt, ebenfalls aus dem Grundbuch. Für Wohnungs- oder Teileigentum werden besondere Grundbuchblätter angelegt mit der Aufschrift „Wohnungsgrundbuch“ bzw. „Teileigentumsgrundbuch“, die den gleichen Aufbau wie ein normales Grundbuchblatt aufweisen; allerdings mit dem Unterschied, dass die jeweiligen Miteigentumsanteile und das Sondereigentum aufgeführt sind. In den drei Abteilungen sind dann der jeweilige Eigentümer, Rechte und Lasten sowie Grundpfandrechte verzeichnet.

Kriterium Abgeschlossenheit

Bei der Aufteilung eines Grundstücks in Wohnungseigentum wird für jede Wohnung und jedes Teileigentum ein eigenes Grundbuchblatt, das so genannte „Wohnungsgrundbuch“ bzw. „Teileigentumsgrundbuch“ angelegt. An einer Wohnung bzw. einem Gewerberaum kann man Eigentum nur dann erwerben, wenn die Wohnung bzw. der Gewerberaum in sich abgeschlossen ist und über einen abschließbaren Zugang verfügt. Eine Wohnung bzw. ein Teileigentum muss ferner von den übrigen Wohnungen und den sonstigen Räumen durch Trennwände und Trenndecken abgeschlossen sein, auch von denen, die im gemeinschaftlichen Eigentum stehen. Die Voraussetzung für die Begründung von Wohnungseigentum und Teileigentum ist in § 3 Abs. 2 Satz 1 WEG geregelt. Die Abgeschlossenheit wird auf Antrag des Eigentümers von der zuständigen Baubehörde bestätigt. Sie dient ausschließlich der sachenrechtlichen Bestimmtheit in Bezug auf die Abgrenzung von Sondereigentum und gemeinschaftlichem Eigentum und damit der Klarstellung der Eigentums- und Benutzungsverhältnisse innerhalb des in Wohnungseigentum aufgeteilten Gebäudes.

Im Folgenden werden die Eigentumsverhältnisse kurz erläutert:

Sondereigentum

- Sondereigentum – Alleineigentum an einer bestimmten Wohnung (Wohnungseigentum) oder an nicht zu Wohnzwecken dienenden Räumen (Teileigentum).

Wohnungseigentum

- Wohnungseigentum – Das Sondereigentum an einer Wohnung in Verbindung mit dem Miteigentumsanteil an dem gemeinschaftlichen Eigentum, zu dem es gehört.[2]

Teileigentum

- Teileigentum – Eine Immobilie kann in mehrere Anteile aufgeteilt werden. Diese Anteile können einzeln veräußert und belastet werden. Als Teileigentum bezeichnet man das Sondereigentum an nicht zu Wohnzwecken dienenden Räumen eines

[2] § 1 Abs. 2 WEG.

Gebäudes in Verbindung mit dem Miteigentumsanteil an dem gemeinschaftlichen Eigentum, zu dem es gehört.[3] Das Sondereigentum an einem dieser Anteile nennt man Teileigentum, sofern es sich dabei um nicht zu Wohnzwecken dienende Räume handelt.

- Gemeinschaftseigentum – Dazu gehört das Gebäude, das sind alle tragenden Bauteile, Versorgungsleitungen bis zu den Eigentumswohnungen, Heizungsanlage, Fahrstuhl, Treppenhaus, Fassade und Fenster; außerdem alle Gemeinschaftsanlagen, Gemeinschaftsräume, Außenanlagen und das Grundstück, soweit keine Sondernutzungsrechte bestellt sind. Genaue Angaben hierzu kann man der Teilungserklärung entnehmen.

Gemeinschaftseigentum

- Sondernutzungsrecht – Von einem Sondernutzungsrecht spricht man, wenn einem Wohnungseigentümer das alleinige (ausschließliche) Nutzungsrecht an Teilen des Gemeinschaftseigentums (z. B. Gärten, Gemeinschaftsräume, Stellplätze) eingeräumt wird, wodurch zugleich die anderen Wohnungseigentümer vom Mitgebrauch ausgeschlossen werden. Der Gegenstand des Sondernutzungsrechts bleibt im Gemeinschaftseigentum.

Sondernutzungsrecht

Teilungserklärung

Basierend auf dem Wohnungseigentumsgesetz regelt die Teilungserklärung das Verhältnis einzelner Wohnungseigentümer in einem Haus untereinander. Sie bezeichnet die Miteigentumsanteile am Grundstück und das damit verbundene Sondereigentum an bestimmten Räumen. Die Teilungserklärung ist ein wichtiges Dokument und muss stets notariell beurkundet sein. Die Teilungserklärung legt fest, wie das Gebäude aufgeteilt ist, insbesondere

- was zum Gemeinschaftseigentum und was zum Sondereigentum gehört (z. B. welcher Keller oder Stellplatz zu welcher Wohnung gehört). Diese Aufteilung wird neben den schriftlichen Festsetzungen zusätzlich in einem Aufteilungsplan dargestellt.
- die zum Gemeinschaftseigentum gehörenden Miteigentumsanteile der einzelnen Wohnungen.

[3] § 1 Abs. 3 WEG.

- eventuelle Sondernutzungsrechte für einzelne Wohnungen (z. B. für Gartenanteile der gemeinschaftlichen Grünfläche).
- Regelungen des Gebrauchs (z. B. „nur für Wohnzwecke"), Verteilung der Kosten von Instandhaltungsmaßnahmen am Gemeinschaftseigentum (in der Regel nach Miteigentumsanteilen).
- Stimmrechte einzelner Eigentümer in der Eigentümerversammlung (z. B. nach Miteigentumsanteilen oder nach Anzahl der Wohnungen).

Aufteilungsplan

Bei einem Aufteilungsplan handelt es sich um eine von der Baubehörde genehmigte Bauzeichnung, die im Wesentlichen dem genehmigten Eingabeplan entspricht und aus der die Aufteilung des Gebäudes sowie die Lage der im Sondereigentum und der im Gemeinschaftseigentum stehenden Gebäudeteile ersichtlich ist. Die einzelnen Nutzungseinheiten sind in der Regel fortlaufend durchnummeriert, sodass die Einheiten eindeutig identifizierbar sind. Der Aufteilungsplan wird stets bei der Bildung von Wohnungseigentum benötigt. Der Aufteilungsplan und die Abgeschlossenheitsbescheinigung sind wichtige Bestandteile der Teilungserklärung.
Weitere bewertungsrelevante Auskünfte kann man aus den Protokollen der Eigentümerversammlungen entnehmen, in denen beispielsweise anfallende Kosten zur Durchführung baulicher Maßnahmen wie z. B. Modernisierungen, Instandsetzungen etc. aufgeführt sind.

Wirtschaftsplan und Jahresabrechnung

Im Wirtschaftsplan und in der Jahresabrechnung, die Sie wie die Protokolle der Eigentümerversammlung beim Eigentümer bzw. bei der Hausverwaltung einsehen können, erhalten Sie Informationen über die Bewirtschaftungskosten.

1.5 Weitere wichtige Informationen

1.5.1 Nachbarrechtliche Beschränkungen

Informationen über nachbarrechtliche Beschränkungen zu erhalten ist nicht ganz einfach, weil diese in der Regel nicht ohne weiteres erkennbar sind. Zu den möglichen Ansatzpunkten zählen:

- gezieltes Nachfragen beim Ortstermin,
- Bebauungssituation,
- Hinweise in der Bauakte etc.

Mögliche Informationsquellen

1.5.2 Planungsrechtliche Nutzungsmöglichkeiten

Bebauungsplan

Der Bebauungsplan informiert Sie über:

- Art und Maß der baulichen Nutzung
- Bauweise
- überbaubare und nicht überbaubare Grundstücksfläche
- Anordnung der baulichen Anlagen
- Größe, Breite und Tiefe der Baugrundstücke
- Verkehrsflächen
- etc.

1.5.3 Baulasten

Baulastenverzeichnis

Informationen über vorhandene Baulasten eines Grundstücks – die den Wert des Grundstücks erheblich mindern können – lassen sich (außer in Bayern und Brandenburg) dem Baulastenverzeichnis entnehmen, das in der Regel bei der Bauaufsichtsbehörde geführt wird. Hier einige Beispiele von Baulasten:

- Abstandsflächenbaulast
- Stellplatzbaulast
- Erschließungsbaulast

1.5.4 Öffentlich-rechtliche Abgaben

Baubehörden

Die Baubehörden der Stadt- und Gemeindeverwaltungen geben Ihnen Auskünfte darüber, ob für ein Grundstück noch öffentlich-rechtliche Abgaben zu entrichten sind. Ist das der Fall, so kann dies erheblich den Verkehrswert des Grundstücks beeinflussen. Öffentlich-rechtliche Abgaben sind z. B.:

- Erschließungsbeiträge
- Kanalanschlussbeiträge
- Kostenerstattungsbeiträge nach § 8a Bundesnaturschutzgesetz
- Ablösebeiträge für Stellplatzverpflichtungen
- Ausgleichsbeiträge in Sanierungs- und Entwicklungsgebieten

1.5.5 Das Liegenschaftskataster

Flurkarte

Im Katasteramt können Sie die Flurkarte einsehen. Darin sind beispielsweise dargestellt:

- Flurstücke mit Nummern
- Gebäude
- dauerhaft planungswichtige Topografie und besondere topografische Gegenstände
- Nutzungsarten
- Lagebezeichnungen (Straße und Hausnummer)

Welche Behörden das Kataster zu führen haben, ist von Bundesland zu Bundesland unterschiedlich geregelt.

1.5.6 Altlasten

Informationen über eventuell vorhandene Altlasten erhalten Sie bei den staatlichen Ämtern für Wasser- und Abfallwirtschaft. Dort sind die im Altlastenkataster vorhandenen Daten in Dateien und Karten dargestellt.
Bei folgenden Vornutzungen besteht immer ein Altlastenverdacht:

Altlastenverdacht

- Tankstelle
- Kfz-Werkstätte
- Mülldeponie
- militärische Anlage
- farben- und lackverarbeitender Betrieb

1.5.7 Baugrundverhältnisse

Ergibt sich beim Ortstermin der Verdacht auf mögliche ungünstige Bodenverhältnisse wie z. B. Uferlage, Hanglage etc., können Sie sich weitere Informationen beispielsweise bei Bauämtern, geologischen Ämtern, Nachbarn etc. einholen.

Aufschluss bei schwierigen Baugrundverhältnissen können in der Regel nur spezielle Baugrundgutachten geben.

Baugrund-gutachten

1.5.8 Erhaltungssatzung

Besteht für ein Grundstück eine Erhaltungssatzung, ist eine höherwertige Nutzung zum Schutz der Bausubstanz und der Wohnbevölkerung in der Regel nicht gestattet. Dies kann sich erheblich wertmindernd auf den Verkehrswert auswirken.

Wertmindernde Auswirkung

Klären Sie daher bei der jeweiligen Gemeinde ab, ob für das Grundstück eine Erhaltungssatzung besteht oder ob in einem Bebauungsplan entsprechende Festsetzungen getroffen wurden.

1.5.9 Behördliche Genehmigungen überprüfen

Bietet sich für die Wertermittlung die Berücksichtigung einer höherwertigen Nutzung als der momentanen Wohnnutzung an, so sollten Sie stets prüfen, ob die Nutzungsänderung nicht einer Zweckentfremdungsgenehmigung bedarf.

Zweck-entfremdungs-genehmigung

Bei der jeweiligen Stadtverwaltung können Sie nachfragen, ob eine Zweckentfremdungsverordnung besteht.

Klären Sie auch, ob eine Baugenehmigung vorliegt und ob der tatsächliche Zustand der zu bewertenden baulichen Anlage mit ihrem genehmigten Zustand identisch ist.

Bau-genehmigung

1.5.10 Denkmalschutz

Bei der Denkmalschutzbehörde erfahren Sie, ob ein Gebäude unter Denkmalschutz steht. In einem solchen Fall erhalten Sie Auskunft über alle mit dem Denkmalschutz verbundenen Vorschriften.

1.5.11 Wo Sie geeignete Karten finden

Zur übersichtlichen Darstellung der Lage des Bewertungsgrundstücks eignen sich Karten im Maßstab 1 : 5.000. Diese sind in Buchhandlungen oder auch bei den jeweiligen Landesvermessungsämtern erhältlich.

Stadtpläne

Eine gute Übersicht über die Infrastruktur in der näheren Umgebung des Bewertungsobjekts liefern Stadtpläne in den Maßstäben 1:20.000 oder 1:25.000.

1.5.12 Immissionsbelastung

Augen auf beim Ortstermin!

Beim Ortstermin sollten Sie verstärkt auf vorhandene Immissionsquellen achten wie z. B. Verkehr, Flughafen, Gewerbe, Sportanlagen etc. Konzentrieren Sie sich dabei nicht nur auf Lärm, sondern auch auf Abgase, z. B. Industriebetriebe, Kläranlagen etc., und Belastungen durch Elektrosmog. Informationen liefern hierzu insbesondere Anwohner, aber auch ein Blick in den Stadtplan hilft weiter.

1.5.13 Rund um die Miete

Mietspiegel

Um abschätzen zu können, welche Miete für ein Objekt marktüblich zu erzielen ist, empfiehlt sich zunächst eine Anfrage bei der Stadtverwaltung, ob ein offizieller Mietspiegel existiert. Auch eine Anfrage beim zuständigen Gutachterausschuss könnte sich lohnen.

Preisspiegel des IVD

Der Immobilienverband Deutschland IVD Bundesverband der Immobilienberater, Markler, Verwalter und Sachverständigen e. V. (www.ivd.net), der durch die Verschmelzung vom Ring deutscher Makler (RDM) und dem Verband Deutscher Makler (VDM) entstanden ist und zum zahlenmäßig stärksten Unternehmensverband der Immobilienwirtschaft wurde, gibt Preisspiegel (IVD-Gewerbepreisspiegel und IVD-Wohnimmobilienpreisspiegel) heraus, mit denen Sie sich ebenfalls informieren können.

Anzeigen auswerten

Nicht zuletzt können Sie auch eigene Auswertungen von Immobilienanzeigen in den örtlichen Tageszeitungen vornehmen.

Informationen über bestehende Mietverhältnisse erhalten Sie beim Eigentümer. Die Mietverträge geben Ihnen Auskunft über die augenblicklich gezahlte Miete und darüber, welche Bewirtschaftungskosten auf den Mieter umgelegt werden.

1.5.14 Wohn- und Nutzfläche

Planunterlagen aus Baugenehmigung

Lassen Sie sich vom Eigentümer oder vom Bauamt die Planunterlagen (Eingabepläne) aus der Baugenehmigung zeigen. Überprüfen Sie stichprobenartig die aufgestellten Flächenberechnungen.

1.5.15 Informationen über Kosten und Preisindizes

Bewirtschaftungskosten

Informationen über die laufenden Bewirtschaftungskosten können Sie durch Einsichtnahme in die Mietverträge erhalten. Teilweise veröffentlichen auch Gutachterausschüsse Angaben zu den örtlichen Bewirtschaftungskosten.

Liegenschaftszinssatz

Informationen über den Liegenschaftszinssatz erhalten Sie vom jeweils zuständigen Gutachterausschuss.

Baupreisindex

Baupreissteigerungen werden regelmäßig viermal jährlich von den Statistischen Landes- und Bundesämtern veröffentlicht. Sie finden diese Informationen im Internet unter www.destatis.de.

Die jeweils zuständigen Gutachterausschüsse geben Ihnen darüber hinaus Auskunft über

- Umrechnungskoeffizienten für unterschiedliche Grundstücksgrößen,
- Umrechnungskoeffizienten für unterschiedliche Geschossflächenzahlen (GFZ),
- Ertragsfaktoren,
- Vergleichswerte,
- Bodenrichtwerte und
- Marktanpassungsfaktoren.

Hinweis: Übersicht auf CD-ROM

Auf der beiliegenden CD-ROM finden Sie eine Übersicht zur Informationsbeschaffung in Tabellenform.

Siehe CD-ROM

2 Aufbau und Anforderungen an ein Gutachten

Verkehrswert

Nach § 194 BauGB wird der Verkehrswert (Marktwert) von Grundstücken durch den Preis bestimmt, der

- in dem Zeitpunkt, auf den sich die Ermittlung bezieht (Wertermittlungsstichtag),
- im gewöhnlichen Geschäftsverkehr,
- nach den rechtlichen Gegebenheiten und tatsächlichen Eigenschaften, der sonstigen Beschaffenheit und der Lage des Grundstücks oder des sonstigen Gegenstands der Wertermittlung und
- ohne Rücksicht auf ungewöhnliche oder persönliche Verhältnisse

zu erzielen wäre.

Gegenstand der Wertermittlung

Gegenstand der Wertermittlung können sein:

- das Grundstück,
- ein Grundstücksteil einschließlich seiner Bestandteile[4] wie Gebäude, Außenanlagen und sonstige Anlagen sowie das Zubehör,
- besondere Betriebseinrichtungen[5],
- Belastungen und ihr wertmindernder Einfluss sowie
- einzelne Bestandteile von Grundstücken.

Grundlagen der Wertermittlung (§ 2 ImmoWertV)
Der Wertermittlung sind die allgemeinen Wertverhältnisse auf dem Grundstücksmarkt am Wertermittlungsstichtag (§ 3) und der Grundstückszustand am Qualitätsstichtag (§ 4) zugrunde zu legen. Künftige Entwicklungen wie beispielsweise absehbare anderweitige Nutzungen (§ 4 Abs. 3 Nr. 1) sind zu berücksichtigen, wenn sie mit

---

[4] Bestandteile eines Grundstücks sind insbesondere Rechte, die mit dem Eigentum an einem Grundstück verbunden sind, seien sie privatrechtlicher Art wie Dienstbarkeiten oder öffentlich-rechtlicher Art wie z. B. Baulasten.

[5] Obwohl die besonderen Betriebseinrichtungen in der ImmoWertV nicht mehr gesondert genannt werden, bedeutet dies nicht, dass sie unberücksichtigt bleiben können.

hinreichender Sicherheit aufgrund konkreter Tatsachen zu erwarten sind. In diesen Fällen ist auch die voraussichtliche Dauer bis zum Eintritt der rechtlichen und tatsächlichen Voraussetzungen für die Realisierbarkeit einer baulichen oder sonstigen Nutzung eines Grundstücks (Wartezeit) einzubeziehen.

Hinweis: Gutachten muss nachvollziehbar sein

Jedes Gutachten muss logisch und folgerichtig aufgebaut sein. Die fachbezogenen Inhalte müssen so dargestellt werden, dass auch der Empfänger und interessierte Laie den Denkprozess nachvollziehen kann. Im Gutachten müssen alle Eingangsdaten nachprüfbar und nachvollziehbar begründet werden. Darüber hinaus ist auch immer die Wahl des Wertermittlungsverfahrens zu begründen.

Gestaltung abhängig von Auftrag

Gestaltung und Aufbau eines Wertermittlungsgutachtens hängen wesentlich von der Art und Zielsetzung des Auftrags ab und bereiten dem Anwender, insbesondere dem Einsteiger, häufig Schwierigkeiten. Obwohl der Aufbau eines Gutachtens in der Regel sehr individuell sein kann, gibt es diverse Möglichkeiten, ein Gutachten zu erstellen, z. B.:

- Formulargutachten
- frei erstellte Gutachten
- Einsatz von Wertermittlungssoftware

2.1 Formulargutachten

Es gibt eine große Anzahl unterschiedlicher Formulargutachten. In diese Vordrucke sind lediglich die individuellen Daten einzusetzen.

Vordrucke in den WertR 2006

In den WertR 2006 sind diverse Vordrucke aufgeführt, die für die Wertermittlung angewandt werden und als Hilfsmittel dienen können. Hierbei handelt es sich um folgende Anlagen:

Anlage 1: Wertermittlung unbebauter Grundstücke (Bodenwert)
Anlage 2: Wertermittlung bebauter Grundstücke
Anlage 2a: Einlageblatt Baubeschreibung
Anlage 2b: Zusammenstellung der Wertermittlungsergebnisse

Diese Vordrucke bieten sich insbesondere bei einfachen Fällen der Wertermittlung und bei Massenbewertungen an.
Zweck dieser Vordrucke ist es, dass der Bearbeiter alle Einzelheiten erfasst und entsprechend wertet. Nachteilig ist, dass Formulargutachten in der Regel schwer nachvollziehbar sind, da ggf. gerade an jenen Stellen des Vordrucks kein Platz für Erläuterungen vorhanden ist, wo dieser dringend benötigt wird.

Formular-gutachten

Formulargutachten sollten Sie daher nur bei überschlägigen Wertgutachten verwenden, bei denen es auf die Größenordnung des Werts ankommt und auf Erläuterungen im Wesentlichen verzichtet werden kann.

2.2 Frei erstellte Gutachten

Individuell gestaltbar

Eine weitere Möglichkeit, Wertgutachten zu erstellen, ist das freie Gutachten. Wesentlicher Vorteil ist dabei, dass das Gutachten individuell gestaltbar ist und jeder Sachverständige seine persönliche Note einfließen lassen kann.

> **Achtung: Gliederung von besonderer Wichtigkeit**
> Achten Sie bei einem freien Gutachten darauf, sämtliche Teilschritte in einer vorher protokollierten Reihenfolge zu bearbeiten. Eine Gliederung ist dabei besonders wichtig.

Muster-gliederungen erstellen

Es bietet sich daher an, für verschiedene Gutachten, z. B. für die Bewertung von Objekten im Sachwertverfahren, Ertragswertverfahren usw. oder für bestimmte Rechte und Lasten, Mustergliederungen zu erstellen. Die individuelle Gestaltung und Ausarbeitung kann dann mittels Textbausteinen, die z. B. aus bisher erstellten Gutachten entnommen sind, erfolgen.

2.3 Einsatz von Wertermittlungssoftware

Weiteres Hilfsmittel können auch EDV-unterstützte Programme zur Immobilienbewertung sein. Die Programme beherrschen die klassischen Bewertungsmethoden nach dem Vergleichs-, Ertrags- und Sachwertverfahren. Darüber hinaus können in der Regel auch grundstücksbezogene Rechte und Belastungen ermittelt werden.

Hinweis: Mittels Software berechnete Ergebnisse kritisch überprüfen

Die Erstellung von Gutachten mittels Software darf jedoch nicht den eigenen Denkprozess ersetzen; Sie sollten die Ergebnisse stets kritisch überprüfen. Insbesondere Plausibilitätskontrollen können dabei hilfreich sein.

2.4 Wie Sie das Gutachten aufbauen

Sie können das Gutachten beispielsweise wie folgt aufteilen:

Aufbau des Gutachtens

Teil 1: Deckblatt
Teil 2: Inhaltsverzeichnis
Teil 3: Zusammenstellung wesentlicher Daten
Teil 4: Vorbemerkungen
Teil 5: Grund- und Bodenbeschreibung
Teil 6: Beschreibung der Gebäude und Außenanlagen
Teil 7: Ermittlung des Verkehrswerts
Teil 8: Anlagen

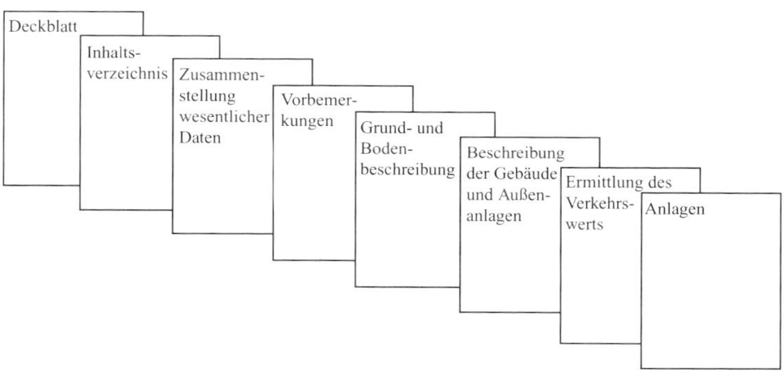

Hinweis: Ortsbesichtigung

Der Gutachtenerstellung muss grundsätzlich immer eine Ortsbesichtigung vorangehen.

2.5 Welchen Anforderungen muss ein Gutachten genügen?

Nachfolgend werden die wesentlichen Anforderungen aufgeführt, die an ein Gutachten gestellt werden. Mit der Checkliste können Sie anhand der Stichpunkte Ihr Gutachten auf Vollständigkeit überprüfen. Je nach Gegenstand und Verfahren der Wertermittlung können Sie die Checkliste, die Sie auch auf Ihrer CD-ROM finden, noch ergänzen und individuell anpassen.

Siehe CD-ROM

Checkliste: Wesentliche Anforderungen an ein Gutachten

Anforderungen	**Bemerkungen**
1 Deckblatt	
Briefkopf	
Gutachtenbezeichnung	
Angabe Seitenzahl und Anzahl der Anlagen	
Angabe Ausfertigungen	
2 Inhaltsverzeichnis	
3 Zusammenstellung der Wertermittlungsergebnisse	
4 Vorbemerkungen (allgemeine Angaben)	
Angaben zum Wertermittlungsobjekt	
Auftraggeber	
Eigentümer	
Grundbuch- und Katasterangaben	
Zweck der Gutachtenerstellung	
Wertermittlungsstichtag	
Tag der Ortsbesichtigung	
Teilnehmer beim Ortstermin	
Dokumente und Informationen, die bei der Wertermittlung zur Verfügung standen	

Checkliste: Wesentliche Anforderungen an ein Gutachten	
Anforderungen	**Bemerkungen**
5 Grund- und Bodenbeschreibung	
1. Lage	
Großräumige Lage	
• Bundesland/Kreis/Ort/Einwohnerzahl	
• Überörtliche Anbindungen/Entfernungen	
• Nähere Umgebung	
Kleinräumige Lage	
• Innerörtliche Lage	
• Art der Bebauung sowie Nutzungen in der Straße und im Ortsteil	
• Beeinträchtigungen	
• Topografische Grundstückslage	
2. Gestalt und Form	
Straßenfront	
Grundstücksgröße	
Bemerkungen	
3. Erschließung	
Straßenart	
Straßenausbau	
Anschlüsse an Versorgungsleitungen und Abwasserbeseitigung	
Grenzverhältnisse, nachbarrechtliche Gemeinsamkeiten	
Baugrund, Grundwasser (soweit augenscheinlich ersichtlich)	
4. Rechtliche Gegebenheiten (wertbeeinflussende Rechte und Belastungen)	
Privatrechtliche Situation	
• Grundbuchlich gesicherte Belastungen	
• Anmerkung	
• Bodenordnungsverfahren	
• Nicht eingetragene Rechte und Lasten	
Öffentlich-rechtliche Situation	
• Baulasten und Denkmalschutz	
• Darstellungen im Flächennutzungsplan	
• Festsetzungen im Bebauungsplan	
• Bauordnungsrecht	
5. Entwicklungszustand inkl. Beitrags- und Abgabesituation	

Checkliste: Wesentliche Anforderungen an ein Gutachten	
Anforderungen	**Bemerkungen**
6. Hinweise zu den durchgeführten Erhebungen	
7. Derzeitige Nutzung und Vermietsituation	
6 Beschreibung der Gebäude und Außenanlagen	
Vorbemerkung	
Art des Gebäudes	
• Baujahr	
• Modernisierung	
• Außenansicht	
Nutzungseinheiten, Raumaufteilung	
Gebäudekonstruktion (Keller, Wände, Decken, Treppe, Dach)	
Allgemeine technische Gebäudeausstattung	
Ausführung und Ausstattung	
• Baubeschreibung	
• Bauschäden und Baumängel	
• Wirtschaftliche Wertminderungen	
Nebengebäude	
Außenanlagen	
7 Ermittlung des Verkehrswerts	
Verfahrenswahl	
• Angewandte Wertermittlungsverfahren	
• Begründung der Verfahrenswahl	
Bodenwertermittlung	
• Bodenrichtwerte und/oder Vergleichspreise mit ziffernmäßiger Darstellung, Analyse und statistischer Auswertung	
• Angabe der GRZ/GFZ, erschließungsbeitragspflichtig oder -frei	
• Umrechnungsmethode	
• Lagebeurteilung	
• Berücksichtigung bodenwertbeeinflussender Umstände, z. B. Rechte und Lasten am Grundstück, Kontamination, Immissionen	
• Gegebenfalls Zu- und Abschläge	

Checkliste: Wesentliche Anforderungen an ein Gutachten	
Anforderungen	**Bemerkungen**
Beim Sachwertverfahren	
• Beurteilung der Gebäude, der Grundrisse, der Ausstattung und der Baustoffe	
• Ermittlung der Normalherstellungskosten zum Bewertungsstichtag	
• Ermittlung der Baunebenkosten	
• Ermittlung der Außenanlagen	
• Berücksichtigung der Alterswertminderung	
• Berücksichtigung der allgemeinen Marktanpassung	
• Berücksichtigung der besonderen marktspezifischen Grundstücksmerkmale	
• Berechnung des Sachwerts	
Beim Ertragswertverfahren	
• Tatsächliche Mieterträge mit Darstellung des Mietbegriffs und Beurteilung ihrer nachhaltigen Erzielbarkeit	
• Angaben über mietvertragliche Bindungen	
• Berücksichtigung nicht vermieteter oder eigengenutzter Räume	
• Bewirtschaftungskosten durch Angabe der Betriebskosten (effektiv anfallende Kosten), Instandhaltung, Verwaltung, Mietausfallwagnis	
• Berechnung des Reinertrags	
• Herleitung des Liegenschaftszinssatzes mit Begründung	
• Bodenwertverzinsung	
• Ermittlung des Gebäudereinertrags	
• Bestimmung der anzusetzenden Restnutzungsdauer mit Begründung	
• Berechnung des Vervielfältigers (anhand Restnutzungsdauer und Liegenschaftszinssatz)	
• Ermittlung des Ertragswerts der baulichen Anlagen	
• Ermittlung des vorläufigen Ertragswerts	
• Allgemeine Marktanpassung	
• Objektspezifische Marktanpassung	
• Berechnung des Ertragswerts	

Checkliste: Wesentliche Anforderungen an ein Gutachten	
Anforderungen	**Bemerkungen**
Sonstige Verfahren	
• Vergleichswertverfahren (für bebaute Grundstücke, Eigentumswohnungen)	
• Verfahren des rentierlichen Bodenwerts	
• Sonstige Verfahren	
Sonderwerte	
• Berechnung evtl. Sonderwerte	
Plausibilitätskontrollen und Sensitivitätsanalysen zur Untermauerung des ermittelten Ergebnisses	
Verkehrswertableitung aus den Verfahrensergebnissen	
• Definition des Verkehrswerts	
• Berücksichtigung der Marktlage zum Bewertungsstichtag	
• Ergebnis	
• Datum, Unterschrift, Stempel	
8 Anlagen	
Literaturverzeichnis	
Verwendete Wertermittlungsliteratur	
Rechtsgrundlagen der Verkehrswertermittlung	
Verzeichnis der Anlagen (Nichtzutreffendes streichen!)	
• Auszug aus Straßenkarte im Maßstab 1: ...	
• Auszug aus Stadtplan im Maßstab 1: ...	
• Auszug aus Katasterkarte im Maßstab 1: 1.000	
• Fotos ...	
• Gebäudeansichten	
• Gebäudegrundrisse	
• Gebäudeschnitt	
• Wohnflächenberechnung/Berechnung des Bruttorauminhalts	
• Baupläne	
• Mietvertrag	
• Teilungserklärung	
• Grundbuchauszug	

Die Ergebnisse sowie die wesentlichen Daten der Wertermittlung sollten Sie im Gutachten zusammenfassend darstellen. Passen Sie die Übersicht an die individuellen Gegebenheiten an.

Beispiel: Zusammenstellung wesentlicher Daten – Ertragswertverfahren –

Objekt	
Wertermittlungsstichtag	
Ortstermin	
Baujahr des Gebäudes	
Anzahl der Wohnungen	
Wohnlich nutzbare Fläche	
Grundstücksgröße	
Bodenwert (relativ)	
Bodenwert (absolut)	
Mietansatz für die Wohnung(en)	
Rohertrag	
Bewirtschaftungskosten	
Liegenschaftszinssatz	
Restnutzungsdauer	
Allgemeine Marktanpassung	
Objektspezifische Marktanpassung	
Bodenwert	
Ertragswert	
Verkehrswert	

Beispiel: Zusammenstellung wesentlicher Daten – Sachwertverfahren –

Objekt	
Wertermittlungsstichtag	
Ortstermin	
Baujahr des Gebäudes	
Wohnlich nutzbare Fläche	
Grundstücksgröße	
Bodenwert (relativ)	
Bodenwert (absolut)	
Herstellungskosten der baulichen Anlagen	
Alterswertminderung	
Vorläufiger Sachwert des Grundstücks	
Allgemeine Marktanpassung	
Objektspezifische Marktanpassung	
Verkehrswert	

Siehe CD-ROM

Hinweis: Beispielgutachten auf CD-ROM

Auf der beiliegenden CD ist ein Beispielgutachten aufgeführt, das Ihnen als Unterstützung bei Ihrer Arbeit weiterhelfen soll. Das Beispielgutachten wurde mit der Bewertungssoftware Sprengnetter-ProSa erstellt.

Ebenfalls auf der CD finden Sie die Testversion der Bewertungssoftware Sprengnetter-SmartValue. Hierbei handelt es sich um eine Lightversion von Sprengnetter-ProSa. (Weiter Informationen hierzu im Anhang, erster Abschnitt „Demo-Programm: Sprengnetter-SmartValue", Seite 186.)

3 Wie Sie den Bodenwert ermitteln

Die Ermittlung des unbebauten Bodenwerts ist sowohl beim Ertragswert- als auch beim Sachwertwertverfahren notwendig. Unabhängig vom Bewertungsverfahren sollten Sie den Bodenwert stets vorab ermitteln. Dazu gibt es verschiedene Möglichkeiten.

Vergleichswertverfahren ist vorrangig

§ 16 der ImmoWertV regelt, dass der Wert des Bodens ohne Berücksichtigung der vorhandenen baulichen Anlagen auf dem Grundstück vorrangig im Vergleichswertverfahren (§ 15) zu ermitteln ist.
Dabei kann der Bodenwert auch auf der Grundlage geeigneter Bodenrichtwerte ermittelt werden. Bodenrichtwerte sind geeignet, wenn die Merkmale des zugrunde gelegten Richtwertgrundstücks hinreichend mit den Grundstücksmerkmalen des zu bewertenden Grundstücks übereinstimmen.

Vergleichswertverfahren

1. Bestimmung des Bodenwerts unter Zuhilfenahme des Vergleichswertverfahrens[6]

§ Siehe CD-ROM

§ 17 Abs. 3 ImmoWertV
Ermittlung des Ertragswerts

(1) Im Vergleichswertverfahren wird der Vergleichswert aus einer ausreichenden Zahl von Vergleichspreisen ermittelt. Für die Ableitung der Vergleichspreise sind die Kaufpreise solcher Grundstücke heranzuziehen, die mit dem zu bewertenden Grundstück hinreichend übereinstimmende Grundstücksmerkmale aufweisen. Finden sich in dem Gebiet, in dem das Grundstück gelegen ist, nicht genügend Vergleichspreise, können auch Vergleichspreise aus anderen vergleichbaren Gebieten herangezogen werden. Änderungen der allgemeinen Wertverhältnisse auf dem Grundstücksmarkt oder Abweichungen einzelner Grundstücksmerkmale sind in der Regel auf der Grundlage von Indexreihen oder Umrechnungskoeffizienten zu berücksichtigen.

6 § 15 ImmoWertV.

§ 17 Abs. 3 ImmoWertV
Ermittlung des Ertragswerts

(2) Bei bebauten Grundstücken können neben oder anstelle von Vergleichspreisen zur Ermittlung des Vergleichswerts geeignete Vergleichsfaktoren herangezogen werden. Der Vergleichswert ergibt sich dann durch Vervielfachung des jährlichen Ertrags oder der sonstigen Bezugseinheit des zu bewertenden Grundstücks mit dem Vergleichsfaktor. Vergleichsfaktoren sind geeignet, wenn die Grundstücksmerkmale der ihnen zugrunde gelegten Grundstücke hinreichend mit denen des zu bewertenden Grundstücks übereinstimmen.

Dies ist theoretisch gesehen eine sehr sichere Methode zur Bodenwertermittlung, in der Praxis ist sie jedoch eher selten durchführbar, da die Voraussetzungen für ihre Anwendung in der Regel kaum gegeben sind. Zur regelgerechten Durchführung müssen folgende Kriterien erfüllt sein:

- Es muss eine ausreichend große Anzahl von Vergleichsgrundstücken (mindestens fünf) zur Verfügung stehen.
- Die Vergleichsgrundstücke müssen mit dem Wertermittlungsobjekt wirklich vergleichbar sein. Gegebenenfalls sind die Vergleichskaufpreise mittels Umrechnungsfaktoren zu korrigieren.
- Die Kaufpreise der Vergleichsgrundstücke müssen zeitnah ermittelt worden sein. Gegebenenfalls sind diese mit Bodenpreisindizes umzurechnen.
- Die Vergleichsgrundstücke sollten unbebaut sein.

Bodenrichtwert

2. Bestimmung des Bodenrichtwerts unter Zuhilfenahme geeigneter Bodenrichtwerte

Dies stellt in der Praxis den Regelfall dar und wird unter Punkt 3.1 näher beschrieben.

Residualwert

3. Residualwertverfahren

Steht kein Bodenrichtwert zur Verfügung und können keine Kaufpreise von Vergleichsgrundstücken herangezogen werden, können Sie auf nicht normierte und wenig gesicherte Verfahren zurückgreifen. Beim Residualwertverfahren ermitteln Sie den

Bodenwert über den mutmaßlichen Ertrag. Dieses Verfahren wird beispielsweise häufig von Projektentwicklern angewandt. Es ist im Sinne der ImmoWertV jedoch kein normiertes Verfahren und wird für die Erstellung fundierter Gutachten eher selten benutzt. Näheres dazu erfahren Sie unter Punkt 3.3.

Sie müssen jedoch im Einzelfall überprüfen, ob weitere bewertungsrelevante Umstände vorliegen, die den Bodenwert erhöhen bzw. mindern. Sofern dies der Fall ist, müssen Sie Korrekturen bzw. Anpassungen vornehmen.

Freilegungskosten

Befinden sich auf dem Grundstück bauliche Anlagen und ist alsbald mit deren Abriss zu rechnen, so ist der Bodenwert um die üblichen Freilegungskosten zu mindern, soweit sie im gewöhnlichen Geschäftsverkehr berücksichtigt werden.
Von einer alsbaldigen Freilegung kann ausgegangen werden, wenn[7]

1. die baulichen Anlagen nicht mehr nutzbar sind oder
2. der nicht abgezinste Bodenwert ohne Berücksichtigung der Freilegungskosten den im Ertragswertverfahren (§§ 17–20) ermittelten Ertragswert erreicht oder übersteigt.

Im Folgenden werden die Schritte aufgeführt, die Sie bei der Bodenwertermittlung durchführen müssen.

3.1 Bestimmung des Bodenwerts unter Zuhilfenahme geeigneter Bodenrichtwerte

Im Folgenden wird die Bestimmung des Bodenwerts mittels geeigneter Bodenrichtwerte näher betrachtet, da dies den häufigsten Praxisfall darstellt. Vergleichspreise können durch Informationen aus der Kaufpreissammlung des Gutachterausschusses für Grundstückswerte ermittelt werden. Der Gutachterausschuss veröffentlicht in der Regel alle zwei Jahre Bodenrichtwerte.

Gutachterausschuss für Grundstückswerte

Bodenrichtwerte sind durchschnittliche, aus Verkäufen abgeleitete und auf die jeweilige Lage spezifisch abgeglichene Werte unbebauter

[7] § 16 Abs. 3 ImmoWertV.

Grundstücke mit im Wesentlichen gleichen Lage- und Nutzungsverhältnissen. Sie sind eine Orientierungshilfe für den interessierten Laien und dienen dem Fachmann, der diese Werte modifizieren kann, als Berechnungsgrundlage für Gutachten. Von Bedeutung sind die Bodenrichtwerte auch in steuerlichen Angelegenheiten, insbesondere für die Erbschaft- und Schenkungsteuer.
Bodenrichtwerte können Sie gegen Gebühr beim Gutachterausschuss erfragen oder bestellen. Sie sind auch als Kartensatz (Bodenrichtwertkarte) erhältlich (siehe Abbildung).

Abbildung: Auszug aus einer Bodenrichtwertkarte (zonale Bodenrichtwertkarte)

Bodenrichtwertkarte

Folgende Informationen sind aus der Bodenrichtwertkarte zu entnehmen: 840/0,6 W

Bodenrichtwert	840 EUR/m^2
Geschossflächenzahl	GFZ 0,6 (W) individuelles Wohngebiet – mit in der Regel max. zwei Vollgeschossen
Erschließungszustand	ebf (erschließungsbeitragsfrei)[8]
Stichtag des Bodenrichtwerts	31.12.2002

[8] Die Bodenrichtwerte beziehen sich in der Regel immer auf den erschließungsbeitragsfreien Zustand (ebf).

Tipp: Nach Terminologie fragen

Die Darstellung bzw. Art der Richtwertausweisung der Bodenrichtwertkarten unterscheidet sich zum Teil erheblich, da eine einheitliche Ausweisung der Richtwerte und weiterführende Informationen nicht vorgeschrieben sind. Es ist daher ratsam, bei der jeweiligen Geschäftsstelle des Gutachterausschusses nachzufragen, welche Terminologie der Ihnen vorliegenden Richtwertausweisung zugrunde liegt.

Die Richtwerte können jedoch in der Regel nicht unmittelbar in die eigene Wertermittlung eingehen, sondern müssen durch diverse Anpassungen vergleichbar gemacht werden.
Wesentliche wertbeeinflussende Vergleichsmerkmale (Grundstücksmerkmale) für den Boden sind z. B.:

Wertbeeinflussende Vergleichsmerkmale

- Entwicklungszustand
- Art und Maß der baulichen oder sonstigen Nutzung
- Form (Zuschnitt) des Grundstücks
- Größe des Grundstücks
- Lage des Grundstücks
- Erschließungszustand
- etc.

Zudem sind zu berücksichtigen:

- Beschaffenheit des Baugrunds
- Immissionen, Aufwuchs, Einfriedungen
- Wertbeeinflussende Rechte und Belastungen, die auf dem Grundstück herrschen
- etc.

3.2 Ermittlung des Bodenwerts in sechs Schritten

Wenn Sie den Bodenwert bestimmen wollen, sind in der Regel folgende Schritte notwendig, da der Bodenrichtwert meistens an die tatsächlichen Gegebenheiten des zu bewertenden Grundstücks angepasst werden muss:

Notwendige Schritte

1. Die eigenen wertbeeinflussenden Merkmale des zu bewertenden Grundstücks klären
2. Bodenrichtwert beim Gutachterausschuss einholen
3. Auf den Wertermittlungsstichtag umrechnen
4. Die Geschossflächenzahl (GFZ) infolge unterschiedlich zulässiger baulicher Nutzung umrechnen
5. Weitere mögliche Schritte:
   - Berücksichtigung von Form und Größe des Grundstücks
   - Berücksichtigung des Entwicklungszustands von Grund und Boden
   - Berücksichtigung des Erschließungszustands
   - Berücksichtigung der Bodenbeschaffenheit
   - Berücksichtigung der Umgebungsinfrastruktur
   - Unwirtschaftliche Bebauung, Liquidation
6. Bodenwert bzw. Verkehrswert ermitteln

3.2.1 Die eigenen wertbeeinflussenden Merkmale des zu bewertenden Grundstücks klären

Beispiel:

Grundstücksgröße:	600 m^2 – Quellen, z. B. Liegenschaftskataster oder Grundbuchauszug
Grundstücksform:	z. B. rechteckig
Grundstückslage:	z. B. Eckgrundstück
Geschossflächenzahl:	GFZ 0,5 – Quelle, z. B. Bauamt (Bebauungsplan)
Erschließungszustand:	ebf (erschließungsbeitragsfrei)
Entwicklungszustand:	baureifes Land

3.2.2 Bodenrichtwert beim Gutachterausschuss einholen

Beim zuständigen Gutachterausschuss erfahren Sie einen Bodenrichtwert, z. B. in Form einer Bodenrichtwertkarte, die in der Regel in Zonen unterteilt ist. Damit erhalten Sie z. B. folgende Auskunft:

Beispiel:

Geschossflächenzahl:	GFZ 0,6
Erschließungszustand:	ebf (erschließungsbeitragsfrei)
Stichtag des Bodenrichtwerts:	31.12.2002
Bodenrichtwert:	840 EUR/m²
Entwicklungszustand:	baureifes Land

Über die Grundstücksgröße, Grundstücksform und Grundstückslage werden in der Regel keine Angaben gemacht.

Die Auskünfte bzw. Angaben der wertbeeinflussenden Merkmale können sehr unterschiedlich sein. Häufig sind Angaben, welche vom Gutachterausschuss erteilt werden, in größeren Städten – aufgrund der größeren Anzahl an Verkäufen – umfangreicher als in kleinen Gemeinden.

Unterschiedliche Qualität der Auskünfte

Generell gilt:

Je umfangreicher das zur Verfügung gestellte Zahlenmaterial ist, desto genauer kann der Bodenwert Ihres Grundstücks bestimmt bzw. angepasst werden.

3.2.3 Auf den Wertermittlungsstichtag umrechnen

Die Begutachtung bezieht sich immer auf einen Wertermittlungsstichtag. Das bedeutet, dass die zu diesem Zeitpunkt vorherrschenden Wertverhältnisse maßgeblich sein sollen. In der Regel ist dieser Zeitpunkt die Gegenwart (Datum der Gutachtenerstellung). Die Umrechnung kann mithilfe von Indizes erfolgen.[9]

Datum der Gutachtenerstellung

Der Bodenpreisindex ist die Verhältniszahl, welche die Relation von (durchschnittlichen) Bodenpreisen zu verschiedenen Zeitpunkten bestimmt. Dabei wird der recherchierte Wert auf der Grundlage eines Basisjahres (z. B. 1995, 2000 etc.) aktualisiert.

Bodenpreisindex

9 § 11 ImmoWertV.

Ortsspezifisch

Der Bodenpreisindex kann regional sehr unterschiedlich ausfallen. Fordern Sie daher jeweils den ortsspezifischen Bodenpreisindex beim zuständigen Gutachterausschuss an.

Beispiel:
Die Stadt München gibt z. B. für Wohnbaugrundstücke[10] folgende Bodenpreisindizes an:

Preisentwicklung bei Bauland
Basis: 1980 = 100 % (Jahresmittelwert)

Jahr	Index	Jahr	Index
1980	100,0	1992	230,8
1981	113,8	1993	233,5
1982	118,4	1994	235,9
1983	131,0	1995	224,1
1984	128,8	1996	215,1
1985	130,2	1997	207,6
1986	130,3	1998	214,2
1987	132,6	1999	214,2
1988	144,0	2000	220,6
1989	180,1	2001	237,2
1990	206,6	2002	237,2
1991	219,4	2003	225,3

Es wurde ein Bodenrichtwert in Höhe von 400 EUR/m² mit Stichtag des Bodenrichtwerts 31.12.2001 (Indizes 237,2 – Basis 1980) recherchiert. Welcher Bodenwert ergibt sich zum 1.1.2004 (Indizes 225,3 – Basis 1980)?

	Stichtag des Bodenrichtwerts 31.12.2001	Wertermittlungsstichtag 1.1.2004
Indizes (Basis 1980)	237,2	225,3
Bodenwert EUR/m²	400 EUR/m²	400 EUR/m² × 225,3 / 237,2 = 380 EUR/m²

[10] Viele Gutachterausschüsse differenzieren bei den Indizes zwischen Wohnbau- und gewerblichen Grundstücken.

Entsprechend kann auch verfahren werden, wenn der Zeitpunkt des Wertermittlungsstichtags in der Vergangenheit liegt.

Es wurde ein Bodenrichtwert in Höhe von 400 EUR/m² mit Stichtag des Bodenrichtwerts 31.12.2001 (Indizes 237,2 – Basis 1980) recherchiert. Welcher Bodenwert ergibt sich zum 1.1.1986 (Indizes 130,2 – Basis 1980)?

	Stichtag des Bodenrichtwerts 31.12.2001	**Wertermittlungsstichtag 1.1.1986**
Indizes (Basis 1980)	237,2	130,2
Bodenwert EUR/m²	400 EUR/m²	400 EUR/m² × 130,2 / 237,2 = 220 EUR/m²

3.2.4 Die Geschossflächenzahl umrechnen

Die bauliche Nutzung eines Grundstücks wird insbesondere durch die Geschossflächenzahl (GFZ) angegeben. Diese sagt aus, wie viele Quadratmeter Geschossfläche bezogen auf die Grundstücksfläche bebaut werden dürfen.

GFZ im Bebauungsplan

Die GFZ ist in der Regel im Bebauungsplan aufgeführt. Sofern der Bebauungsplan die Geschossfläche ausweist, kann die GFZ über die Grundstücksgröße errechnet werden.

Beispiel:

Grundstücksgröße: 600 m²

Geschossfläche: 300 m²

GFZ = Geschossfläche / Grundstücksgröße = 300 m² / 600 m² = 0,5

Umrechnungskoeffizienten

Sofern das Maß der zulässigen baulichen Nutzbarkeit des Bodenrichtwertgrundstücks gegenüber dem zu bewertenden Grundstück abweicht, kann der dadurch bedingte Wertunterschied mithilfe von Umrechnungskoeffizienten auf der Grundlage der zulässigen oder der realisierbaren Geschossflächenzahl umgerechnet werden.

Häufig können diese Umrechnungsfaktoren, teilweise sogar mit genauen Umrechnungsformeln zur Anwendung auf das zu bewertende

Grundstück, beispielsweise aus den Jahresberichten der Gutachterausschüsse etc. entnommen werden.

Beispiel:

Der Gutachterausschuss für Grundstückswerte im Bereich der Landeshauptstadt München gibt z. B. die Formel für den Faktor für „individuelle" Wohnbebauung (W) wie folgt an:

Faktor = 0,845 x GFZ + 0,155

Umrechnungsfaktor für

- GFZ 0,5 (Bewertungsgrundstück):
  $Faktor_B$ = 0,845 x 0,5 + 0,155 = 0,578 (für GFZ_B 0,5)

und

- GFZ 0,6 (Vergleichsgrundstück):
  $Faktor_V$ = 0,845 x 0,6 + 0,155 = 0,662 (für GFZ_V 0,6)

Der Umrechungskoeffizient für die Anpassung an das Bewertungsgrundstück ermittelt sich aus den Faktoren wie folgt:

Umrechnungskoeffizient = 0,578 / 0,662 = 0,873

§ Siehe CD-ROM Anlage 11 der WertR 2006

Liegen keine Umrechnungskoeffizienten des örtlichen Gutachterausschusses für Grundstückswerte vor und können Sie nicht auf brauchbare Umrechnungskoeffizienten aus vergleichbaren Gebieten zurückgreifen, können Sie die in Anlage 11 der Wertermittlungsrichtlinien 2006 benannten Umrechnungskoeffizienten (siehe Abbildung auf Seite 47) ansetzen.
Die angegebenen Umrechnungskoeffizienten stellen Mittelwerte eines ausgewogenen Marktes dar und sind für Wohnbauland abgeleitet worden. Sie beziehen sich auf Grundstücke im erschließungsbeitragsfreien (ebf) Zustand.[11]

[11] Abschnitt 2.3.4.2 Abs. 3 WertR 2006.

UMRECHUNGSKOEFFIZIENTEN
FÜR DAS WERTVERHÄLTNIS VON GLEICHARTIGEN GRUNDSTÜCKEN
BEI UNTERSCHIEDLICHER BAULICHER NUTZUNG (GFZ : GFZ)

Die angegebenen Umrechnungskoeffizienten beziehen sich auf Wohnbauland im erschließungsbeitragsfreien (ebf) Zustand

GFZ	Umrechungs-koeffizient	GFZ	Umrechnungs-koeffizient	GFZ	Umrechungs-koeffizient
		1,1	1,05	2,1	1,49
		1,2	1,10	2,2	1,53
		1,3	1,14	2,3	1,57
0,4	0,66	1,4	1,19	2,4	1,61
0,5	0,72	1,5	1,24		
0,6	0,78	1,6	1,28		
0,7	0,84	1,7	1,32		
0,8	0,90	1,8	1,36		
0,9	0,95	1,9	1,41		
1,0	1,00	2,0	1,45		

UMRECHNUNGSKOEFFIZIENTEN GFZ : GFZ

GFZ des Vergleichsobjektes \ GFZ des Wertermittlungsobjekts	0,4	0,5	0,6	0,7	0,8	0,9	**1,0**	1,1	1,2	1,3	1,4	1,5	1,6	1,7	1,8	1,9	**2,0**	2,1	2,2	2,3	2,4
0,4	**1,00**	1,09	1,18	1,27	1,36	1,44	1,52	1,59	1,67	1,73	1,80	1,88	1,94	2,00	2,06	2,14	2,20	2,26	2,32	2,38	2,44
0,5	0,92	**1,00**	1,08	1,17	1,25	1,32	1,39	1,46	1,53	1,58	1,65	1,72	1,78	1,83	1,89	1,96	2,01	2,07	2,13	2,18	2,24
0,6	0,85	0,92	**1,00**	1,08	1,15	1,22	1,28	1,35	1,41	1,46	1,53	1,59	1,64	1,69	1,74	1,81	1,86	1,91	1,96	2,01	2,06
0,7	0,79	0,86	0,93	**1,00**	1,07	1,13	1,19	1,25	1,31	1,36	1,42	1,48	1,52	1,57	1,62	1,68	1,73	1,77	1,82	1,87	1,92
0,8	0,73	0,80	0,87	0,93	**1,00**	1,06	1,11	1,17	1,22	1,27	1,32	1,38	1,42	1,47	1,51	1,57	1,61	1,66	1,70	1,74	1,79
0,9	0,69	0,76	0,82	0,88	0,95	**1,00**	1,05	1,11	1,16	1,20	1,25	1,31	1,35	1,39	1,43	1,48	1,53	1,57	1,61	1,65	1,69
1,0	0,66	0,72	0,78	0,84	0,90	0,95	**1,00**	1,05	1,10	1,14	1,19	1,24	1,28	1,32	1,36	1,41	1,45	1,49	1,53	1,57	1,61
1,1	0,63	0,69	0,74	0,80	0,86	0,90	0,95	**1,00**	1,05	1,09	1,13	1,18	1,22	1,26	1,30	1,34	1,38	1,43	1,46	1,50	1,53
1,2	0,60	0,65	0,71	0,76	0,82	0,86	0,91	0,95	**1,00**	1,04	1,08	1,13	1,16	1,20	1,24	1,28	1,32	1,35	1,39	1,43	1,46
1,3	0,58	0,63	0,68	0,74	0,79	0,83	0,88	0,92	0,96	**1,00**	1,04	1,09	1,12	1,16	1,19	1,24	1,27	1,31	1,34	1,38	1,41
1,4	0,55	0,61	0,66	0,71	0,76	0,80	0,84	0,88	0,92	0,96	**1,00**	1,04	1,08	1,11	1,14	1,18	1,22	1,25	1,29	1,32	1,35
1,5	0,53	0,58	0,63	0,68	0,73	0,77	0,81	0,85	0,89	0,92	0,96	**1,00**	1,03	1,06	1,10	1,14	1,17	1,20	1,23	1,27	1,30
1,6	0,52	0,56	0,61	0,66	0,70	0,74	0,78	0,82	0,86	0,89	0,93	0,97	**1,00**	1,03	1,06	1,10	1,13	1,16	1,20	1,23	1,26
1,7	0,50	0,55	0,59	0,64	0,68	0,72	0,76	0,80	0,83	0,86	0,90	0,94	0,97	**1,00**	1,03	1,07	1,10	1,13	1,16	1,19	1,22
1,8	0,49	0,53	0,57	0,62	0,66	0,70	0,74	0,77	0,81	0,84	0,88	0,91	0,94	0,97	**1,00**	1,04	1,07	1,10	1,13	1,15	1,18
1,9	0,47	0,51	0,55	0,60	0,64	0,67	0,71	0,74	0,78	0,81	0,84	0,88	0,91	0,94	0,96	**1,00**	1,03	1,06	1,09	1,11	1,14
2,0	0,46	0,50	0,54	0,58	0,62	0,66	0,69	0,72	0,76	0,79	0,82	0,86	0,88	0,91	0,94	0,97	**1,00**	1,03	1,06	1,08	1,11
2,1	0,44	0,48	0,52	0,56	0,60	0,64	0,67	0,70	0,74	0,77	0,80	0,83	0,86	0,89	0,91	0,95	0,97	**1,00**	1,03	1,05	1,08
2,2	0,43	0,47	0,51	0,55	0,59	0,62	0,65	0,69	0,72	0,75	0,78	0,81	0,84	0,86	0,89	0,92	0,95	0,97	**1,00**	1,03	1,05
2,3	0,42	0,46	0,50	0,54	0,57	0,61	0,64	0,67	0,70	0,73	0,76	0,79	0,82	0,84	0,87	0,90	0,92	0,95	0,97	**1,00**	1,03
2,4	0,41	0,45	0,48	0,52	0,56	0,59	0,62	0,65	0,68	0,71	0,74	0,77	0,80	0,82	0,84	0,88	0,90	0,93	0,95	0,98	**1,00**

Zwischenwerte lassen sich durch Interpolieren berechnen.

Beispiel:

Vergleichspreis von 200,- €/m² bei zulässiger Geschossflächenzahl (GFZ) 0,8 ist vorhanden. Gesucht wird der Wert für ein gleichartiges Grundstück mit zulässiger GFZ 1,2.

Umrechnungskoeffizient für GFZ 1,2 = 1,10
Umrechnungskoeffizient für GFZ 0,8 = 0,9

$$200,\text{- €/m}^2 \times \frac{1{,}10}{0{,}9} = \text{rd. } \underline{244,\text{- €/m}^2}$$

Abbildung: Umrechnungskoeffizienten, siehe CD-ROM, WertR 2006, Anlage 11, Seite 20

Beispiel:

Das Vergleichsgrundstück hat eine GFZ von 0,6 und kostet 400 EUR/m². Welchen Wert hat das Wertermittlungsobjekt bei einer zulässigen GFZ von 0,5?

Aus dem Jahresbericht des zuständigen Gutachterausschusses können Sie folgende Umrechnungsfaktoren entnehmen: 0,662 bei GFZ 0,6 und 0,578 bei GFZ 0,5.

	Vergleichsgrundstück	Bewertungsgrundstück
GFZ	0,6	0,5
Umrechnungsfaktor	0,662	0,578
Bodenwert EUR/m²	400 EUR/m²	400 EUR/m² × 0,578 / 0,662 = 349 EUR/m²

In Geschäftslagen kann die Abhängigkeit des Bodenwerts von den höherwertig genutzten Flächen, wie z. B. ebenerdige Läden etc., erheblich größer sein als die Abhängigkeit von der GFZ. In diesen Fällen ist eine eingehende Prüfung hinsichtlich der den Bodenwert bestimmenden Wertmerkmale erforderlich.[12]

Achtung:

Greifen Sie, wenn möglich, immer auf ortsspezifische Umrechnungsfaktoren zurück, da bei der Umrechnung mithilfe von Umrechnungskoeffizienten aus der Anlage 11 der WertR 2006 erhebliche Unterschiede im Bodenwert festgestellt werden können. Dies resultiert daraus, dass die angegebenen Umrechnungskoeffizienten nur Mittelwerte eines ausgewogenen Marktes darstellen und in hochpreisigeren Wohnlagen eher zu höheren Bodenwerten führen als bei der Berechnung mit ortsspezifischen Umrechnungsfaktoren und umgekehrt!

Ein Beispiel soll dies verdeutlichen:

Beispiel:

Ermittlung nach Anlage 11 der WertR 2006:

	Vergleichsgrundstück	Bewertungsgrundstück
GFZ	0,6	0,5
Umrechnungsfaktor	0,78	0,72
Bodenwert EUR/m²	400 EUR/m²	400 EUR/m² × 0,72 / 0,78 = 369 EUR/m²

[12] Abschnitt 2.3.4.2 Abs. 4 WertR 2006.

Ermittlung anhand ortsspezifischer Umrechnungsfaktoren nach Angabe des Gutachterausschusses (z. B. Landkreis München):

	Vergleichsgrundstück	**Bewertungsgrundstück**
GFZ	0,6	0,5
Umrechnungsfaktor	0,662	0,578
Bodenwert EUR/m²	400 EUR/m²	400 EUR/m² × 0,578 / 0,662 = 349 EUR/m²

Ermittlung anhand ortsspezifischer Umrechnungsfaktoren nach Angabe des Gutachterausschusses (z. B. Landkreis Hildesheim):

	Vergleichsgrundstück	**Bewertungsgrundstück**
GFZ	0,6	0,5
Umrechnungsfaktor	0,85	0,83
Bodenwert EUR/m²	400 EUR/m²	400 EUR/m² × 0,83 / 0,85 = 391 EUR/m²

Der Bodenwert ist in diesem Beispiel bei einem fiktiven Bodenwert in Höhe von 400 EUR/m² bei der Ermittlung nach Anlage 11 der WertR 2006 im Vergleich zum LK München um ca. sechs Prozent höher bzw. im Vergleich zum LK Hildesheim um sechs Prozent geringer als bei der Ermittlung anhand ortsspezifischer Umrechnungsfaktoren nach Angabe des Gutachterausschusses.

Generell gilt:

Je höher die GFZ, desto wertvoller ist der Boden.

3.2.5 Weitere mögliche Schritte

Berücksichtigung von Form und Größe des Grundstücks

Bei ungewöhnlich großen bzw. kleinen Flächen und bei unzweckmäßig geschnittenen Grundstücken können Größe und Gestalt den Bodenwert beeinflussen. Dies ist durch Zu- und Abschläge zu berücksichtigen.

Vorder- und Hinterland

Verhältnismäßig schmale und tief geschnittene Grundstücke dürfen Sie nicht in voller Größe für den Baulandwert ansetzen. Solche

Grundstücke werden in der Regel wertmäßig in Vorder- und Hinterland aufgeteilt.

- Mit Vorderland wird der Teil eines Baugrundstücks bezeichnet, der unmittelbar an der Hauptzuwegung liegt und in der Regel eine Tiefe von ca. 40 Metern hat. Vorderland wird mit 100 Prozent des Bodenrichtwerts angesetzt.
- Mit Hinterland wird der Rest eines Baugrundstücks bezeichnet, der nicht oder nur geringfügig bebaubar ist, obwohl er rechtlich Baulandqualität hat.

Teilbereiche des Hinterlands

Zur Ermittlung des Bodenwerts wird das Hinterland in verschiedene Teilbereiche eingeteilt:

Hinterland 1 – Bereich ca. 40 bis 80 m Tiefe	Wert ca. 50 % des Bodenrichtwerts
Hinterland 2 – Bereich ca. 80 bis 120 m Tiefe	Wert ca. 25 % des Bodenrichtwerts
etc.	

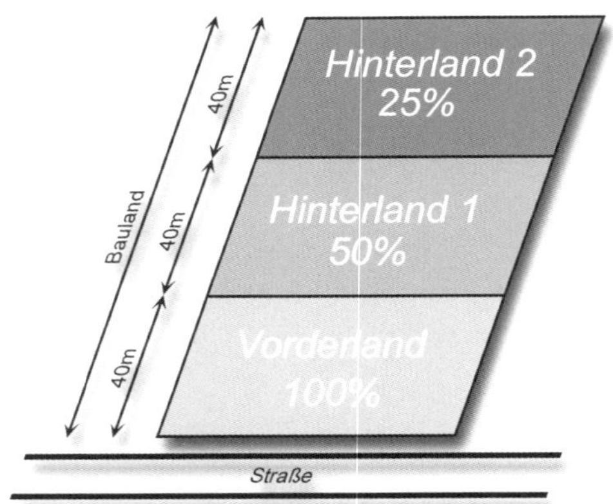

Abbildung: Prozentuale Aufteilung des Bodenwerts von Bauland auf Vorderland und Hinterland

Gartenland

Hat das Hinterland keine Baulandqualität, sondern ist es Gartenland, sind dafür lediglich ca. 10 bis 15 Prozent des Baulandpreises anzusetzen.

In der Regel beziehen sich die Bodenrichtwerte auf eine bestimmte Grundstücksgröße. Häufig geben Gutachterausschüsse individuelle Umrechnungsfaktoren für andere Grundstücksgrößen an. Das Bewertungsgrundstück ist dann mithilfe der Umrechnungsfaktoren an die tatsächliche Grundstücksgröße anzupassen.

Umrechnungsfaktoren

Die Wertbeeinflussung durch eine andere Grundstücksgröße wird jedoch meist im Rahmen der Anpassung an die bauliche Ausnutzbarkeit mittels der GFZ-Umrechnung berücksichtigt.

Berücksichtigung des Entwicklungszustands von Grund und Boden

Die Immobilienwertermittlungsverordung unterscheidet vier Entwicklungszustände von Grund und Boden:

Vier Entwicklungszustände

- Flächen der Land- und Forstwirtschaft
- Bauerwartungsland
- Rohbauland
- baureifes Land

§ 5 ImmoWertV
Entwicklungszustand

(1) Flächen der Land- oder Forstwirtschaft sind Flächen, die, ohne Bauerwartungsland oder Bauland zu sein, land- oder forstwirtschaftlich nutzbar sind.

(2) Bauerwartungsland sind Flächen, die nach ihren weiteren Grundstücksmerkmalen (§ 6), insbesondere dem Stand der Bauleitplanung und der sonstigen städtebaulichen Entwicklung des Gebiets, eine bauliche Nutzung auf Grund konkreter Tatsachen mit hinreichender Sicherheit erwarten lassen.

(3) Rohbauland sind Flächen, die nach den §§ 30, 33 und 34 des Baugesetzbuchs für eine bauliche Nutzung bestimmt sind, deren Erschließung aber noch nicht gesichert ist oder die nach Lage, Form oder Größe für eine bauliche Nutzung unzureichend gestaltet sind.

(4) Baureifes Land sind Flächen, die nach öffentlich-rechtlichen Vorschriften und den tatsächlichen Gegebenheiten baulich nutzbar sind.

§

Siehe CD-ROM

Bebaute Grundstücke

Bei der Wertermittlung bebauter Grundstücke ist vom Entwicklungszustand „baureifes Land" auszugehen und nach den Gegebenheiten des Einzelfalls zu prüfen, ob nach den zum Wertermittlungsstichtag maßgebenden rechtlichen Umständen die bauliche Nutzung auf Dauer oder nur vorübergehend aufgrund des Bestandsschutzes einer vorhandenen baulichen Anlage gewährleistet ist. Der Entwicklungszustand „baureifes Land" ist auch zugrunde zu legen, soweit eine bauliche Nutzung nach § 35 Abs. 1 BauGB im Außenbereich privilegiert ist.[13]

Neben dem Entwicklungszustand (§ 5 ImmoWertV) ist bei der Wertermittlung insbesondere zu berücksichtigen, ob

§ Siehe CD-ROM

» ...

1. *eine anderweitige Nutzung von Flächen absehbar ist,*
2. *Flächen auf Grund ihrer Vornutzung nur mit erheblich über dem Üblichen liegenden Aufwand einer baulichen oder sonstigen Nutzung zugeführt werden können,*
3. *Flächen von städtebaulichen Missständen oder erheblichen städtebaulichen Funktionsverlusten betroffen sind,*
4. *Flächen einer dauerhaften öffentlichen Zweckbestimmung unterliegen,*
5. *Flächen für bauliche Anlagen zur Erforschung, Entwicklung oder Nutzung von Erneuerbaren Energien bestimmt sind,*
6. *Flächen zum Ausgleich für Eingriffe in Natur und Landschaft genutzt werden oder ob sich auf Flächen gesetzlich geschützte Biotope befinden.*«[14]

Berücksichtigung des Erschließungszustands

Zu- oder Abschläge

Für die Auswirkung des abgabenrechtlichen Zustands eines Grundstücks gilt, dass es Zu- oder Abschlägen auf den Vergleichspreis bedarf, wenn der Erschließungszustand oder die abgabenrechtliche Situation des Grundstücks von dem Zustand des Vergleichsgrundstücks abweicht.

[13] Abschnitt 2.2.1 WertR 2006.

[14] § 4 Abs. 3 ImmoWertV.

Die Zu- oder Abschläge werden in der Regel nach der Höhe des Beitrags bzw. der Abgabe (z. B. Erschließungsbeitrag) ggf. unter Berücksichtigung der Wartezeit bemessen.

§ Siehe CD-ROM

Erschließungsaufwand

„... Der Erschließungsbeitrag nach dem BauGB bemisst sich nach dem Erschließungsaufwand für Erschließungsanlagen, insbesondere nach dem Wert, der für die Erschließungsanlagen in Anspruch genommenen Flächen, den Kosten des Straßenbaus, der Straßenentwässerung und Straßenbeleuchtung (Erschließungsbeitrag nach dem BauGB).
Weiterhin sind die üblichen Kosten für Maßnahmen der Ver- und Entsorgung (Kommunalabgaben), sonstige Belastungen wie Kostenerstattungsbeträge (§ 135a BauGB), Ausgleichsbeträge (§ 154 und § 166 Abs. 3 Nr. 2 Satz 2 BauGB), Ausgleichsleistungen in der Umlegung und Stellplatzabgaben zu berücksichtigen.
Bei erschlossenen Grundstücken ist zu prüfen, ob und welche öffentlich-rechtlichen Beiträge und nichtsteuerlichen Abgaben für das Grundstück noch zu entrichten sind.“[15]

Hinweise dafür geben die zuständigen Ämter der Kommunen.

- **Fall 1**
  Bewertungs- und Vergleichsgrundstück sind erschlossen

  Beide Grundstücke erschlossen

  Haben Sie den Richtwert für den erschließungsbeitragsfreien (ebf) Bodenwert vom Gutachterausschuss erhalten, so sind die Kosten der Erschließung beim Vergleichsgrundstück bereits enthalten. Sofern das zu begutachtende Grundstück (Bewertungsgrundstück) ebenfalls voll erschlossen ist und die Erschließungsbeiträge in voller Höhe bezahlt wurden, können Sie den bisher ermittelten Bodenwert ohne Korrekturen hinsichtlich der Erschließungsbeiträge übernehmen.

- **Fall 2**
  Unterschiedlicher Erschließungszustand des Bewertungs- und des Vergleichsgrundstücks

  Unterschiedlicher Erschließungszustand

  Ist das Bewertungsgrundstück nicht erschlossen, müssen Sie die Erschließungsbeiträge vom erhaltenen Bodenwert des Vergleichsgrundstücks abziehen, sofern Letzteres erschlossen ist.

[15] Abschnitt 2.2.4 WertR 2006.

Ist das zu begutachtende Grundstück erschlossen und haben Sie als Richtwert den erschließungsbeitragspflichtigen (ebp) Bodenwert erhalten, so sind die Kosten der Erschließung beim Vergleichsgrundstück noch nicht berücksichtigt. Die zu erwartenden Erschließungsbeiträge müssen Sie dann hinzurechnen.

Die Beiträge können Sie beispielsweise aus der Differenz zwischen dem beitragsfreien und dem beitragspflichtigen Vergleichswert ermitteln.

Berücksichtigung der Bodenbeschaffenheit

Verteuerte Nutzung

Grundstücke, die problematische Untergrund- oder Bodenverhältnisse aufweisen, können die Nutzung des Grundstücks erheblich verteuern. Gegebenenfalls müssen aufwändige Maßnahmen und Vorarbeiten, z. B. Wasserhaltung, Verbauarbeiten, Bodenaustausch wegen nicht tragfähigen Baugrunds etc., durchgeführt werden, damit ein Gebäude errichtet werden kann. Gleiches gilt für Bodenverunreinigungen, Altlasten und Verdachtsflächen.

Boden-gutachten

Genauen Aufschluss über die Bodenverhältnisse und deren Qualität kann nur ein Bodengutachten geben, welches von dafür spezialisierten Sachverständigen erstellt wird.

Wertminderung an Kosten orientiert

Die Wertminderung orientiert sich an den Kosten, die für die Sanierung, Sicherungsmaßnahmen, Bodenuntersuchungen oder andere geeignete Maßnahmen zur Gefahrenabwehr erforderlich sind, damit das Grundstück entsprechend der zulässigen Nutzung verwendet werden kann.

Berücksichtigung von Auswirkungen grundstücksbezogener Rechte und Belastungen

Grundstücksbezogene Rechte und Belastungen können den Wert des berechtigten oder belasteten Grundstücks erhöhen, mindern oder wertneutral sein. Die jeweiligen Werterhöhungen bzw. -minderungen bemessen sich nach dem Vor- bzw. Nachteil, der sich daraus für das berechtigte bzw. belastete Grundstück ergibt.

Als Rechte und Belastungen kommen solche privatrechtlicher und solche öffentlich-rechtlicher Art in Betracht.[16]

---

[16] Abschnitt 2.2.3 Abs. 1 WertR 2006.

„Privatrechtliche Rechte und Lasten sind insbesondere dinglich gesicherte Nutzungsrechte, Erbbaurechte, Vorkaufsrechte sowie langfristige Miet- und Pachtverträge.
Rechte und Lasten des öffentlichen Rechts können sich unter anderem aus dem Planungs-, Bauordnungs- und Abgabenrecht sowie aus dem Denkmal-, Landschafts- und Gewässerschutzrecht ergeben.“[17]

§ Siehe CD-ROM

Rechte und Lasten

Hypotheken und Grundschulden sind keine den Verkehrswert beeinflussenden Rechte und Belastungen. Sie beeinflussen regelmäßig nur die Kaufpreiszahlung, und zwar je nachdem, ob dem Käufer das Grundstück belastet oder lastenfrei übertragen werden soll.

Hypotheken und Grundschulden

Anders verhält es sich mit Leibrenten. Sie können den Verkehrswert eines Grundstücks beeinflussen. Ausschlaggebend kann dabei der Umstand sein, dass ein Grundstück, das mit einer Leibrente belastet ist, im Gegensatz zu mit Grundpfandrechten belasteten Grundstücken, gegen den Willen des Berechtigten nicht enthaftet werden kann. Dieser Umstand wird am Markt häufig als wertmindernd betrachtet.[18]

Leibrenten

Achtung:
Grundstücksbezogene Rechte und Belastungen sind selten auf Anhieb erkennbar, können sich jedoch auf den Bodenwert erheblich – meist nachteilig – auswirken. Es ist daher zwingend notwendig, Einsicht in das Grundbuch sowie in die Baulasten-, Denkmalschutz- und Altlastenverzeichnisse zu nehmen.

Tipp:
Werden Sie als Wertermittlungseinsteiger mit grundstücksbezogenen Rechten und Belastungen konfrontiert, so rate ich Ihnen, sich mit der einschlägigen Fachliteratur zu beschäftigen. Zudem kann es hilfreich sein, einen Sachverständigen bei der Grundstücksbewertung hinzuzuziehen, der Ihnen den Wert des Rechts oder der Belastung, der sich für das Grundstück ergibt, ermittelt.

[17] Abschnitt 2.2.3 Abs. 3 WertR 2006.
[18] Abschnitt 2.2.3 Abs. 4 WertR 2006.

Berücksichtigung der Umgebungsinfrastruktur

Unterschiedliche Infrastruktur

Liegt das Vergleichsgrundstück in einer Gegend, die sich hinsichtlich der Umgebungsinfrastruktur (z. B. Anschluss an öffentliche Verkehrsmittel, Schulen, Kindergärten, Einkaufsmöglichkeiten, kulturelle Einrichtungen etc.) wesentlich von der Gegend des Bewertungsgrundstücks unterscheidet, müssen Sie eine entsprechende Anpassung vornehmen.

Unwirtschaftliche Bebauung, Liquidation

Baureifmachung oder Freilegung

Müssen Sie den Wert eines Grundstücks ermitteln, auf dem ein Gebäude oder Gebäudeteile erstellt sind, die eine wirtschaftliche Nutzung nicht mehr zulassen, oder müssen nicht mehr nutzbare Gebäude beseitigt werden, bevor eine wirtschaftliche Verwendung des Grundstücks beginnen kann, kann eine so genannte Baureifmachung oder Freilegung des Grundstücks (Liquidation) notwendig sein.

Beispiel:

Steht z. B. eine kleine Lagerhalle auf einem Gewerbegrundstück im innerstädtischen Bereich, das mit einem Gebäude mit wesentlich höherer baulicher Nutzung bebaut werden darf, wäre ein Abbruch in der Regel sinnvoll.

Der Bodenwert ist dann um die Kosten, die für eine Baureifmachung erforderlich sind, zu mindern. Diese Kosten können zum Teil sehr hoch sein und setzen sich im Wesentlichen aus den Abbruchkosten einschließlich Sortieren des Abbruchmaterials sowie Transportkosten und Deponiegebühren zusammen.

3.2.6 Bodenwert bzw. Verkehrswert ermitteln

Die Entwicklung des örtlichen Grundstücksmarktes ist sorgfältig zu beobachten und zu berücksichtigen. Nachdem Sie alle oben angegebenen wertbeeinflussenden Umstände bei der Ermittlung des Bodenwerts angemessen berücksichtigt haben, müssen Sie aus dem sich so ergebenden Bodenwert den Verkehrswert ableiten.
Beim bebauten Grundstück fließt der Bodenwert in die jeweils gewählten Verfahren ein.

3.3 Das Residualwertverfahren

Steht kein Bodenrichtwert zur Verfügung und können keine Kaufpreise von Vergleichsgrundstücken herangezogen werden, können Sie auf nicht normierte und wenig gesicherte Verfahren zurückgreifen.

Kein normiertes Verfahren

Beim Residualwertverfahren erfolgt die Bodenwertermittlung über den mutmaßlichen Ertrag. Dieses Verfahren wird beispielsweise häufig von Projektentwicklern angewandt und stellt im Sinne der ImmoWertV kein normiertes Verfahren dar. Daher ergibt sich in der Regel nicht ein Bodenwert, sondern der für einen Investor maximal tragbare Grundstückspreis.

Zur Stützung der Ergebnisse

Dennoch können Sie das Verfahren anwenden, um die Ergebnisse der in der ImmoWertV beschriebenen Methoden zur Bodenwertermittlung zu stützen. Beachten Sie allerdings, dass der resultierende Residualwert äußerst sensibel auf kleinste Veränderungen der Eingangsgrößen, insbesondere des Verkaufspreises und der Baukosten, reagiert. Um im Residualwertverfahren einen aussagefähigen Bodenwert zu ermitteln, müssen Sie realistische Baukosten und Verkaufspreise ansetzen.

Im Residualwertverfahren wird der Wert eines unbebauten Grundstücks auf der Grundlage von Investitionsüberlegungen ermittelt. Dabei sind folgende Schritte notwendig:

Ermittlung des realistischen Verkaufspreises

–

Ermittlung der Herstellungskosten inkl. Berücksichtigung aller mit dem Bau im Zusammenhang stehenden Kosten einschließlich des Unternehmergewinns

=

Residuum
(Differenz zwischen dem prognostizierten Verkaufspreis und den Kosten)

↓

Das Residuum wird über die Bauzeit abgezinst und ergibt den maximal tragbaren Bodenpreis.

Siehe CD-ROM

Beispiel: Bodenwertermittlung unter Zuhilfenahme des Residualwertverfahrens

Die nachfolgende Excel-Tabelle finden Sie auch auf der CD-ROM.

Objekt:

Wohnwert (Lage plus Ausstattung): gut

1) Ermittlung des Veräußerungserlöses

Art des Teileigentums	Flächengröße qm / Wohnung	Vergleichspreis EUR/qm bzw. EUR/St	Anzahl Stück		Gesamterlös EUR
Eigentumswohnungen (Durchschnittsgröße)	550,00	3.500,00	1,00		1.925.000
Gesamtsumme	550,00			=	**1.925.000**
Tiefgaragenplätze		15.000,00	6,00		90.000
Veräußerungserlös für die Eigentumswohnungen:				=	**2.015.000**
Veräußerungserlös für die Eigentumswohnungen (gerundet):					**2.015.000**

Bemerkungen: Der angenommene Vergleichspreis entspricht gegenwärtigen Marktbedingungen

2) Ermittlung der Herstellungskosten u.a. Abzugspositionen

Bauwerksteil	Kubatur cbm	Raummeterpreis EUR/cbm		Herst.-Kosten EUR	
Wohnhaus	3.500,00	260,00		910.000	
Garaage / Tiefgarage	1.050,00	160,00		168.000	
Herstellungskosten Gebäude			=	1.078.000	
Außenanlagen in %	3,0%	das entspricht	+	32.340	
Baunebenkosten in %	16,0%	das entspricht	+	172.480	
Herstellungskosten			=	**1.282.820**	
Vertriebsprovision:			+	98.000	
Entwicklungsgewinn:			+	294.000	
Zinsen während der Bauzeit:			+	85.000	
Sonstige Kosten:			+	40.000	
Gesamtaufwand:			=	**1.799.820**	
Gesamtaufwand (gerundet):					**1.800.000**

3) Ermittlung des tragbaren Bodenpreises

Differenzgröße (Residuum):					215.000
Abzinsung für die Bauzeit:	Jahre	Zinssatz (Darlehen)	Abzins.-Faktor		
	1,5	6,00%	0,9163		-17.731
Zwischenwert				=	197.269
Erwerbsnebenkosten (Grundstück) in %:		5,0%		=	-9.863
max. tragbarer Bodenpreis EUR (heute):					**187.406**
Grundstücksfläche im qm:		349,00			
max Bodenanteil EUR/qm:		Bodenwert/Grundstücksfläche			**537**
max Bodenanteil EUR/qm (gerundet):		Bodenwert/Grundstücksfläche			**535**

Hinweis:

Nur markierte Felder sind Eingabefelder!

4 Verfahren zur Verkehrswertermittlung bebauter Grundstücke

Unterschiedliche Verfahren

Den Verkehrswert bebauter Grundstücke können Sie mithilfe unterschiedlicher Verfahren bestimmen. Dazu können Sie

- überschlägige Berechnungen auf der Grundlage von Herstellungskosten, Beleihungswerten, Feuerversicherungswerten, Maklerformeln etc.,
- nicht normierte Verfahren wie z. B. das Residualwertverfahren, die DCF-Methode, das Monte-Carlo-Verfahren, Investmentverfahren etc. oder
- normierte Verfahren der ImmoWertV wie Vergleichs-, Ertrags- und Sachwertverfahren

nutzen, die alle zum Verkehrswert führen können.

Übersicht über die Wertermittlungsverfahren

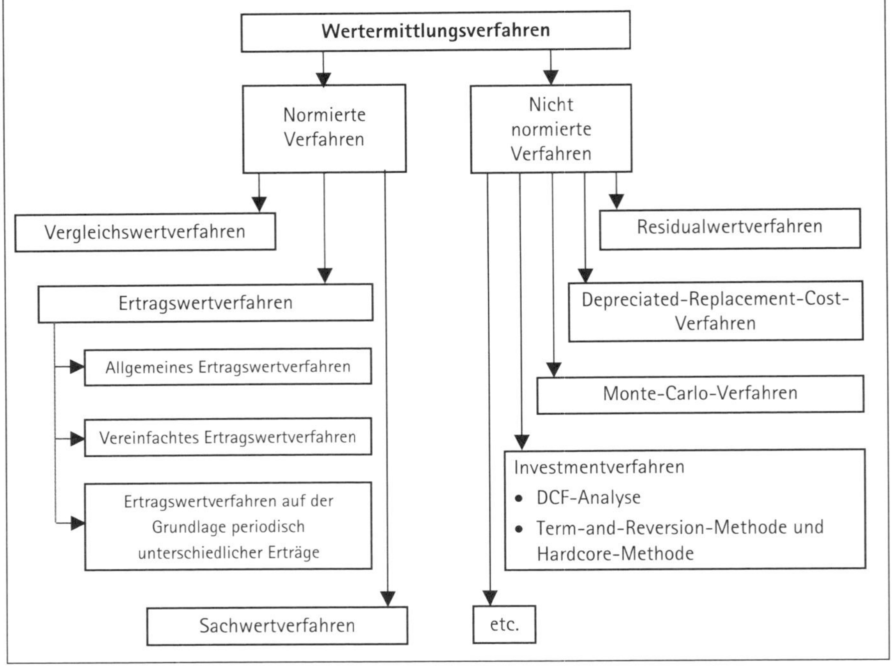

Abbildung: Übersicht Wertermittlungsverfahren

Überschlägige Berechnungen

Überschlägige Berechnungen haben den Vorteil, dass Sie bei entsprechender Erfahrung mit ihrer Hilfe sehr schnell die Größenordnung des Verkehrswerts abschätzen können. Sie genügen allerdings nicht den Anforderungen, welche die Rechtsprechung an Gutachten stellt.

Ein Gutachten muss prüffähig, logisch und folgerichtig gestaltet sein. Es ist daher notwendig, dass Aufbau und Inhalt so dargestellt sind, dass der Empfänger und interessierte Laie das Gutachten versteht und den Denkprozess nachvollziehen kann. Sämtliche Eingangsdaten müssen daher ausreichend begründet und entsprechend fundiert hergeleitet werden.

Der Grundstückssachverständige ist grundsätzlich frei in seiner Wahl des Schätzverfahrens, hat aber bei der Gutachtenerstellung die allgemein angewendeten Regeln der Schätzlehre zu beachten, die in den Regelwerken der ImmoWertV (Rechtsverordnung) und der WertR 2006 (bundesministerielle Verwaltungsanweisung) veröffentlicht sind.
Folgende normierte Verfahren zur Wertermittlung bebauter Grundstücke stehen gemäß ImmoWertV zur Verfügung:

Normierte Verfahren

- Vergleichswertverfahren (§ 15–16 ImmoWertV): Hier soll der Verkehrswert aus Kaufpreisen von vergleichbaren Objekten abgeleitet werden (Preisvergleichsrechnung).
- Ertragswertverfahren (§§ 17–20 ImmoWertV): Hier soll der Verkehrswert über eine Renditeberechnung ermittelt werden.
- Sachwertverfahren (§§ 21–23 ImmoWertV): Hier soll der Verkehrswert auf Grundlage von Grundstücks- und Gebäudeherstellungskosten geschätzt werden (Substanzwertberechnung).

Bei den nachfolgend aufgeführten Wertermittlungsverfahren werden die Vorschriften der Immobilienwertermittlungsverordnung und der Wertermittlungsrichtlinien berücksichtigt.

4.1 Das Vergleichswertverfahren

Bestes und sicherstes Verfahren

Das Vergleichswertverfahren ist das beste und sicherste Wertermittlungsverfahren, da es über den Vergleich mit anderen tatsächlich getätigten Grundstücksverkäufen belastbaren Ergebnissen führt. Darüber hinaus kann es auf allen Grundstücksteilmärkten angewandt werden.

Typisierte Gebäude

Diese Methode kommt bei der Verkehrswertermittlung für bebaute Grundstücke in erster Linie nur bei solchen Grundstücken in Betracht, die mit weitgehend typisierten Gebäuden, insbesondere Wohngebäuden, bebaut sind und bei denen sich der Grundstücksmarkt an Vergleichspreisen orientiert, z. B. Einfamilienreihenhäuser, Zweifamilienhäuser, Eigentumswohnungen, einfache frei stehende Eigenheime (Siedlungen) und Garagen.[19]

[19] Abschnitt 3.1.1 WertR 2006.

Ausreichende Anzahl von Vergleichsgrundstücken

Voraussetzung für die Anwendung des Vergleichswertverfahrens ist eine ausreichende Anzahl geeigneter Vergleichsgrundstücke.
Leider sind oft nicht genug Vergleichsfälle zu ermitteln, sodass die Verkehrswertermittlung bebauter Grundstücke mithilfe des Vergleichswertverfahrens im Hinblick auf die Marktnähe häufig nicht zu einem realistischen Ergebnis führt.
Beim Vergleichswertverfahren wird der Vergleichswert aus einer ausreichenden Zahl von Vergleichspreisen ermittelt. Für die Ableitung der Vergleichspreise sind die Kaufpreise solcher Grundstücke heranzuziehen, die mit dem zu bewertenden Grundstück hinreichend übereinstimmende Grundstücksmerkmale aufweisen (Vergleichsgrundstücke).
Finden sich in dem Gebiet, in dem das Grundstück gelegen ist, nicht genügend Vergleichspreise, können auch Vergleichspreise aus anderen vergleichbaren Gebieten herangezogen werden.

§ Siehe CD-ROM

„... Änderungen der allgemeinen Wertverhältnisse auf dem Grundstücksmarkt oder Abweichungen einzelner Grundstücksmerkmale sind in der Regel auf der Grundlage von Indexreihen oder Umrechnungskoeffizienten zu berücksichtigen.“[20]

Vergleichsfaktoren

Bei bebauten Grundstücken können neben den oder anstelle der gezahlten Kaufpreise (Vergleichspreise) zur Ermittlung des Vergleichswerts auch Vergleiche mit relativierten Größen, so genannten Vergleichsfaktoren, vorgenommen werden. Dadurch sind die Möglichkeiten zur Anwendung des Vergleichswertverfahrens erheblich erweitert worden, was das Verfahren für den Wertermittler sicherer macht. Vergleichsfaktoren sind geeignet, wenn die Grundstücksmerkmale der ihnen zugrunde gelegten Grundstücke hinreichend mit den Merkmalen des zu bewertenden Grundstücks übereinstimmen.

§ Siehe CD-ROM

„Vergleichsfaktoren (§ 193 Abs. 5 Satz 2 Nr. 4 des Baugesetzbuchs) sollen der Ermittlung von Vergleichswerten für bebaute Grundstücke dienen. Sie sind auf den marktüblich erzielbaren jährlichen Ertrag (Ertragsfaktor) oder auf eine sonst geeignete Bezugseinheit, insbesonde-

---

[20] § 15, ImmoWertV.

re auf eine Flächen- oder Raumeinheit der baulichen Anlage (Gebäudefaktor), zu beziehen.“[21]

Nachfolgend wird jeweils ein Beispiel für Gebäudefaktoren und Ertragsfaktoren dargestellt. Die Ergebnisse sind nicht allgemein gültig und können regional sehr unterschiedlich ausfallen.

Generell gilt:

Je höher der Faktor, desto höher ist der Vergleichswert.

Beispiel: Gebäudefaktoren (EUR/m² WF)

Wohnungen							
Lage-qualität		Neubauobjekte		Wiederverkaufte Objekte			
		Mittelwert** EUR/m² WF	Preis-spanne*** +/- %	Baujahrs-gruppe		Mittelwert** EUR/m² WF	Preis-spanne*** +/- %
				1850–1949	(101)	2.600	+/- 20 %
				1950–1959	(35)	2.300	+/- 20 %
				1960–1969	(193)	2.100	+/- 15 %
Durch-schnitt-liche Lage	(220)	3.300	+/- 10 %	1970–1979	(148)	2.100	+/- 15 %
				1980–1989	(178)	2.250	+/- 15 %
				1990–1999	(100)	2.650	+/- 15 %
				2000–2005	(43)	2.950	+/- 10 %
				1850–1949	(86)	3.100	+/- 20 %
				1950–1959	(49)	2.700	+/- 20 %
				1960–1969	(40)	2.450	+/- 20 %
Gute Lage	(206)	3.800	+/- 15 %	1970–1979	(66)	2.600	+/- 20 %
				1980–1989	(64)	2.850	+/- 20 %
				1990–1999	(63)	3.050	+/- 15 %
				2000–2005	(28)	3.500	+/- 15 %
				1970–1979	(14)	2.900	+/- 20 %
Beste Lage	(18)	5.500	+/- 15 %	1980–1989	(24)	3.100	+/- 20 %
				1990–2004	(19)	4.100	+/- 30 %

(...) = Anzahl der ausgewählten Objekte
* Wohnfläche < 45 m² **arithmetischer Mittelwert ***Standardabweichung

Quelle: Jahresbericht 2007, GAA München

[21] § 13 ImmoWertV.

Beispiel: Ertragsfaktoren (als Vielfaches des Jahresrohertrags)

Vielfaches des Jahresrohertrags				
Gebäudeart	Anzahl	Mittelwert**	Standardabweichung +/–	Standardabweichung Spanne
A. Wohnhäuser ohne Gewerbeanteil				
in allen Wohnlagen				
alle Objekte	19	18	+/– 2	16–20
mit Denkmalschutz***	6	19	+/– 2	17–21
ohne Denkmalschutz	13	17	+/– 2	15–19
in guten und besten Wohnlagen (Innenstadtlage, Schwabing, Bogenhausen, Haidhausen, Nymphenburg o. Ä.)				
alle Objekte	6	20	+/– 2	18–22
mit Denkmalschutz***	5	20	+/– 2	18–22
ohne Denkmalschutz	1	22	Wertangabe nur zur Information	
B. Wohnhäuser mit Gewerbeanteil bis 60 %				
in allen Wohnlagen				
alle Objekte	34	18	+/– 2	16–20
mit Denkmalschutz***	20	19	+/– 2	17–21
ohne Denkmalschutz	14	17	+/– 2	15–19
in guten und besten Wohnlagen (Innenstadtlage, Schwabing, Bogenhausen, Haidhausen, Nymphenburg o. Ä.)				
alle Objekte	18	20	+/– 2	18–22
mit Denkmalschutz***	14	20	+/– 2	18–22
ohne Denkmalschutz	4	19	+/– 2	17–21

* ohne 1a-Geschäftslagen ** arithmetischer Mittelwert

*** Angaben zu Denkmalschutzobjekten beziehen sich in der Regel auf Anwesen, die wegen ihrer attraktiven Eigenart eine erhöhte Nachfrage aufweisen.

Quelle: Auszug aus dem Jahresbericht 2007, GAA München

Hinweis:

Sofern vom zuständigen Gutachterausschuss entsprechende Faktoren zur Verfügung gestellt werden, geben diese in der Regel keine Auskunft über die Grundstücksmerkmale der Grundstücke, aus denen sie abgeleitet wurden. Eine sichere Wertbeurteilung wird dadurch erschwert.

Der Vergleichswert ergibt sich dann durch Vervielfachung des jährlichen Ertrags oder der sonstigen Bezugseinheit des zu bewertenden Grundstücks mit dem nach den Bestimmungen in § 13 ImmoWertV ermittelten Vergleichsfaktor.

Beispiel: Ertragsfaktor

So errechnet sich beispielsweise für ein Büro- und Geschäftshaus in München bei einem Ertragsfaktor „Mittelwert 16 (Spanne 15–17)" und einem „Jahresrohertrag" in Höhe von 135.000 EUR ein Vergleichswert von 2.160.000 EUR (135.000 EUR x 16).

Beispiel: Gebäudefaktor

So errechnet sich beispielsweise für eine Wohnung Baujahr 1965 in „guter Lage" in München bei einem Gebäudefaktor „Mittelwert 2.450 EUR/m^2" und einer Wohnfläche von 75 m^2 ein Vergleichswert in Höhe von 183.750 EUR (2.450 EUR/m^2 x 75 m^2).

Hinweis:

Bezieht sich der Vergleichsfaktor lediglich auf das Gebäude, so ist der getrennt vom Gebäudewert zu ermittelnde Bodenwert gesondert zu berücksichtigen.

Möglichkeiten der Kaufpreissammlung

Die Angaben in den der Kaufpreissammlungen der örtlichen Gutachterausschüsse für Grundstückswerte sollten – so weit möglich – genutzt werden.
Stehen keine geeigneten Daten in ausreichender Anzahl und Qualität zur Anwendung des Vergleichswertverfahrens zur Verfügung, so ist ein anderes geeignetes Wertermittlungsverfahren (Ertragswertverfahren oder Sachwertverfahren) vorzuziehen.

4.2 Das Ertragswertverfahren

An Renditeerwartungen orientiert

Das Ertragswertverfahren kommt insbesondere bei Grundstücken in Betracht, bei denen der marktüblich erzielbare Ertrag im Vordergrund steht. Dem Käufer kommt es in erster Linie darauf an, welche Verzinsung ihm das investierte Kapital bringt. Dies ist z. B. bei Miet- und Geschäftsgrundstücken und gemischt genutzten Grundstücken der Fall. Der Ertragswert orientiert sich ausschließlich an den Renditeerwartungen, die mit dem Objekt verbunden sind. Dabei wird ein stichtagsbezogener Wert ermittelt, der eine Aussage über die zukünftige Ertragskraft zulässt.
Nach der Rechtssprechung kann das Ertragswertverfahren für folgende Grundstücke als sachgerechte Methode zur Ermittlung des Verkehrswerts angesehen werden:

Mietwohngrundstücke

Geschäftsgrundstücke

Gemischt genutzte Grundstücke

- Mietwohngrundstücke: Grundstücke, die zu mehr als 80 Prozent, berechnet nach der Jahresrohmiete, Wohnzwecken dienen
- Geschäftsgrundstücke: Grundstücke, die zu mehr als 80 Prozent, berechnet nach der Jahresrohmiete, eigenen oder fremden gewerblichen, freiberuflichen oder öffentlichen Zwecken dienen
- gemischt genutzte Grundstücke: Grundstücke, die teils Wohnzwecken, teils eigenen oder fremden gewerblichen oder öffentlichen Zwecken dienen und nicht Mietwohngrundstücke, Geschäftsgrundstücke, Einfamilienhäuser oder Zweifamilienhäuser sind

§
Siehe CD-ROM

„*(1) Im Ertragswertverfahren wird der Ertragswert auf der Grundlage marktüblich erzielbarer Erträge ermittelt. Soweit die Ertragsverhältnisse absehbar wesentlichen Veränderungen unterliegen oder wesentlich von den marktüblich erzielbaren Erträgen abweichen, kann der Ertragswert auch auf der Grundlage periodisch unterschiedlicher Erträge ermittelt werden.*“[22]

Mit Einführung der ImmoWertV werden drei Ertragswertverfahren unterschieden:

[22] § 17 ImmoWertV.

Abbildung: Ertragswertverfahren

Allgemeines Ertragswertverfahren [§ 17 Abs. 2 (1) ImmoWertV]

Beim „Allgemeinen Ertragswertverfahren“, auch als zweigleisiges Ertragswertverfahren bezeichnet, wird der Grundstücksreinertrag (Jahresreinertrag) um den Bodenwertverzinsungsbetrag gemindert. Der sich ergebende Gebäudeertragsanteil (Reinertragsanteil der baulichen Anlagen) wird dann unter Zuhilfenahme des maßgebenden Liegenschaftszinssatzes über die Laufzeit der Existenz des Gebäudes kapitalisiert, wodurch sich wiederum der Gebäudeertragswert (Ertragswert der baulichen Anlagen) ergibt.

Vorläufiger Grundstücksertragswert

Der Bodenwert und der Gebäudewert (Ertragswert der baulichen Anlagen) ergeben zusammen den vorläufigen Grundstücksertragswert. Dieser ist unter Berücksichtigung der allgemeinen Marktanpassung und anschließend der objektspezifischen Marktanpassung an den Verkehrswert anzupassen.

Bei Anwendung des Ertragswertverfahrens findet die Lage auf dem Grundstücksmarkt insbesondere dadurch Berücksichtigung, dass die Ertragsverhältnisse, der Liegenschaftszinssatz, die Bewirtschaftungskosten und die sonstigen wertbeeinflussenden Umstände in einer angemessenen Weise angesetzt werden. Die erzielbaren Erträge sind auf der Grundlage der marktüblichen Verhältnisse zu ermitteln.

Weil die genannten Größen bei sachgerechter Anwendung des Ertragswertverfahrens aus den grundstücksbezogenen Daten vergleichbarer Grundstücke, also „marktorientiert“, in die Wertermittlung übernommen werden, kann das Verfahren als ein vergleichendes Verfahren bezeichnet werden.

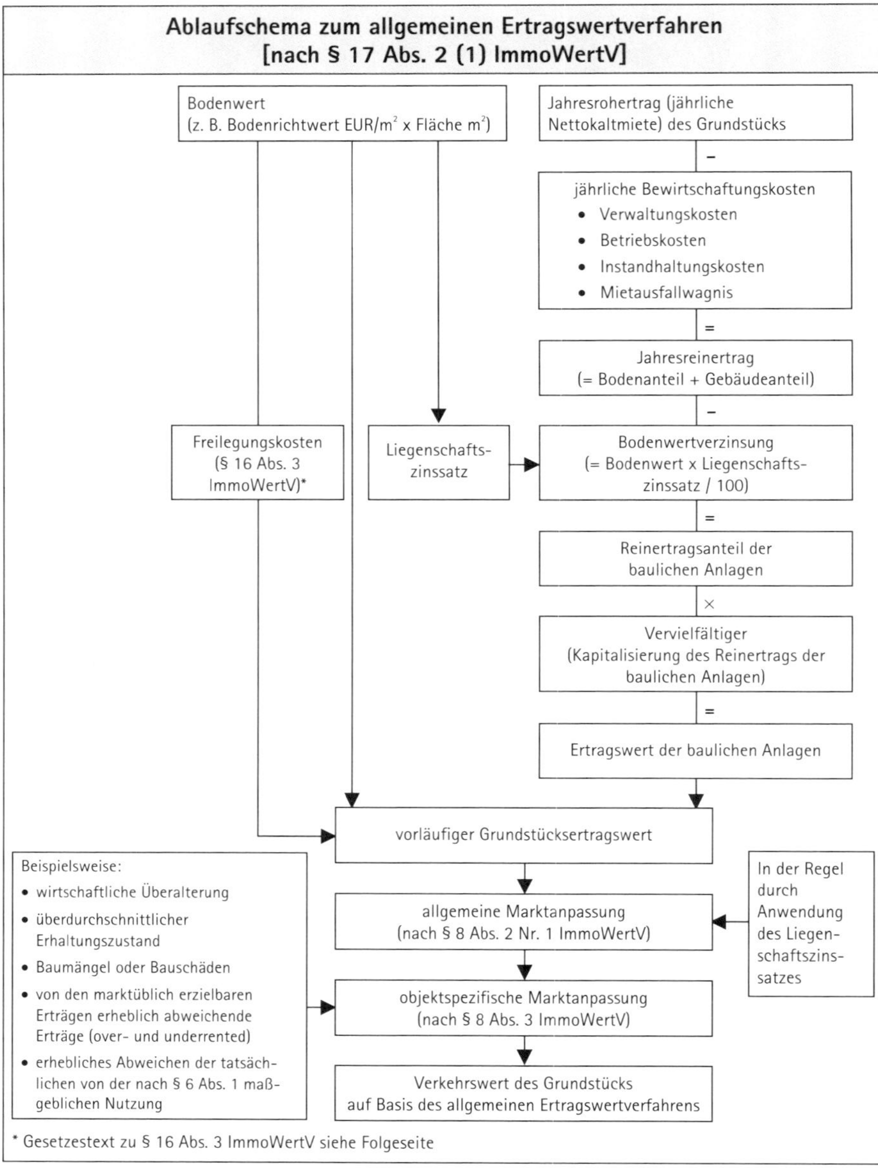

Abbildung: Ablaufschema zum allgemeinen Ertragswertverfahren

§ 16 Abs. 3 ImmoWertV
Ermittlung des Bodenwerts – Freilegungskosten

(3) Ist alsbald mit einem Abriss von baulichen Anlagen zu rechnen, ist der Bodenwert um die üblichen Freilegungskosten zu mindern, soweit sie im gewöhnlichen Geschäftsverkehr berücksichtigt werden. Von einer alsbaldigen Freilegung kann ausgegangen werden, wenn

1. *die baulichen Anlagen nicht mehr nutzbar sind oder*
2. *der nicht abgezinste Bodenwert ohne Berücksichtigung der Freilegungskosten den im Ertragswertverfahren (§§ 17 bis 20) ermittelten Ertragswert erreicht oder übersteigt.*

§ Siehe CD-ROM

Formel: Allgemeines Ertragswertverfahren

$$EW = (RE - p \times BW) \times V + BW$$

EW = Ertragswert

RE = Reinertrag

p = Liegenschaftszinssatz / 100

BW = Bodenwert

V= Vervielfältiger

Hinweis:

Das Ergebnis unterscheidet sich nicht von dem Ergebnis des Ertragswertverfahrens in der bis zum 30.6.2010 geltenden Form der WertV. Die zu verwendeten Einflussgrößen können unverändert angesetzt werden.

Beispiel: Allgemeines Ertragswertverfahren

Eingabegrößen zur Ermittlung des Ertragswerts - Allgemeines Ertragswertverfahren (§17 Abs. 2 (1) ImmoWertV) -		
Hinweis:		= Eingabefeld
Bodenwert		**50.000 EUR**
Rohertrag (EUR/Monat)	**1.230**	**14.760 EUR/Jahr**
Berechnung der Bewirtschaftungskosten		
Verwaltungskosten (% des Rohertrags)	**5,00%**	738 EUR/Jahr
Betriebskosten (% des Rohertrags)	**1,00%**	148 EUR/Jahr
Mietausfallwagnis (% des Rohertrags)	**2,00%**	295 EUR/Jahr
Instandhaltungskosten (% des Rohertrags)	**12,00%**	1.771 EUR/Jahr
Summe Bewirtschaftungskosten	20,00%	**2.952 EUR/Jahr**
Reinertrag (Rohertrag - Bewirtschaftungskosten)		**11.808 EUR/Jahr**
Liegenschaftszinssatz (Prozent)	**5,00%**	
Bodenwertverzinsung (Bodenwert x Liegenschaftszinssatz)		**2.500 EUR/Jahr**
Gebäudereinertrag (Reinertrag - Bodenwertverzinsung)		**9.308 EUR/Jahr**
Ermittlung des Vervielfältigers		
Restnutzungsdauer (Jahre)	**55**	
Vervielfältiger		**18,6334720**
(in Abhängigkeit von Liegenschaftszinssatz und Restnutzungsdauer)		
Gebäudeertragswert (Gebäudereinertrag x Vervielfältiger)		**173.440 EUR**
Marktanpassung		
Allgemeine Marktanpassung [1)]		**0** EUR
Objektspezifische Marktanpassung		**-10.000** EUR

Zusammenfassung "Allgemeines Ertragswertverfahren" (§17 Abs. 2 (1) ImmoWertV)		
Rohertrag (EUR/Monat)	1.230	14.760 EUR/Jahr
./. Bewirtschaftungskosten		-2.952 EUR/Jahr
= Reinertrag		11.808 EUR/Jahr
./. Bodenwertverzinsung	5,00%	-2.500 EUR/Jahr
= Gebäudereinertrag		9.308 EUR/Jahr
x Vervielfältiger	18,6334720	
= Gebäudeertragswert		173.440 EUR
+ Bodenwert		50.000 EUR
= vorläufiger Grundstücksertragswert		223.440 EUR
Allgemeine Marktanpassung [1)]		0 EUR
Objektspezifische Marktanpassung		-10.000 EUR
= Ertragswert (EUR)		**213.440 EUR**

1) Die Allgemeine Marktanpassung ist i. d. R. durch Anwendung des marktkonformen Liegenschaftszinssatzes erfolgt!¶

Vereinfachtes Ertragswertverfahren [§ 17 Abs. 2 (2) ImmoWertV]

Beim „Vereinfachten Ertragswertverfahren“ wird der Ertragswert auf der Grundlage marktüblich erzielbarer Erträge aus dem kapitalisierten Reinertrag und des über die Restnutzungsdauer des Gebäudes diskontierten Bodenwerts ermittelt.

Formel: Vereinfachtes Ertragswertverfahren

$$EW = RE \times V + BW \times q^{-n}$$

EW = Ertragswert
RE = Reinertrag
V = Vervielfältiger
q = Zinsfaktor (1 + p)
p = Liegenschaftszinssatz / 100
n = Restnutzungsdauer des Gebäudes
BW = Bodenwert

Beispiel: Vereinfachtes Ertragswertverfahren

Jahresreinertrag (RE)	11.808 EUR	
Vervielfältiger (V)	18,633471	
kapitalisierter Jahresreinertrag (RE × V) =		220.024 EUR
Bodenwert (BW)	50.000 EUR	
Diskontierungsfaktor (in Abhängigkeit von Liegenschaftszinssatz 5 % und Restnutzungsdauer 55 Jahre)	0,068326	
abgezinster Bodenwert: 50.000 × 0,068326 =		3.416 EUR
vorläufiger Ertragswert (ohne Marktanpassung) =		**223.440 EUR**

Hinweis:

Das Ergebnis des vorläufigen Ertragswerts aus dem vereinfachten Ertragswertverfahren in Höhe von 223.440 EUR ist identisch mit dem Ergebnis des vorläufigen Ertragswerts aus dem allgemeinen Ertragswertverfahren.

Sonderfall: Vereinfachtes Ertragswertverfahren bei langer Restnutzungsdauer

Bei langen Restnutzungsdauern von mehr als ca. 40 bis 50 Jahren kann das vereinfachte Ertragswertverfahren ohne Berücksichtigung des Bodenwerts angewandt werden, da bei langen Restnutzungsdauern der abgezinste Bodenwert vernachlässigbar klein wird. In diesem Fall wird der unter Abzug der Bewirtschaftungskosten ermittelte Grundstücksreinertrag mit dem Vervielfältiger multipliziert. Das Ergebnis ist der Grundstücksertragswert, welcher noch an die Marktlage anzupassen ist.

Bodenwert ist Dauerwert

Das vereinfachte Ertragswertverfahren versagt jedoch bei kurzen Restnutzungsdauern des Gebäudes, da der Bodenwert ein „Dauerwert" ist und sich auf „unendlich" verzinst, während sich der Wert des Gebäudes nur auf die wirtschaftliche Restnutzungsdauer der baulichen Anlagen verzinst.

Formel: Sonderfall vereinfachtes Ertragswertverfahren bei langer Restnutzungsdauer

$$EW = RE \times V$$

EW = Ertragswert
RE = Reinertrag
V = Vervielfältiger

Beispiel: Sonderfall vereinfachtes Ertragswertverfahren bei langer Restnutzungsdauer

Jahresreinertrag (RE)	11.808 EUR
Vervielfältiger (V)	18,633471

kapitalisierter Jahresreinertrag (RE x V)
= vorläufiger Ertragswert (ohne Marktanpassung) = 220.024 EUR

Anmerkung:

Bei langen Restnutzungsdauern von mehr als ca. 40 bis 50 Jahre spielt der Bodenwert im Hinblick auf die allgemeine Schätzgenauigkeit im Ertragswertverfahren keine Rolle. Sofern dies bei Ihrer Wertermittlung zutrifft, lässt sich der Ertragswert von Objekten, die eine längere Restnutzungsdauer als 40 bis 50 Jahre aufweisen, allein durch die Kapitalisierung des marktüblich erzielbaren Reinertrags ermitteln.

Das vereinfachte Ertragswertverfahren stellt sich wie folgt dar:

	Rohertrag
−	Bewirtschaftungskosten
=	Reinertrag
×	Vervielfältiger
=	vorläufiger Grundstücksertragswert
±	Marktanpassung
=	Ertragswert

Ertragswertverfahren mit periodisch unterschiedlichen Erträgen (§ 17 Abs. 3 ImmoWertV)

Bei der Ermittlung des Ertragswerts auf der Grundlage periodisch unterschiedlicher Erträge wird dieser aus den von gesicherten Daten abgeleiteten periodisch erzielbaren Reinerträgen (§ 18 Abs. 1) innerhalb eines Betrachtungszeitraums und dem Restwert des Grundstücks am Ende des Betrachtungszeitraums ermittelt. Die periodischen Reinerträge sowie der Restwert des Grundstücks sind jeweils auf den Wertermittlungsstichtag nach § 20 abzuzinsen.

Das mehrperiodische Ertragswertverfahren ist auch bei gleich bleibenden Erträgen anwendbar und führt wie das allgemeine Ertragswertverfahren und das vereinfachte Ertragswertverfahren stets zum gleichen Ergebnis.

In der Praxis ist, unter Voraussetzung gleich bleibender Erträge, dem allgemeinen und dem vereinfachten Ertragswertverfahren gegenüber dem mehrperiodischen Ertragswertverfahren der Vorzug zu geben, da der Rechenaufwand beim mehrperiodischen Ertragswertverfahren aufgrund der jährlich zu ermittelnden Gesamterträge um ein Vielfaches höher ist.

Formel: Ertragswertverfahren mit periodisch unterschiedlichen Erträgen

$$EW = \underbrace{\Sigma_1^b RE \times q^{-b}}_{\text{Ertragsanteil des Betrachtungszeitraums}} + \underbrace{RE_i \times (V_n - V_b) + BW \times q^{-n}}_{\text{Restwert}}$$

EW = Ertragswert
b = Betrachtungszeitraum
RE = Reinertrag
V = Vervielfältiger
q = Zinsfaktor (1 + p)
p = Liegenschaftszinssatz / 100
n = Restnutzungsdauer des Gebäudes
BW = Bodenwert

Zwei Phasen

Beim mehrperiodischen Ertragswertverfahren wird das allgemeine Ertragswertverfahren in zwei Phasen aufgeteilt und zwar in

1. einen Betrachtungszeitraum von ca. zehn Jahren, gerechnet ab dem Wertermittlungsstichtags und
2. eine Restphase bis zum Ablauf der Restnutzungsdauer der baulichen Anlagen.

Während die jährlichen Erträge für den Betrachtungszeitraum jahrgangsweise gesondert ermittelt werden, wird der Restwert zusammen mit den Erträgen aus der verbleibenden Restnutzungsdauer der baulichen Anlagen erfasst.
Grafisch stellt sich das mehrperiodische Ertragswertverfahren, mit gleich bleibenden jährlichen Erträgen innerhalb des Betrachtungszeitraums und während der Restphase wie folgt dar:

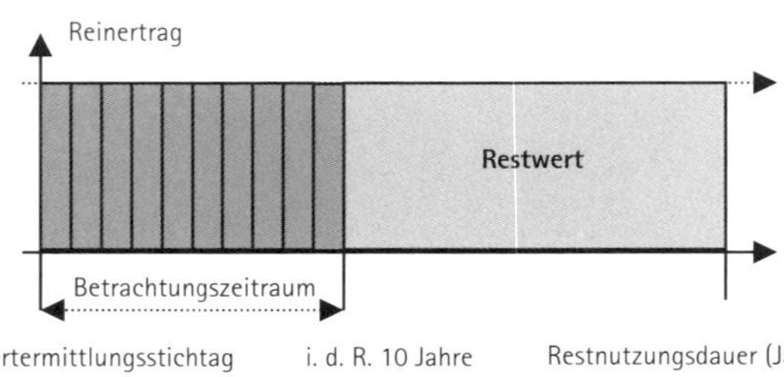

Abbildung: Mehrperiodisches Ertragswertverfahren mit gleichbleibenden jährlichen Erträgen

Beispiel: Ertragswertverfahren mit periodisch unterschiedlichen Erträgen (§ 13 Abs. 3 ImmoWertV)

Ertragswertverfahren mit periodisch unterschiedlichen Erträgen (§ 17 Abs. 3 ImmoWertV)

Bodenwert	50.000 Euro	**Hinweis:**	**= Eingabefeld**
Liegenschaftszinssatz	5%		
Restnutzungsdauer	55 Jahre		
Betrachtungszeitraum	10 Jahre		

1. Ermittlung der Barwerte aus dem Betrachtungszeitraum:

Jahr	Reinertrag (RE)		Abzinsungs-faktor		Barwerte der Reinerträge
1. Jahr	11.808	x	0,9523810	=	11.246 €
2. Jahr	11.808	x	0,9070295	=	10.710 €
3. Jahr	11.808	x	0,8638376	=	10.200 €
4. Jahr	11.808	x	0,8227025	=	9.714 €
5. Jahr	11.808	x	0,7835262	=	9.252 €
6. Jahr	11.808	x	0,7462154	=	8.811 €
7. Jahr	11.808	x	0,7106813	=	8.392 €
8. Jahr	11.808	x	0,6768394	=	7.992 €
9. Jahr	11.808	x	0,6446089	=	7.612 €
10. Jahr	11.808	x	0,6139133	=	7.249 €
Summe der Barwerte aus dem Betrachtungszeitraum					**91.178 €**

2. Restwertermittlung:

Anzahl der Jahre (RND ./. Betrachtungszeitr.)	Reinertrag (RE)		Barwertfaktor		RE x V		Abzinsungs-faktor		Barwerte der Reinerträge
45	11.808	x	**17,7740698**	=	209.876 €	x	**0,6139133**	=	128.846 €
zuzüglich Bodenwert, abgezinst über die RND der baulichen Anlagen					50.000 €	x	**0,0683264**	=	3.416 €
							Restwert		**132.262 €**

3. Ermittlung des vorläufigen Ertragswerts:

Der vorläufige Ertragswert errechnet sich aus dem Restwert zuzüglich		132.262 €
der Summe der Barwerte aus dem Betrachtungszeitraum		91.178 €
vorläufiger Ertragswert (ohne Marktanpassung)	=	**223.440 €**

Anmerkung zur Restwertermittlung:

Der Restwert (ohne Bodenwert) kann auch anhand der Differenz der Barwertfaktoren gemäß der nachstehenden Formel wie folgt ermittelt werden. Dabei sind die entsprechenden Barwertfaktoren mithilfe des Liegenschaftszinssatzes und der gesamten Restnutzungsdauer der baulichen Anlagen sowie des Betrachtungszeitraums zu berechnen. Die Differenz ist mit dem Jahresreinertrag zu multiplizieren und ergibt den auf den Wertermittlungsstichtag bezogenen Barwert.

$$RE_i \times (V_n - V_b)$$

V_n = Vervielfältiger (55 Jahre und 5 %) = 18,63347

V_b = Vervielfältiger (10 Jahre und 5 %) = 7,72173

$V_n - V_b$ = 10,9117 x 11.808 EUR = 128.846 EUR

Das Ergebnis entspricht somit der vorstehenden Berechnung in Höhe von 128.846 EUR.

Der Restwert ergibt sich aus der Addition über die Restwertperiode anfallender marktüblich erzielbarer Erträge, kapitalisiert mit der Vervielfältigerdifferenz [$RE_i \times (V_n - V_b)$] und des über die Laufzeit der baulichen Anlagen abgezinsten Bodenwerts [$BW \times q^{-n}$].

Hinweis:

Unter Berücksichtigung gleichbleibender jährlicher Erträge ist das Ergebnis des vorläufigen Ertragswerts aus dem Ertragswertverfahren mit periodisch unterschiedlichen Erträgen in Höhe von 223.440 EUR ist identisch mit den Ergebnissen des vereinfachten Ertragswertverfahren und dem allgemeinen Ertragswertverfahren.

Das mehrperiodische Ertragswertverfahren mit unterschiedlichen jährlichen Erträgen innerhalb des Betrachtungszeitraums lässt sich wie folgt darstellen:

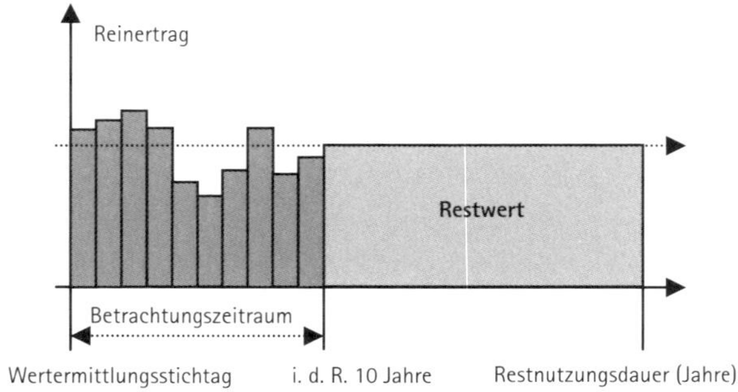

Abbildung: Mehrperiodisches Ertragswertverfahren mit unterschiedlichen jährlichen Erträgen

Dabei sind die Jahresreinerträge in ihrer Gesamtheit ausgewiesen, einschließlich der Mehr- und Mindererlöse. Die Mehr- und Mindererlöse werden auch als over- und underrented bezeichnet.

Beispiel: Ertragswertverfahren mit periodisch unterschiedlichen Erträgen (§ 13 Abs. 3 ImmoWertV)

Jahresreinertrag (RE) mit jährlich unterschiedlichen Erträgen im Betrachtungszeitraum

Jahresreinertrag (RE)	11.808 EUR (nach dem Betrachtungszeitraum)
Liegenschaftszinssatz	5 %
Restnutzungsdauer	55 Jahre
Bodenwert (BW)	50.000 EUR

1. Ermittlung der Barwerte aus dem Betrachtungszeitraum

Jahr	Reinertrag (RE)		Abzinsungs-faktor		Barwerte der Reinerträge
1. Jahr	12.000	x	0,95238	=	11.429 €
2. Jahr	12.500	x	0,90702	=	11.338 €
3. Jahr	13.000	x	0,86383	=	11.230 €
4. Jahr	11.900	x	0,82270	=	9.790 €
5. Jahr	10.000	x	0,78352	=	7.835 €
6. Jahr	9.200	x	0,74621	=	6.865 €
7. Jahr	10.500	x	0,71068	=	7.462 €
8. Jahr	11.600	x	0,67683	=	7.851 €
9. Jahr	10.200	x	0,64460	=	6.575 €
10. Jahr	11.700	x	0,61391	=	7.183 €
	Summe der Barwerte aus dem Betrachtungszeitraum				87.558 €

2. Restwertermittlung

Jahr	Reinertrag (RE)		Barwertfaktor (45 Jahre)		RE x V		Abzinsungs-faktor		Barwerte der Reinerträge
11. bis 55. Jahr	11.808	x	17,77406	=	209.876 €	x	0,61391	=	128.846 €
zuzüglich Bodenwert, abgezinst über 55 Jahre :					50.000 €	x	0,06836	=	3.416 €
							Restwert		132.262 €

3. Ermittlung des vorläufigen Ertragswerts

Der vorläufige Ertragswert errechnet sich aus dem Restwert zuzüglich		132.262 €
der Summe der Barwerte aus dem Betrachtungszeitraum		87.558 €
vorläufiger Ertragswert (ohne Marktanpassung)	**=**	**219.820 €**

Ein weiteres Beispiel hierfür ist im Abschnitt „Berücksichtigung von Über- und Untervermietung“ auf Seite 87 dargestellt.

Aufgrund der drei bestehenden Ertragswertverfahren stellt sich nun die Frage, welches Verfahren das Geeignetste ist.

Anbei nochmals die Verfahren im Überblick

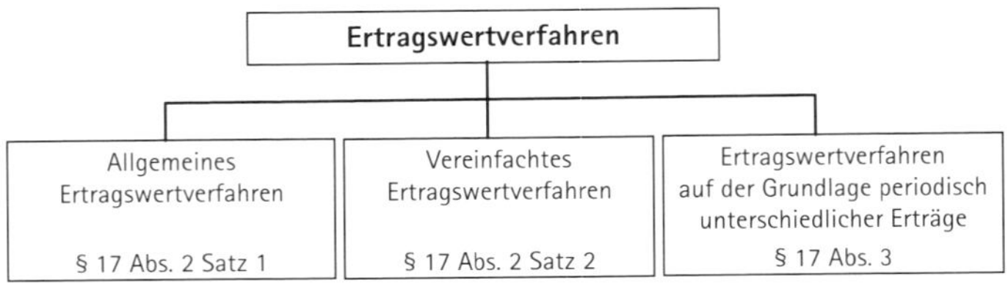

Abbildung: Ertragswertverfahren

Alle drei Verfahren führen zum gleichen Ergebnis, sofern beim Ertragswertverfahren mit periodisch unterschiedlichen Erträgen mit jährlich gleich bleibenden Erträgen gerechnet wird.
Der Königsweg ist aus Sicht des Autors, bei jährlich gleich bleibenden Erträgen, das allgemeine Ertragswertverfahren, da es aufgrund der Aufspaltung in einen Boden- und einem Gebäudewertanteil übersichtlicher und weniger fehleranfällig ist.
Bei langen Restnutzungsdauern von mehr als ca. 40 bis 50 Jahre spielt der Bodenwert im Hinblick auf die allgemeine Schätzgenauigkeit im Ertragswertverfahren keine Rolle. Sofern dies bei Ihrer Wertermittlung zutrifft, lässt sich der Ertragswert von Objekten, allein durch die Kapitalisierung des marktüblich erzielbaren Reinertrags ermitteln (Sonderfall vereinfachtes Ertragswertverfahren bei langen Restnutzungsdauer).
Das Ertragswertverfahren mit periodisch unterschiedlichen Erträgen sollte nur angewendet werden, sofern die jährlichen Erträge unterschiedlich sind. Ist das nicht der Fall, kann dieses Verfahren genauso eingesetzt werden, jedoch bringt dies für den Anwender nur unnötigen Rechenaufwand mit sich.
Im Folgenden wird das „Allgemeine Ertragswertverfahren“ genauer erläutert.

4.2.1 Der Bodenwert

Beim Ertragswertverfahren wird zuerst, wie in Kapitel 3 (ab Seite 37) dargestellt, der Bodenwert ermittelt. Dieser ist getrennt vom Wert der Gebäude und der Außenanlagen grundsätzlich so zu ermitteln, wie er sich ergeben würde, wenn das Grundstück unbebaut wäre. Folgendes Beispiel soll die Auswirkung des Bodenwerts auf den Ertragswert verdeutlichen.

Auswirkung auf den Ertragswert

Beispiel:[23]

	Bodenwert	Prozentuale Veränderung	Ertragswert
Abweichung A	40.000 EUR	– 0,32 %	212.757 EUR
Ursprung	50.000 EUR	± 0,00 %	213.440 EUR
Abweichung B	60.000 EUR	+ 0,32 %	214.124 EUR

Sensitivitätsanalyse Bodenwert/Ertragswert

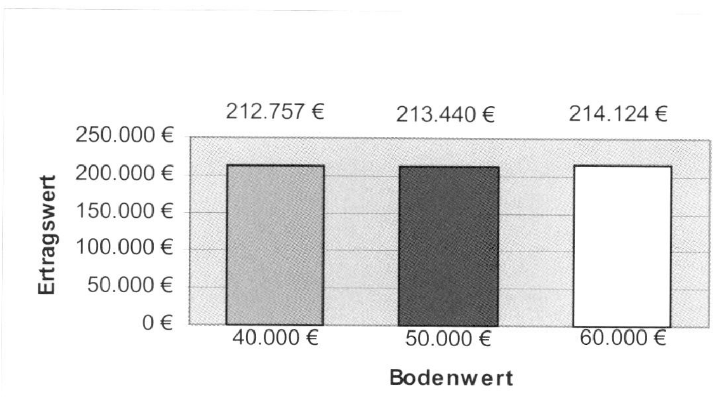

Das Beispiel zeigt, dass der Bodenwert bei einer Abweichung in Höhe von ± 20 Prozent einen unbedeutenden Einfluss auf den Ertragswert hat.

[23] Grundlage der Sensitivitätskontrolle sind die Zahlen aus dem Beispiel auf Seite 123.

4.2.2 Ermittlung des Gebäudeertragswerts

Bei der Ermittlung des Gebäudeertragswerts ist von dem marktüblich erzielbaren jährlichen Reinertrag des Grundstücks auszugehen. Dieser ergibt sich aus dem jährlichen Rohertrag abzüglich der jährlichen Bewirtschaftungskosten. Die Bewirtschaftungskosten beinhalten die Verwaltungs-, Betriebs- und Instandhaltungskosten sowie das Mietausfallwagnis.

Aufteilung in Boden und Gebäude

Der Jahresreinertrag ist in einen Boden- und in einen Gebäudeanteil aufgeteilt, da die Erwirtschaftung des Reinertrags einerseits durch den Boden und andererseits durch das Gebäude erfolgt. Diese Aufteilung ist auch aufgrund der unterschiedlichen Nutzungsdauern von Boden und Gebäude notwendig. Während der Boden grundsätzlich als unvergänglich gilt, ist die wirtschaftliche Restnutzungsdauer der baulichen Anlagen zeitlich begrenzt.

Der auf den Boden anfallende Reinertragsanteil wird als angemessener Verzinsungsbetrag des Bodenwerts durch Multiplikation des Bodenwerts mit dem Liegenschaftszinssatz berechnet und stellt die „ewige Rentenrate“ des Bodenwerts dar.

Barwert

Die Differenz aus dem Jahresreinertrag und dem Reinertragsanteil des Bodens ergibt den Reinertragsanteil für das Gebäude. Dieser wird dann als Rente (jährlicher Überschuss bis zum Ende der Restnutzungsdauer) zugunsten des Eigentümers des Gebäudes aufgefasst. Der heutige Wert dieser Rente, finanzmathematisch auch als Barwert bezeichnet, ist dann der Ertragswert des Gebäudes.

Ertragswert der baulichen Anlagen

Der Reinertrag der baulichen Anlagen wird also mit dem Zeitrentenvervielfältiger multipliziert und dies ergibt den Ertragswert der baulichen Anlagen. Maßgebend ist derjenige Vervielfältiger, der sich nach dem Liegenschaftszinssatz und der zu erwartenden Restnutzungsdauer der baulichen Anlagen ergibt.

Vorläufiger Ertragswert des Wertermittlungsobjekts

Zum Ertragswert des Gebäudes wird der Bodenwert addiert und ergibt den vorläufigen Ertragswert des Wertermittlungsobjekts.

Der Verkehrswert (Marktwert) des Grundstücks berechnet sich sodann aus dem vorläufigen Ertragswert des Grundstücks unter Berücksichtigung der Marktanpassung an die allgemeinen Wertverhältnisse auf dem Grundstücksmarkt und besonderer objektspezifischer Grundstücksmerkmale.

Im Folgenden werden die erforderlichen Schritte aufgeführt, die bei der Ermittlung des Ertragswerts der baulichen Anlagen durchlaufen werden müssen.

Folgende Eingangsgrößen sind bei der Ermittlung des Ertragswerts der baulichen Anlagen zu bestimmen: Eingangsgrößen

- vermietbare Flächen
- marktüblich erzielbare Erträge
- Bewirtschaftungskosten
- Liegenschaftszinssatz
- Restnutzungsdauer
- Vervielfältiger und
- Reinertragsanteil „Boden"

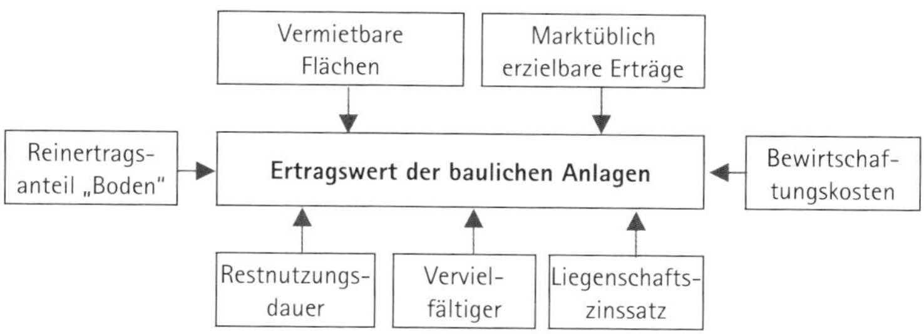

Abbildung: Ertragwert der baulichen Anlagen

Ermittlung des Rohertrags/Reinertrags

Der Reinertrag ergibt sich aus dem jährlichen Rohertrag abzüglich der Bewirtschaftungskosten. Reinertrag

Der Rohertrag ergibt sich aus den bei ordnungsgemäßer Bewirtschaftung und zulässiger Nutzung marktüblich erzielbaren Erträgen. Rohertrag

Bei Anwendung des Ertragswertverfahrens auf der Grundlage periodisch unterschiedlicher Erträge ergibt sich der Rohertrag insbesondere aus den vertraglichen Vereinbarungen.[24]

Unter „marktüblich erzielbare Erträge" ist nichts anderes zu verstehen als das, was bisher in der WertV als „nachhaltig erzielbar" definiert wurde.

[24] § 18 ImmoWertV.

Werden für die Nutzung von Grundstücken oder Teilen eines Grundstücks keine oder vom Üblichen abweichende Entgelte erzielt, sind die bei einer Vermietung oder Verpachtung marktüblich erzielbaren Einnahmen zugrunde zu legen.

Marktüblichkeit

Unter „marktüblich" versteht man, dass die Erlöse und Kosten über einen längeren Zeitraum zu erwarten sind. Eine besonders hohe oder eine kurzfristig günstige Vermietung sagt nichts über die Marktüblichkeit aus. Hier sind Entwicklungstendenzen über mehrere Jahre mit einzubeziehen, d. h., es soll sich um Erlöse und Kosten handeln, deren Höhe in einem überschaubaren Zeitraum ohne Ansatz von Spekulation geschätzt werden kann.

Hier einige Gesetzeshinweise zu Mieterhöhung, ortsüblicher Vergleichsmiete und Kappungsgrenze:

Mieterhöhung

§ 558 BGB Mieterhöhung bis zur ortsüblichen Vergleichsmiete

(1) Der Vermieter kann die Zustimmung zu einer Erhöhung der Miete bis zur ortsüblichen Vergleichsmiete verlangen, wenn die Miete in dem Zeitpunkt, zu dem die Erhöhung eintreten soll, seit 15 Monaten unverändert ist. Das Mieterhöhungsverlangen kann frühestens ein Jahr nach der letzten Mieterhöhung geltend gemacht werden. Erhöhungen nach den §§ 559 bis 560[25] *werden nicht berücksichtigt.*

(2) Die ortsübliche Vergleichsmiete wird gebildet aus den üblichen Entgelten, die in der Gemeinde oder einer vergleichbaren Gemeinde für Wohnraum vergleichbarer Art, Größe, Ausstattung, Beschaffenheit und Lage in den letzten vier Jahren vereinbart oder, von Erhöhungen nach § 560 abgesehen, geändert worden sind. Ausgenommen ist Wohnraum, bei dem die Miethöhe durch Gesetz oder im Zusammenhang mit einer Förderzusage festgelegt worden ist.

(3) Bei Erhöhungen nach Absatz 1 darf sich die Miete innerhalb von drei Jahren, von Erhöhungen nach den §§ 559 bis 560 abgesehen, nicht um mehr als 20 vom Hundert erhöhen (Kappungsgrenze).

[25] § 559 Mieterhöhung bei Modernisierung
§ 559a Anrechnung von Drittmitteln
§ 559b Geltendmachung der Erhöhung, Wirkung der Erhöhungserklärung
§ 560 Veränderungen von Betriebskosten.

§ 558 BGB Mieterhöhung bis zur ortsüblichen Vergleichsmiete

(4) Die Kappungsgrenze gilt nicht,

1. *wenn eine Verpflichtung des Mieters zur Ausgleichszahlung nach den Vorschriften über den Abbau der Fehlsubventionierung im Wohnungswesen wegen des Wegfalls der öffentlichen Bindung erloschen ist und*
2. *soweit die Erhöhung den Betrag der zuletzt zu entrichtenden Ausgleichszahlung nicht übersteigt.*

Der Vermieter kann vom Mieter frühestens vier Monate vor dem Wegfall der öffentlichen Bindung verlangen, ihm innerhalb eines Monats über die Verpflichtung zur Ausgleichszahlung und über deren Höhe Auskunft zu erteilen. Satz 1 gilt entsprechend, wenn die Verpflichtung des Mieters zur Leistung einer Ausgleichszahlung nach den §§ 34 bis 37 des Wohnraumförderungsgesetzes und den hierzu ergangenen landesrechtlichen Vorschriften wegen Wegfalls der Mietbindung erloschen ist.

(5) Von dem Jahresbetrag, der sich bei einer Erhöhung auf die ortsübliche Vergleichsmiete ergäbe, sind Drittmittel im Sinne des § 559a abzuziehen, im Falle des § 559a Abs. 1 mit 11 vom Hundert des Zuschusses.

(6) Eine zum Nachteil des Mieters abweichende Vereinbarung ist unwirksam.

Mietspiegel

§ 558c Mietspiegel

(1) Ein Mietspiegel ist eine Übersicht über die ortsübliche Vergleichsmiete, soweit die Übersicht von der Gemeinde oder von Interessenvertretern der Vermieter und der Mieter gemeinsam erstellt oder anerkannt worden ist.

(2) Mietspiegel können für das Gebiet einer Gemeinde oder mehrerer Gemeinden oder für Teile von Gemeinden erstellt werden.

(3) Mietspiegel sollen im Abstand von zwei Jahren der Marktentwicklung angepasst werden.

(4) Gemeinden sollen Mietspiegel erstellen, wenn hierfür ein Bedürfnis besteht und dies mit einem vertretbaren Aufwand möglich ist. Die Mietspiegel und ihre Änderungen sollen veröffentlicht werden.

(5) Die Bundesregierung wird ermächtigt, durch Rechtsverordnung mit Zustimmung des Bundesrates Vorschriften über den näheren Inhalt und das Verfahren zur Aufstellung und Anpassung von Mietspiegeln zu erlassen.

Für die Ermittlung des Rohertrags sind die vermietbare Fläche und die marktüblich erzielbare Miete anzusetzen.

Vermietbare Fläche

Die vermietbare Fläche können Sie aus dem Mietvertrag, Plänen oder einer Wohnflächenberechnung entnehmen. Die Angabe der Flächen sollten Sie jedoch immer stichprobenartig überprüfen, da häufig verschiedenartige Ansätze bei der Flächenberechnung zugrunde liegen. Insbesondere ist bei Dachgeschossen darauf zu achten, ob z. B. Flächen unter Dachschrägen

- zwischen einem und zwei Metern Höhe zu 50 Prozent,
- Flächen unter einem Meter Höhe nicht und
- Flächen über zwei Metern Höhe voll angesetzt sind.

Auch auf den Ansatz der Flächenberechnung bei Terrassen und Balkonen sollten Sie besonders achten.

Tatsächliche Nettokaltmiete

Die tatsächliche Nettokaltmiete können Sie aus dem Mietvertrag entnehmen. Dabei müssen Sie jedoch immer deren Nachhaltigkeit, bzw. „Marktüblichkeit" überprüfen. Das bedeutet, es ist abzuschätzen, ob die erzielbaren Erträge dauerhaft erwirtschaftet werden können.

Weicht die tatsächliche Nettokaltmiete von den Mieten des entsprechenden ortsspezifischen Mietspiegels ab, besteht Handlungsbedarf.

Ist z. B. die tatsächliche Miete für eine Wohnung wesentlich höher als die Miete, welche der entsprechende ortsspezifische Mietspiegel ausweist, wird das Ergebnis insbesondere bei langen Restnutzungsdauern erheblich verfälscht, wenn dieser verhältnismäßig hohe Mietertrag über die gesamte Restnutzungsdauer angesetzt wird. Da Wohnraummietverträge auch kurzfristig gekündigt werden können, sollte der hohe Mietansatz nur temporär also maximal über die Mietdauer angesetzt werden.

Bei entsprechenden Überlegungen zum Ansatz des marktüblichen Ertrags sollte abgewogen werden, ob es nach Ablauf des Mietvertrags realistischer ist, eine Miete in der Höhe anzusetzen, welche der ortsspeziefische Mietspiegel in vergleichbarer Lage aufweist oder ob nach Ablauf des Mietverhältnisses der hohe Mietansatz weiter gerechtfertigt ist. Ihre Entscheidung für den gewählten Ansatz sollten Sie im Gutachten kurz begründen.

Bei Gewerbeobjekten sind häufig Untervermietungen festzustellen. Nämlich dann, wenn zu Zeiten eines hohen Leerstandes an Gewerbeflächen, dem Mietinteressenten Zugeständnisse im Mietpreis über einen festgeschriebenen Zeitraum gemacht werden.
Wie diese Anomalien fachgerecht berücksichtigt werden können erfahren Sie im Abschnitt „Berücksichtigung von Über- und Untervermietung“, Seite 87.
Ist im näheren Umkreis zu Ihren Bewertungsobjekt z. B. der Leerstand an Gewerbeflächen sehr hoch, so sollten Sie auch hier die Mieterträge nach Ablauf des Mietverhältnisses entsprechend anpassen und ansetzen.

Hinweis:

Die Basis für die Ermittlung des Rohertrags ist stets die aus dem Grundstück marktüblich erzielbare Nettokaltmiete. Diese entspricht der jährlichen Gesamtmiete ohne sämtliche auf den Mieter zusätzlich zur Grundmiete umlagefähigen Bewirtschaftungskosten. Die jährliche Gesamtmiete wird aus Vergleichsmieten für mit dem Bewertungsgrundstück vergleichbar genutzte Grundstücke als mittelfristiger Durchschnittswert abgeleitet. Angaben hierzu finden sich in der Mietpreissammlung des Sachverständigen und ggf. in den Mietspiegeln der Gemeinde oder vergleichbarer Gemeinden.

Achtung:

Der Begriff „Rohertrag" stellt in der Ertragswertermittlung eine häufige Fehlerquelle dar. Dieser ist in Ziff. 3.5.1 WertR 2006 definiert als der Betrag, der sämtliche bei ordnungsgemäßer Bewirtschaftung und zulässiger Nutzung nachhaltig erzielbaren Einnahmen aus dem Grundstück umfasst.
Umlagen, die zur Deckung von Betriebskosten gezahlt werden, sind nicht zu berücksichtigen. Deshalb sind die herangezogenen Vergleichsmieten daraufhin zu überprüfen, ob es sich um Nettokaltmieten handelt, die die umlagefähigen Betriebskosten nicht enthalten.
Der Rohertrag ist also der Jahresertrag, der sich nach Abzug der auf die Mieter umlagefähigen Nebenkosten (Betriebskosten) von den Gesamteinnahmen pro Jahr ergibt. Dieser Ertrag wird auch als Nettokaltmiete p. a. bezeichnet.
Der Reinertrag ergibt sich wiederum nach Abzug der nicht umlagefähigen Bewirtschaftungskosten vom Rohertrag.

Jahresmieteinnahmen		
Jahresrohertrag oder Nettokaltmiete p. a.		**Umlagefähige Bewirtschaftungskosten (Betriebskosten)**
Jahresreinertrag	Nicht umlagefähige Bewirtschaftungskosten (Verwaltungskosten, Instandhaltungskosten, Mietausfallwagnis)	Grundsteuer, Gebäudeversicherungen, Müllabfuhr, Straßenreinigung, Gehwegreinigung, Hausstrom, Hausmeister, Gärtner etc.

Abbildung: Jahresrohertrag oder Nettokaltmiete p. a. und Jahresreinertrag

Beispiel: Ermittlung des jährlichen Rohertrags

Der jährliche Rohertrag kann z. B. für ein Vierfamilienhaus wie folgt ermittelt werden:

EG:	ca. 85 m² × 8,75 EUR/m² =	743,75 EUR/Monat
1. OG:	ca. 80 m² × 9,00 EUR/m² =	720,00 EUR/Monat
2. OG:	ca. 80 m² × 9,50 EUR/m² =	760,00 EUR/Monat
DG:	ca. 65 m² × 9,00 EUR/m² =	585,00 EUR/Monat
monatlicher Rohertrag Wohnungen		2.808,75 EUR/Monat
monatlicher Rohertrag Garagen		200,00 EUR/Monat
monatlicher Rohertrag gesamt		3.008,75 EUR/Monat
×		12 Monate
= jährlicher Rohertrag		36.105,00 EUR/Jahr

Ein weiteres Beispiel soll den Einfluss des Jahresrohertrags auf den Ertragswert verdeutlichen:

Beispiel: Auswirkungen des Jahresrohertrags auf den Ertragswert[26]

	Jahresrohertrag	Prozentuale Veränderung	Ertragswert
Abweichung A	14.022 EUR	– 5,15 %	202.439 EUR
Ursprung	14.760 EUR	± 0,00 %	213.440 EUR
Abweichung B	15.498 EUR	+ 5,15 %	224.442 EUR

Sensitivitätsanalyse Rohertrag/Ertragswert

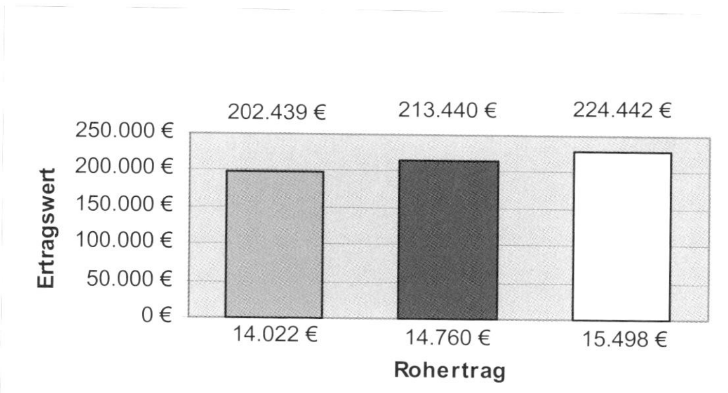

Das Beispiel zeigt, dass der Jahresrohertrag bei einer Abweichung in Höhe von ± fünf Prozent eine Abweichung des Ertragswerts in Höhe von rund fünf Prozent zur Folge hat. Die marktüblich erzielbare Miete sollten Sie daher immer gewissenhaft recherchieren.

Berücksichtigung von Über- und Untervermietung

Bei der Ermittlung der Erträge sind grundsätzlich stets

- der marktüblich erzielbare Reinertrag und
- der tatsächlich erzielbare Reinertrag

zu ermitteln, damit vorhandene Abweichungen berücksichtigt werden können. Das ist immer dann erforderlich, wenn die Abweichungen nachhaltig die Ertragsverhältnisse beeinflussen.

[26] Grundlage der Sensitivitätskontrolle sind die Zahlen aus dem Beispiel auf Seite 123.

Man unterscheidet hier zwei Arten von Abweichungen:

- Overrented Objekt: Die Erträge überschreiten die marktüblich erzielbare Miete.
- Underrented Objekt: Die Erträge unterschreiten die marktüblich erzielbare Miete.

Erträge, die über der ortsüblichen Miete liegen, können, sofern sie vertraglich gesichert sind, wertsteigernd als Overrented-Zuschläge berücksichtigt werden.
Dabei wird der Mehrertrag für die Restlaufzeit des Mietverhältnisses kapitalisiert und zu den über die gesamte Restnutzungsdauer kapitalisierten orts- und objektüblichen Mieterträgen hinzugerechnet.

Bei einem underrented vermieteten Objekt, bei dem die vertraglich vereinbarte Miete unter der orts- und objektüblichen Miete liegt, wird der Minderertrag für die Restlaufzeit des Mietverhältnisses kapitalisiert und von den über die gesamte Restnutzungsdauer kapitalisierten orts- und objektüblichen Mieterträgen abgezogen.

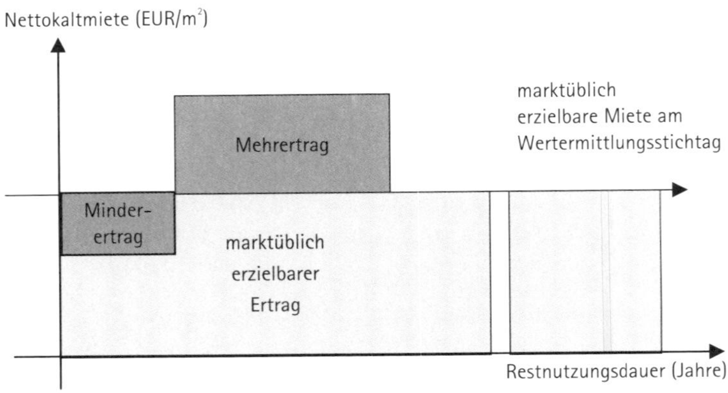

Abbildung: Grafische Darstellung, bei der eine fiktive Mietentwicklung durch einen Minder- und einen Mehrertrag an einem Objekt aufgezeigt ist

Beispiel für die Berücksichtigung einer Unter- bzw. einer Übervermietung bei der Ertragswertermittlung:

Für ein mehrgeschossiges vermietetes Bürogebäude ist der Ertragswert mit folgenden Vorgabewerten zu ermitteln:

- vermietbare Bürofläche 1.000 m^2 NF
- die am Wertermittlungsstichtag ortsüblich erzielbare Nettokaltmiete beträgt 30 EUR/m^2 Nutzfläche
- nicht umlegbare Bewirtschaftungskosten 18 Prozent

Es besteht ein langfristiger Mietvertrag, der folgende Reinerträge vorsieht:

- während der ersten 4 Jahre 25 EUR/m^2 NF
- anschließend 10 Jahre 40 EUR/m^2 NF
- Restnutzungsdauer (RND): 60 Jahre
- Bodenwert: 250.000 EUR
- marktüblicher Liegenschaftszinssatz p = 6 Prozent

In einer Grafik stellt sich vorgenannte Situation wie folgt dar:

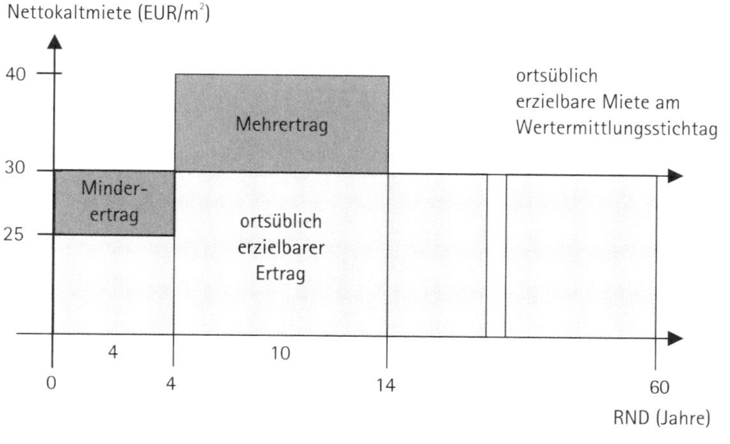

Der Ertragswert auf der Grundlage der marktüblichen Erträge ermittelt sich wie folgt:

1. Ermittlung des Ertragswerts auf Grundlage des marktüblich erzielbaren Ertrags

$$EW = (RE - BW \times p) \times V + BW = RE \times V + BW \times q^{-n}$$

EW	=	Ertragswert
RE	=	jährlicher Reinertrag des Grundstücks (Rohertrag – Bewirtschaftungskosten)
BW	=	Bodenwert
p	=	Liegenschaftszinssatz / 100
V	=	Vervielfältiger
n	=	Restnutzungsdauer
q	=	Zinsfaktor = 1 + p

marktüblich erzielbarer jährlicher Ertrag:

RE = 1.000 m^2 NF x 30 EUR / m^2 NF x 0,82 x 12 Monate = 295.200 EUR p. a.

Kapitalisierung:

Laufzeit	n = 60 Jahre
Liegenschaftszinssatz	p = 6 %
Vervielfältiger	V = 16,161

Ertragswert (vorläufig) aus marktüblich erzielbarem Ertrag:

EW = 295.200 EUR x 16,161 + 250.000 x $1{,}06^{-60}$ = 4.778.010 EUR

2. Ertragswert aus temporärem Minderertrag (Untervermietung, underrented)

temporärer Minderertrag:

1.000 m^2 NF x 5 EUR/m^2 NF x 12 Monate = 60.000 EUR p. a.

Kapitalisierung:

Laufzeit	n = 4 Jahre
Liegenschaftszinssatz	p = 6 %
Vervielfältiger	V = 3,4651

Ertragswert aus temporärem Minderertrag:

60.000 EUR x 3,4651 = 207.906 EUR

3. Ertragswert aus temporärem Mehrertrag (Übervermietung, overrented)

temporärer Mehrertrag:
1.000 m² NF x 10 EUR / m² NF x 12 Monate = 120.000 EUR p. a.

Kapitalisierung	
Laufzeit	n = 10 Jahre
Liegenschaftszinssatz	p = 6 %
Vervielfältiger	V = 7,3600

Ertragswert aus temporärem Mindererertrag:
120.000 EUR x 7,3600 = 883.200 EUR

Diskontiert über 4 Jahre:
883.200 EUR x 0,7920 = 699.494 EUR

Hinweis:

Der mithilfe des Vervielfältigers ermittelte Barwert von 883.200 EUR (kapitalisiert auf zehn Jahre) führt zunächst nur zu dem in vier Jahren zur Verfügung stehenden Barwert und muss deshalb noch in einem gesonderten Rechenschritt auf den Wertermittlungstag diskontiert werden.

4. Zusammenstellung

Ermittlung des marktüblichen erzielbaren Ertrags	4.778.010 EUR
Ertragswert aus temporärem Mindererertrag	- 207.906 EUR
Ertragswert aus temporärem Mehrertrag	+ 699.494 EUR
Ertragswert der Liegenschaft zum Stichtag	**5.269.598 EUR**
gerundet	**5.270.000 EUR**

Die Höhe der Bewirtschaftungskosten hängt in aller Regel nicht davon ab, ob Mehr- oder Mindereinnahmen erzielt werden. Grundsätzlich ist deshalb auch in diesen Fällen von den marktüblich bei ordnungsgemäßer Bewirtschaftung anfallenden Erfahrungssätzen auszugehen.

Werden die Bewirtschaftungskosten in einem Vomhundertsatz z. B. der Nettokaltmiete angesetzt, so ist dieser Vomhundertsatz stets nur auf die marktüblich erzielbare Nettokaltmiete und nicht auf den

Mehr- oder Minderertrag anzuwenden. Denn die Bewirtschaftungskosten vermindern sich nicht alleine schon deshalb, weil die Mieteinnahmen weit hinter dem zurückbleiben, was sonst zu erzielen wäre. Umgekehrt beruhen die Vomhundertsätze der nicht umlegbaren Bewirtschaftungskosten in der Regel auf Erfahrungssätzen von Objekten, die zu ortsüblichem Nutzungsentgelt vermietet sind.[27]

Ermittlung der jährlichen Bewirtschaftungskosten

Zur Ermittlung des Reinertrags nötig

Die Ermittlung der Bewirtschaftungskosten ist notwendig, um den Reinertrag des Wertermittlungsobjekts bestimmen zu können.

§ Siehe CD-ROM

„Der Reinertrag ergibt sich aus dem jährlichen Rohertrag abzüglich der Bewirtschaftungskosten ...“[28]

Reinertrag = Rohertrag – Bewirtschaftungskosten

Die Bewirtschaftungskosten beinhalten

Bewirtschaftungskosten

- die Abschreibung,
- die bei gewöhnlicher Bewirtschaftung nachhaltig entstehenden Verwaltungs-, Betriebs- und Instandhaltungskosten,
- das Mietausfallwagnis.

Die durch Umlagen gedeckten Betriebskosten bleiben unberücksichtigt. Die Abschreibung ist durch Einrechnung in den Vervielfältiger berücksichtigt.

Notfalls Erfahrungswerte

Lassen sich die tatsächlichen, bei normaler Bewirtschaftung regelmäßig entstehenden Kosten eines Objekts z. B. aufgrund fehlender Unterlagen des Vermieters nicht genau ermitteln, regelt § 19 Abs. 2 ImmoWertV, dass bezüglich der Bewirtschaftungskosten von Erfahrungssätzen auszugehen ist.

§ Siehe CD-ROM

„Als Bewirtschaftungskosten sind die für eine ordnungsgemäße Bewirtschaftung und zulässige Nutzung marktüblich entstehenden jährlichen

[27] *Kleiber, Simon*, Verkehrswertermittlung von Grundstücken, Kommentar und Handbuch, Bundesanzeiger Verlag, 5. Auflage 2007.

[28] § 18 Abs. 1 ImmoWertV.

Aufwendungen zu berücksichtigen, die nicht durch Umlagen oder sonstige Kostenübernahmen gedeckt sind."[29]

Im wohnwirtschaftlichen Bereich ist mittels der II. Berechnungsverordnung geregelt, dass die Verwaltungskosten, die Instandhaltungskosten und das Mietausfallwagnis vom Vermieter aus der Jahresnettokaltmiete zu decken sind.

Wohnwirtschaftlicher Bereich

Im gewerblichen Bereich ist dies Verhandlungssache. In der Praxis werden die Betriebskosten wie im wohnwirtschaftlichen Bereich auf den Mieter umgelegt. Bei der Instandsetzung werden die Kosten, die „Dach und Fach" betreffen, in der Regel dem Vermieter zugeordnet.

Gewerblicher Bereich

Verwaltungskosten

Verwaltungskosten[30] umfassen

Definition

- die Kosten der zur Verwaltung des Grundstücks erforderlichen Arbeitskräfte und Einrichtungen,
- die Kosten der Aufsicht,
- den Wert der vom Eigentümer persönlich geleisteten Verwaltungsarbeit sowie
- die Kosten der Geschäftsführung.

Detaillierte Erfahrungssätze für die Verwaltungskosten sind in nachfolgender Tabelle zusammengestellt.[31]

[29] § 19 Abs. 1 ImmoWertV.

[30] § 19 Abs. 2 ImmoWertV.

[31] *Sommer/Piehler*, Grundstücks- und Gebäudewertermittlung aus der Praxis, Rudolf Haufe Verlag, Freiburg, Gruppe 5, Seite 223.

Erfahrungssätze für die Verwaltungskosten																		
Verwaltungskosten in vom Hundert (v. H.) des Rohertrags nach Rössler																		
In Gemeinden	Einfamilienhäuser			Zweifamilienhäuser			Mietwohngrundstücke			Gemischt genutzte Grundstücke mit einem gewerblichen Anteil am Jahresrohertrag						Geschäftsgrundstücke		
										bis 50 v. H.			mehr als 50 v. H.					
	bezugsfertig																	
	bis 31.3.1924	1.4.1924 bis 20.6.1948	nach dem 20.6.1948	bis 31.3.1924	1.4.1924 bis 20.6.1948	nach dem 20.6.1948	bis 31.3.1924	1.4.1924 bis 20.6.1948	nach dem 20.6.1948	bis 31.3.1924	1.4.1924 bis 20.6.1948	nach dem 20.6.1948	bis 31.3.1924	1.4.1924 bis 20.6.1948	nach dem 20.6.1948	bis 31.3.1924	1.4.1924 bis 20.6.1948	nach dem 20.6.1948
bis 5.000	2	2	2	2	2	2	3	3	3	3	3	3	3	3	3	3	3	3
über 5.000 bis 50.000	2	2	2	2	2	2	3	3	3	3	3	3	3	3	3	4	4	4
über 50.000 Einwohner	2	2	2	2	2	2	4	4	4	4	4	4	4	4	4	5	5	5

§ Siehe CD-ROM Anlage 3 der WertR 2006

Anhaltspunkte für den Ansatz der Verwaltungskosten ergeben sich auch aus Anlage 3 der WertR 2006 wie folgt: Die Verwaltungskosten zu Nr. 3.5.2.3 WertR nach § 26 Abs. 2 und 3 sowie § 41 Abs. 2 II. BV[32] betragen:

bis 254,79 EUR jährlich	je Wohnung bei Eigenheimen, bei Kaufeigenheimen und Kleinsiedlungen je Wohngebäude
bis 304,64 EUR jährlich	je Eigentumswohnung, Kaufeigentumswohnung und Wohnung in der Rechtsform eines eigentumsähnlichen Dauerwohnrechts
bis 33,23 EUR jährlich	für Garagen oder ähnliche Einstellplätze

Die nach § 26 Abs. 4 II. BV erstmals vorgesehene Anpassung zum 1.1.2005 ist berücksichtigt. Die genannten Beträge verändern sich

32 Zweite Berechnungsverordnung (II. BV) vom 17.10.1957, in der Fassung der Bekanntmachung vom 12.10.1990 (BGBl. I S. 2178), zuletzt geändert durch Artikel 3 der Verordnung vom 25.11.2003 (BGBl. I S. 2346).

am 1. Januar eines jeden darauffolgenden dritten Jahres um den Prozentsatz, um den sich der vom Statistischen Bundesamt festgestellte Verbraucherpreisindex für Deutschland für den der Veränderung vorausgehenden Monat Oktober gegenüber dem Wert für den der letzten Veränderung vorausgehenden Monat Oktober erhöht oder verringert hat.

Hinweis zur Berechnung:

Der Verbraucherpreisindex für Oktober 2007 beträgt 113,0. Der Verbraucherpreisindex für Oktober 2004 beträgt 106,6. Die Veränderung des Verbraucherpreisindex zwischen Oktober 2004 und Oktober 2007 liegt demnach bei rund sechs Prozent. Die bislang gültigen Bewirtschaftungskosten vom 1.1.2005 erhöhen sich somit jeweils um sechs Prozent (Multiplikator 1,06).

Betriebskosten

Definition

Zu den Betriebskosten zählen die Kosten, die durch das Eigentum am Grundstück oder durch den bestimmungsgemäßen Gebrauch des Grundstücks sowie seiner baulichen und sonstigen Anlagen laufend entstehen.
Sach- und Arbeitsleistungen des Eigentümers dürfen mit dem Betrag angesetzt werden, der für eine gleichwertige Leistung eines Dritten, insbesondere eines Unternehmers, aufzubringen wäre; die Umsatzsteuer des Dritten darf nicht angesetzt werden.[33]
Betriebskosten sind nur anzusetzen, wenn sie üblicherweise vom Eigentümer nicht auf den Mieter umgelegt werden können.

Zu den Betriebskosten gehören nicht:[34]

- die Kosten der zur Verwaltung des Gebäudes erforderlichen Arbeitskräfte und Einrichtungen, die Kosten der Aufsicht, der Wert der vom Vermieter persönlich geleisteten Verwaltungsarbeit, die Kosten für die gesetzlichen oder freiwilligen Prüfungen des Jah-

[33] § 1 Abs. 1 BetrKV; Verordnung über die Aufstellung von Betriebskosten (Betriebskostenverordnung – BetrKV).

[34] § 1 Abs. 2 BetrKV; Verordnung über die Aufstellung von Betriebskosten (Betriebskostenverordnung – BetrKV).

resabschlusses und die Kosten für die Geschäftsführung (Verwaltungskosten)

- die Kosten, die während der Nutzungsdauer zur Erhaltung des bestimmungsmäßigen Gebrauchs aufgewendet werden müssen, um die durch Abnutzung, Alterung und Witterungseinwirkung entstehenden baulichen oder sonstigen Mängel ordnungsgemäß zu beseitigen (Instandhaltungs- und Instandsetzungskosten)

Betriebskosten im Sinne von § 1 BetrKV

Unter die Betriebskosten im Sinne von § 1 (Betriebskostenverordnung – BetrKV) fallen:[35]

1. die laufenden öffentlichen Lasten des Grundstücks, hierzu gehört namentlich die Grundsteuer
2. die Kosten der Wasserversorgung
3. die Kosten der Entwässerung
4. die Kosten
   a) des Betriebs der zentralen Heizungsanlage einschließlich der Abgasanlage
   oder
   b) des Betriebs der zentralen Brennstoffversorgungsanlage
   oder
   c) der eigenständig gewerblichen Lieferung von Wärme, auch aus Anlagen im Sinne des Buchstabens a,
   oder
   d) der Reinigung und Wartung von Etagenheizungen und Gaseinzelfeuerstätten
5. die Kosten
   a) des Betriebs der zentralen Warmwasserversorgungsanlage
   oder
   b) der eigenständig gewerblichen Lieferung von Warmwasser, auch aus Anlagen im Sinne des Buchstabens a
   oder
   c) der Reinigung und Wartung von Warmwassergeräten

---

[35] § 2 BetrKV (Aufstellung der Betriebskosten), (Betriebskostenverordnung – BetrKV).

6. die Kosten verbundener Heizungs- und Warmwasserversorgungsanlagen
7. die Kosten des Betriebs des Personen- oder Lastenaufzugs
8. die Kosten der Straßenreinigung und Müllbeseitigung
9. die Kosten der Gebäudereinigung und Ungezieferbekämpfung
10. die Kosten der Gartenpflege
11. die Kosten der Beleuchtung
12. die Kosten der Schornsteinreinigung
13. die Kosten der Sach- und Haftpflichtversicherung
14. die Kosten für den Hauswart
15. die Kosten
    a) des Betriebs der Gemeinschafts-Antennenanlage
       oder
    b) des Betriebs der mit einem Breitbandkabelnetz verbundenen privaten Verteilanlage
16. die Kosten des Betriebs der Einrichtungen für die Wäschepflege
17. sonstige Betriebskosten, hierzu gehören Betriebskosten im Sinne des § 1, die von den Nummern 1 bis 16 nicht erfasst sind

Detaillierte Erfahrungssätze (Durchschnittssätze) für die Betriebskosten sind in nachfolgender Tabelle zusammengestellt.[36]

[36] *Sommer/Piehler*, Grundstücks- und Gebäudewertermittlung aus der Praxis, Rudolf Haufe Verlag, Freiburg, Gruppe 5, Seite 225.

Erfahrungswerte für Betriebskosten-Pauschsätze																		
Betriebsskosten in vom Hundert (v. H.) des Rohertrags (ohne Grundsteuer) nach Rössler																		
In Gemeinden	Einfamilien-häuser und Zweifamilien häuser			Mietwohn-grundstücke			Gemischt genutzte Grundstücke mit einem gewerblichen Anteil am Jahresrohertrag									Geschäfts-grundstücke		
							bis 40 v. H.			40 bis 60 v. H.			mehr als 60 v. H.					
	bezugsfertig																	
	bis 31.3.1924	1.4.1924 bis 20.6.1948	nach dem 20.6.1948	bis 31.3.1924	1.4.1924 bis 20.6.1948	nach dem 20.6.1948	bis 31.3.1924	1.4.1924 bis 20.6.1948	nach dem 20.6.1948	bis 31.3.1924	1.4.1924 bis 20.6.1948	nach dem 20.6.1948	bis 31.3.1924	1.4.1924 bis 20.6.1948	nach dem 20.6.1948	bis 31.3.1924	1.4.1924 bis 20.6.1948	nach dem 20.6.1948
bis 2.000	5	5	5	5	5	5	5	5	5	5	5	5	5	5	5	5	5	5
über 2.000 bis 5.000	6	6	6	6	6	6	6	6	6	6	6	6	7	7	6	7	7	6
über 5.000 bis 10.000	8	7	7	8	7	7	8	7	7	8	7	7	9	8	7	9	8	7
über 10.000 bis 50.000	10	9	8	10	9	9	10	9	8	8	7	7	9	8	7	9	8	7
über 50.000 bis 100.000	10	10	8	11	10	10	10	9	8	9	8	8	9	8	7	9	8	7
über 100.000 bis 200.000	10	10	8	11	10	10	11	10	8	9	8	8	9	8	7	9	8	7
über 200.000 bis 500.000	10	10	8	12	11	10	12	11	8	9	8	8	9	8	7	9	8	7
über 500.000 Einwohner	10	10	8	12	11	10	12	11	8	9	8	8	9	8	7	9	8	7
Die Grundsteuer muss diesen Sätzen in einem Vomhundertsatz des Rohertrags hinzugerechnet werden.																		

Instandhaltungskosten

Definition

Instandhaltungskosten[37] umfassen die Kosten, die infolge von Abnutzung oder Alterung zur Erhaltung des der Wertermittlung zugrunde gelegten Ertragsniveaus der baulichen Anlage während ihrer Restnutzungsdauer aufgewendet werden müssen.
Erfahrungswerte für Instandhaltungskosten-Pauschsätze[38] sind in der folgenden Tabelle zusammengestellt:

Erfahrungswerte für Instandhaltungskosten-Pauschsätze

Instandhaltungskosten in vom Hundert (v. H.) des Rohertrags nach Rössler

In Gemeinden	Einfamilienhäuser			Zweifamilienhäuser			Mietwohngrundstücke			Gemischt genutzte Grundstücke mit einem gewerblichen Anteil am Jahresrohertrag									Geschäftsgrundstücke		
										bis 40 v. H.			40 bis 60 v. H.			mehr als 60 v. H.					
	bezugsfähig																				
	bis 31.3.1924	1.4.1924 bis 20.6.1948	nach dem 20.6.1948	bis 31.3.1924	1.4.1924 bis 20.6.1948	nach dem 20.6.1948	bis 31.3.1924	1.4.1924 bis 20.6.1948	nach dem 20.6.1948	bis 31.3.1924	1.4.1924 bis 20.6.1948	nach dem 20.6.1948	bis 31.3.1924	1.4.1924 bis 20.6.1948	nach dem 20.6.1948	bis 31.3.1924	1.4.1924 bis 20.6.1948	nach dem 20.6.1948	bis 31.3.1924	1.4.1924 bis 20.6.1948	nach dem 20.6.1948
bis 2.000	17	11	7	18	12	9	18	11	11	14	9	8	11	7	6	9	6	5	7	7	6
über 2.000 bis 5.000	18	12	8	19	13	10	19	13	12	15	10	9	13	9	7	9	7	6	8	8	6
über 5.000 bis 50.000	19	13	9	22	16	13	23	17	15	19	13	13	17	12	10	14	11	10	11	11	9
über 50.000 bis 100.000	19	13	9	22	16	13	24	17	15	21	14	13	18	12	10	15	11	10	12	11	9
über 100.000 bis 500.000	19	13	9	22	16	13	25	18	15	21	14	13	18	12	10	15	11	10	12	11	9
über 500.000 Einwohner	19	13	9	22	16	13	26	19	15	22	15	13	18	12	10	15	11	10	12	11	9

Die Kosten für Schönheitsreparaturen sind in den Durchschnittssätzen enthalten.

[37] § 19 Abs. 2 ImmoWertV.

[38] *Sommer/Piehler*, Grundstücks- und Gebäudewertermittlung aus der Praxis, Rudolf Haufe Verlag, Freiburg, Gruppe 5, Seite 227.

Instandhaltungskosten können auch mithilfe von Erfahrungssätzen je Quadratmeter Wohnfläche, Geschossfläche oder Nutzfläche ermittelt werden.
Anhaltspunkte für den Ansatz der Instandhaltungskosten in Abhängigkeit vom Alter des Gebäudes ergeben sich aus Anlage 3 der WertR 2006 wie folgt:

Anlage 3 der WertR 2006

Die Instandhaltungskosten zu Nr. 3.5.2.4 WertR nach § 28 Abs. 2 bis 5 II BV[39] betragen:

bis 7,87 EUR/m² Wohnfläche je Jahr	für Wohnungen, deren Bezugsfertigkeit am Ende des Kalenderjahres weniger als 22 Jahre zurückliegt
bis 9,97 EUR/m² Wohnfläche je Jahr	für Wohnungen, deren Bezugsfertigkeit am Ende des Kalenderjahres mindestens 22 Jahre zurückliegt
bis 12,74 EUR/m² Wohnfläche je Jahr	für Wohnungen, deren Bezugsfertigkeit am Ende des Kalenderjahres mindestens 32 Jahre zurückliegt
bis 75,33 EUR je Jahr	für Garagen- oder Einstellplätze einschließlich der Kosten für die Schönheitsreparatur

Weiterhin berücksichtigt werden müssen folgende Zu- und Abschläge:

Zu- und Abschläge

abzüglich 0,22 EUR jährlich je Quadratmeter Wohnung	bei eigenständiger gewerblicher Leistung von Wärme i. S. d. § 1 Abs. 2 Nr. 2 der HeizkostenV
abzüglich 1,17 EUR jährlich je Quadratmeter Wohnung,	wenn der Mieter die Kosten der kleinen Instandhaltung trägt
zuzüglich 1,11 EUR jährlich je Quadratmeter Wohnung,	wenn ein maschinell betriebener Aufzug vorhanden ist
zuzüglich bis 9,41 EUR jährlich je Quadratmeter Wohnung,	wenn der Vermieter die Kosten der Schönheitsreparaturen trägt

Die nach § 26 Abs. 4 II. BV erstmals vorgesehene Anpassung zum 1.1.2005 ist berücksichtigt. Die genannten Beträge verändern sich am 1. Januar eines jeden darauf folgenden dritten Jahres um den Prozentsatz, um den sich der vom Statistischen Bundesamt festgestellte Verbraucherpreisindex für Deutschland für den der Veränderung vorausgehenden Monat Oktober gegenüber dem Wert für den

[39] Zweite Berechnungsverordnung (II. BV) vom 17.10.1957 in der Fassung der Bekanntmachung vom 12.10.1990 (BGBl. I S. 2178), zuletzt geändert durch Artikel 3 der Verordnung vom 25.11.2003 (BGBl. I S. 2346).

der letzten Veränderung vorausgehenden Monat Oktober erhöht oder verringert hat.

Hinweis zur Berechnung:

Der Verbraucherpreisindex für Oktober 2007 beträgt 113,0. Der Verbraucherpreisindex für Oktober 2004 beträgt 106,6. Die Veränderung des Verbraucherpreisindex zwischen Oktober 2004 und Oktober 2007 liegt demnach bei rund sechs Prozent. Die bislang gültigen Bewirtschaftungskosten vom 1.1.2005 erhöhen sich somit jeweils um sechs Prozent (Multiplikator 1,06).

Mietausfallwagnis

Definition

Das Mietausfallwagnis[40] umfasst das Risiko von Ertragsminderungen, die durch uneinbringliche Rückstände von Mieten, Pachten und sonstigen Einnahmen oder durch vorübergehenden Leerstand von Raum entstehen, der zur Vermietung, Verpachtung oder sonstigen Nutzung bestimmt ist. Es umfasst auch das Risiko von uneinbringlichen Kosten einer Rechtsverfolgung auf Zahlung, Aufhebung eines Mietverhältnisses oder Räumung.

Erfahrungswerte aus Anlage 3 der WertR 2006

Erfahrungswerte für Mietausfallwagnis (aus Anlage 3 der WertR 2006 nach § 29 II BV[41]):

- zwei Prozent der Nettokaltmiete bei Mietwohn- und gemischt genutzten Grundstücken
- vier Prozent der Nettokaltmiete (Jahresrohertrag) bei Geschäftsgrundstücken

Tipp:

Für Gewerbeobjekte außerhalb der Ballungsräume sollten Sie zu Zeiten hoher Leerstände, Insolvenzen etc. das Mietausfallwagnis in Höhe von ca. vier bis acht Prozent berücksichtigen. Das Mietausfallwagnis in Höhe von acht Prozent ist bei einem Gewerbeobjekt mit besonders hohem Risiko anzusetzen.

---

[40] § 19 Abs. 2 ImmoWertV.

[41] Zweite Berechnungsverordnung (II. BV) vom 17.10.1957 in der Fassung der Bekanntmachung vom 12.10.1990 (BGBl. I S. 2178), zuletzt geändert durch Artikel 3 der Verordnung vom 25.11.2003 (BGBl. I S. 2346).

Beispiel:
Ein Mietausfallwagnis von z. B. zwei Prozent bedeutet, dass nach einer Mietzeit von 100 Monaten mit einem Leerstand von zwei Monaten gerechnet wird.

Auswirkung der Bewirtschaftungskosten auf den Ertragswert

Das folgende Beispiel soll die Auswirkung der Bewirtschaftungskosten auf den Ertragswert verdeutlichen.

Beispiel: Auswirkung der Bewirtschaftungskosten auf den Ertragswert[42]

	Bewirtschaftungskosten	Prozentuale Veränderung	Ertragswert
Abweichung A	15,00 %	+ 6,44 %	227.192 €
Ursprung	20,00 %	± 0,00 %	213.440 €
Abweichung B	25,00 %	– 6,44 %	199.689 €

Sensitivitätsanalyse Bewirtschaftungskosten/Ertragswert

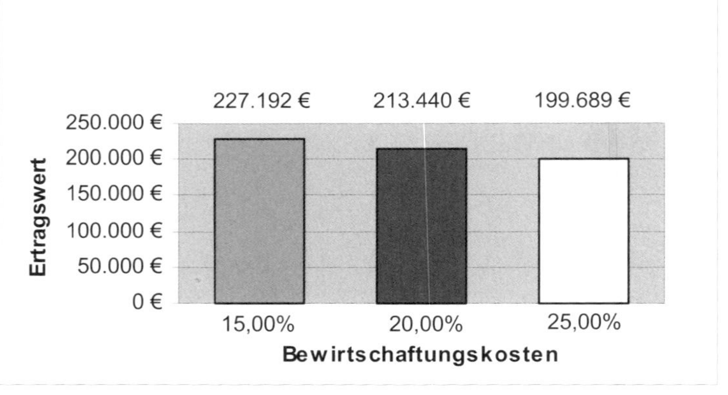

[42] Grundlage der Sensitivitätskontrolle sind die Zahlen aus dem Beispiel auf Seite 123.

Das Beispiel zeigt, dass die Bewirtschaftungskosten bei einer Abweichung in Höhe von ± fünf Prozent eine Änderung des Ertragswerts von ca. ± 6,5 Prozent zur Folge haben.
Die Bewirtschaftungskosten sind mit großer Sorgfalt zu ermitteln, da sie eine entscheidende Eingangsgröße im Ertragswertverfahren sind.

4.2.3 Die Ermittlung des Liegenschaftszinssatzes

Definition

Liegenschaftszinssätze (Kapitalisierungszinssätze, § 193 Abs. 5 Satz 2 Nr. 1 des BauGB) sind die Zinssätze, mit denen Verkehrswerte von Grundstücken je nach Grundstücksart im Durchschnitt marktüblich verzinst werden. Sie sind auf der Grundlage geeigneter Kaufpreise und der ihnen entsprechenden Reinerträge für gleichartig bebaute und genutzte Grundstücke unter Berücksichtigung der Restnutzungsdauer der Gebäude nach den Grundsätzen des Ertragswertverfahrens (§§ 17 bis 20) abzuleiten.[43]

Geringer als langfristiger Kapitalmarktzinssatz

Der Liegenschaftszinssatz ist nicht mit dem Zinssatz am Kapitalmarkt zu verwechseln bzw. gleichzusetzen. Er ist immer geringer als der langfristige Kapitalmarktzinssatz. Der wesentliche Grund hierfür liegt in der höheren Wertbeständigkeit des Bodens gegenüber dem Geldvermögen.

Generell gilt:

Je geringer der Liegenschaftszinssatz, desto wertvoller ist der Boden bzw. die Immobilie. Immobilien mit geringerem wirtschaftlichem Risiko haben einen niedrigeren Liegenschaftszinssatz – sind also wertbeständiger – als risikoreichere Objekte.

Rechenformel

Der Liegenschaftszins errechnet sich wie folgt:

$$\text{Liegenschaftszinssatz (LZ)} = \frac{\text{Jahresmiete x 100}}{\text{Kaufpreis}}$$

Variiert man den Liegenschaftszinssatz zum Beispiel um ein halbes Prozent, können sich im Ertragswert (bei längerer Restnutzungsdauer) bereits Abweichungen von ca. zehn Prozent ergeben.

[43] § 14 Abs. 3 ImmoWertV.

Auswirkung auf den Ertragswert

Das folgende Beispiel soll die Auswirkung des Liegenschaftszinssatzes auf den Ertragswert verdeutlichen.

Beispiel: Auswirkung des Liegenschaftszinssatzes auf den Ertragswert[44]

	Liegenschafts-zinssatz	Prozentuale Veränderung	Ertragswert
Abweichung A	4,50 %	+ 9,41 %	233.531 EUR
Ursprung	5,00 %	± 0,00 %	213.440 EUR
Abweichung B	5,50 %	- 8,16 %	196.026 EUR

Sensitivitätsanalyse Liegenschaftszinssatz/Ertragswert

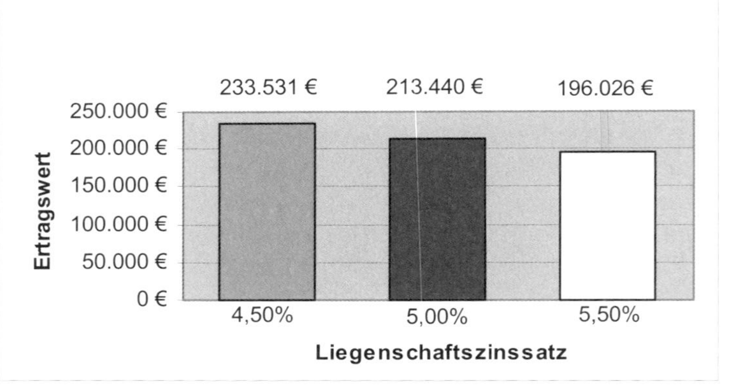

Das Beispiel zeigt, dass der Liegenschaftszinssatz bei einer Abweichung in Höhe von ± 0,5 Prozent einen erheblichen Einfluss auf den Ertragswert hat. Der Einfluss des Liegenschaftszinssatzes auf den Ertragswert ist umso größer, je länger die Restnutzungsdauer ist.

Generell gilt:

Je höher der Liegenschaftszinssatz ist, desto geringer fällt der Ertragswert aus.

[44] Grundlage der Sensitivitätskontrolle sind die Zahlen aus dem Beispiel auf Seite 123.

Den Liegenschaftszinssatz können Sie z. B. beim Gutachterausschuss für Grundstückswerte erfragen. In den Jahresberichten der Gutachterausschüsse für Grundstückswerte werden häufig Bandbreiten angegeben, in denen der Liegenschaftszinssatz bei Renditeobjekten in Abhängigkeit z. B. vom Gewerbeanteil, vom Bodenrichtwert (Lage), von der Restnutzungsdauer, von der Nettokaltmiete etc. variiert. In der Regel wird der Liegenschaftszinssatz in

Bei Gutachterausschuss erfragen

- Wohnhäuser mit keinem bis geringem Gewerbeanteil,
- Wohnhäuser mit höherem Gewerbeanteil und
- Gewerbe (Büro- und Geschäftshäuser)

unterteilt.

In der Literatur werden häufig Liegenschaftszinssätze angegeben, die jedoch nur als grobe Richtwerte dienen. Die Liegenschaftszinssätze, die der örtliche Gutachterausschuss ermittelt, sind den allgemeinen Angaben aus der Literatur vorzuziehen. Die einschlägige Fachliteratur gibt als grobe Richtschnur z. B. folgende Liegenschaftszinssätze an:

In Literatur nur grobe Richtwerte

Autor	Wohnungseigentum	Ein- bzw. Zweifamilienhäuser	Mehrfamilienhäuser/ Mietwohngrundstücke	Gemischt genutzte Gebäude	Geschäfts- und Bürogrundstücke
Sprengnetter	2,75–4,00	2,00–3,25	3,00–4,00	4,25–5,75	5,50–6,50
Kleiber/ Simon	3,5	2,0–4,0	4,0–5,0	4,5–5,5	6,0–9,0
Vogels		2,5–3,5	3,5–4,5	4,5–5,5	6,5–7,0
Ross		2,5–3,5	4,0–4,5	5,0–5,5	5,0–6,0
Sommer		2,5–4,5	4,0–5,5	5,0–6,5	6,0–7,0
WertR 2006			5,0	5,5–6,0	6,5

Liegenschaftszinssätze werden in der Regel in Form einer gegebenen Zinsspanne veröffentlicht.
Mithilfe der nachfolgenden Tabelle können Sie aus einer gegebenen Zinsspanne nach Benotung und Gewichtung verschiedener Risikofaktoren einen „objektspezifischen Liegenschaftszins" für verschiedene Gewerbeimmobilien ermitteln.

Eingabefelder
bitte markieren

Liegenschaftszins-Spanne
Minimaler Zins: 4,80
Maximaler Zins: 5,20

Risikofaktor	Ausprägung			Gewicht (W)
R 1.1) Lage für Büro- und Geschäftshäuser	Sehr gute repräsentative Lagen, oder Lagen in Fußgängerzonen in den Zentren von Großstädten (Landeshauptstädten) oder größeren Städten mit wirtschaftlich überregionaler Bedeutung ○	Gute bis schlechte Lagen in den Zentren oder zentrumsnahe Randlagen von Großstädten (Landeshauptstädten) oder in größeren oder mittelgroßen Städten mit wirtschaftlich überregionaler Bedeutung oder sehr gute bis mittlere Lage in kleineren Städten oder in Märkten mit wirtschaftlich überregionaler Bedeutung ●	Lagen in Zentren dörflicher Siedlungen oder Einzellagen ○	0,25
R 1.2) Lage für Einkaufszentren und Gewerbeparks	Sehr gute bis gute Lage in Großstädten (Landeshauptstädten) oder in größeren Städten mit wirtschaftlich überregionaler Bedeutung. Lagen am Rande derartiger Städte in sehr guter Verkehrslage (sehr gute Erreichbarkeit mit dem Kraftfahrzeug oder öffentlichen Verkehrsmitteln). ○	Gute bis mittlere Lagen in Großstädten (Landeshauptstädten) oder in mittelgroßen Städten. Lagen im Nahbereich derartiger Städte. Sehr gute bis mittlere Lagen in Kleinstädten oder Märkten mit wirtschaftlich regionaler Bedeutung. Lage in Kleinstädten. ○	Schlechte bis sehr schlechte Lagen in allen Städten oder Orten. ○	
R 2) Gestaltung der Mietverträge	Indexierte, langfristige, vermieterfreundliche Mietverträge ○	Indexierte Mietverträge ○	Kurzfristige Mietverträge ●	0,2
R 3) Bonität der Mieter	Zweifelsfreie Bonität der Mieter. ○	Normale Verhältnisse ○	Bonität der Mieter über nicht jeden Zweifel erhaben. ●	0,15
R 4) Gebäudekundliche Konzeption	Überzeugend ○	Mittel ●	Weniger überzeugend ○	0,1
R 5) Restnutzungsdauer	> 50 Jahre ●	50 bis 30 Jahre ○	< 30 Jahre ○	0,1
R 6) Marktsituation	Steigende Mieten und damit steigende Erträge oder die Immobiliennachfrage in der zu bewertenden Gruppe ist größer als das Angebot. ○	Stabile Mieten und Erträge oder das Immobilienangebot in der zu bewertenden Gruppe ist gleich der Nachfrage. ●	Sinkende Mieten und damit sinkende Erträge oder das Immobilienangebot in der zu bewertenden Gruppe ist größer als die Nachfrage. ○	0,1
R 7) Größe des Objekts	Für die zu bewertende Objektart typische Gebäudegröße ○	Kleiner als die für diese Objektart typische Gebäudegröße ○	Größer als die für diese Objektart typische Gebäudegröße ●	0,1

© Zeißler 2001 (V.: 1.1)

Summe: 1

Objektspezifischer Zins: **5,1%**

Diese Tabelle können Sie im Internet unter www.simon-reinhold.de kostenlos herunterladen oder auf Ihrer CD-ROM unter Excel-Tools nutzen.

4.2.4 Ermittlung der Restnutzungsdauer (RND))

Bestimmung des Vervielfältigers

Die Ermittlung der Restnutzungsdauer ist im Ertragswertverfahren notwendig, um mithilfe des Liegenschaftszinssatzes den Vervielfältiger bestimmen zu können. Beim Sachwertverfahren wird insbesondere mit der Restnutzungsdauer die Alterswertminderung für das Gebäude bestimmt.

Die Restnutzungsdauer ist der Zeitraum, in dem die baulichen Anlagen bei ordnungsgemäßer Unterhaltung und Bewirtschaftung voraussichtlich noch wirtschaftlich genutzt werden können. Wurden an den baulichen Anlagen Instandsetzungs- oder Modernisierungsmaßnahmen durchgeführt oder unterlassen, muss die Restnutzungsdauer entsprechend verlängert bzw. verkürzt werden.

Die Instandhaltung unterscheidet sich von der Modernisierung wie folgt:

Modernisierung

- Modernisierung (§ 16 Abs. 3, Wohnraumförderungsgesetz)
  Modernisierung sind bauliche Maßnahmen, die
  - den Gebrauchswert des Wohnraums oder des Wohngebäudes nachhaltig erhöhen,
  - die allgemeinen Wohnverhältnisse auf Dauer verbessern oder
  - nachhaltig Einsparungen von Energie oder Wasser bewirken.

  Instandsetzungen, die durch Maßnahmen der Modernisierung verursacht werden, fallen ebenfalls unter Modernisierung.

- Instandhaltung (§ 28 Abs. 1, II. BV)

  Instandhaltungskosten sind die Kosten, die während der Nutzungsdauer zur Erhaltung des bestimmungsmäßigen Gebrauchs aufgewendet werden müssen, um die durch Abnutzung, Alterung und Witterungseinwirkung entstehenden baulichen oder sonstigen Mängel ordnungsgemäß zu beseitigen. Der Ansatz der Instandhaltungskosten dient auch zur Deckung der Kosten von Instandsetzungen, nicht jedoch der Kosten von Baumaßnahmen,

> soweit durch sie eine Modernisierung vorgenommen wird oder Wohnraum oder anderer auf die Dauer benutzbarer Raum neu geschaffen wird. Der Ansatz dient nicht zur Deckung der Kosten einer Erneuerung von Anlagen und Einrichtungen, für die eine besondere Abschreibung nach § 25 Abs. 3 zulässig ist.

Die Ertragswertermittlung geht grundsätzlich von einer ordnungsgemäßen Instandhaltung aus.
Die Restnutzungsdauer wird im Allgemeinen durch Abzug des Alters von der wirtschaftlichen Gesamtnutzungsdauer der baulichen Anlagen ermittelt.

Restnutzungsdauer (RND)
= Gesamtnutzungsdauer (GND) – Alter des Gebäudes (GA)

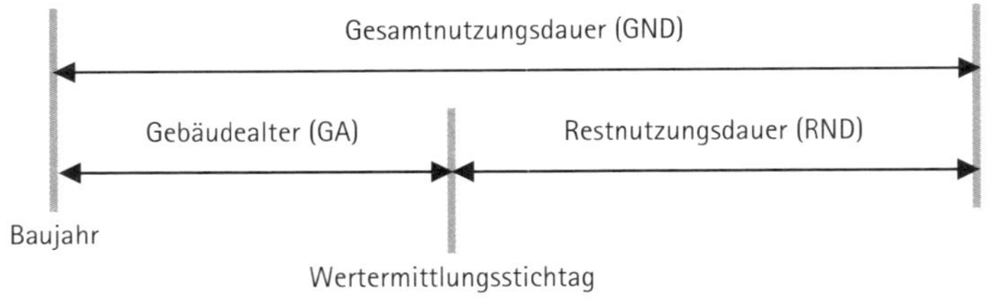

Gesamtnutzungsdauer

Die wirtschaftliche Gesamtnutzungsdauer hängt im Wesentlichen von der Gebäudeart und von deren Nutzung ab. Anhaltswerte gibt die Anlage 4 der WertR 2006 „Durchschnittliche wirtschaftliche Gesamtnutzungsdauer bei ordnungsgemäßer Instandhaltung (ohne Modernisierung)“.

Beispiele: Die GND beträgt z. B. bei

Einfamilienhäusern (entsprechend ihrer Qualität):	60–100 Jahre[45]
• frei stehende Einfamilienhäuser (auch mit Einliegerwohnung)	
• Zwei- und Dreifamilienhäuser	
Reihenhäusern (bei leichter Bauweise kürzer):	60–100 Jahre
• Fertighäuser in Massiv-, Fachwerk- und Tafelbauweise	60–80 Jahre
• Siedlungshäuser	60–70 Jahre
Wohn- und Geschäftshäusern:	60–80 Jahre
• Mehrfamilienhäuser (Mietwohngebäude)	60–80 Jahre
• gemischt genutzte Wohn- und Geschäftshäuser mit gewerblichem Mietertragsanteil bis 80 %	50–70 Jahre
Verwaltungs- und Bürogebäuden:	
• Verwaltungs- und Bankgebäude	50–80 Jahre
• Gerichtsgebäude	60–80 Jahre

Beispiel: Ermittlung der RND

In unserem Beispiel geht es um ein Mehrfamilienhaus mit Baujahr 1965. Wertermittlungsstichtag ist der 1.6.2004. Wie hoch ist die Restnutzungsdauer?

Aus der Übersicht kann man für Mehrfamilienhäuser als Gesamtnutzungsdauer 60 bis 80 Jahre ablesen. Unter der Voraussetzung, dass das Mietobjekt ordnungsgemäß unterhalten und bewirtschaftet wurde, wird eine Gesamtnutzungsdauer von 70 Jahren zugrunde gelegt.

Das Gebäude ist zum Wertermittlungsstichtag 39 Jahre alt. Somit ergibt sich eine Restnutzungsdauer von 31 Jahren.

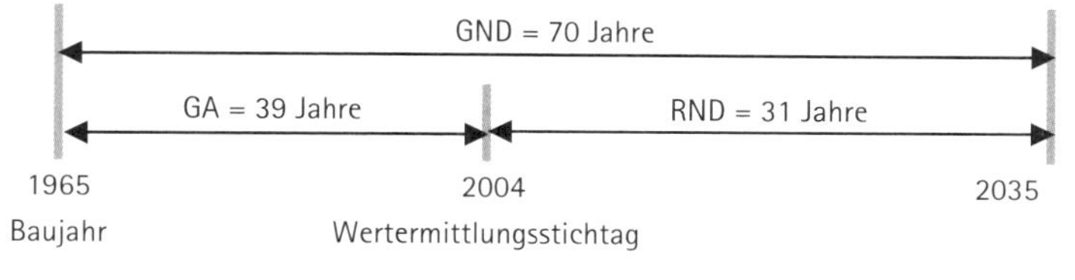

[45] Bis vor einiger Zeit wurde die Gesamtnutzungsdauer von Gebäuden häufig mit 100 Jahren angesetzt. Solche Ansätze sind nicht mehr marktüblich und werden in den Sachwertermittlungen nicht mehr angewandt. Marktüblich ist eine Gesamtnutzungsdauer von ca. 80 Jahren.

Wäre das Gebäude durchgreifend modernisiert worden, würde sich die Restnutzungsdauer entsprechend verlängern bzw. bei einer unterlassenen Instandhaltung verkürzen.

Verlängerung der Restnutzungsdauer

Bei einer Verlängerung der Restnutzungsdauer im Falle einer durchgreifenden Modernisierung um beispielsweise 15 Jahre verjüngt sich das Gebäude um die gleiche Anzahl von Jahren.[46] Das Gebäude entspricht dann einem vergleichbaren Gebäude, das 15 Jahre später, also im Jahr 1980, gebaut wurde. Dieses Baujahr wird auch als fiktives Baujahr bezeichnet.

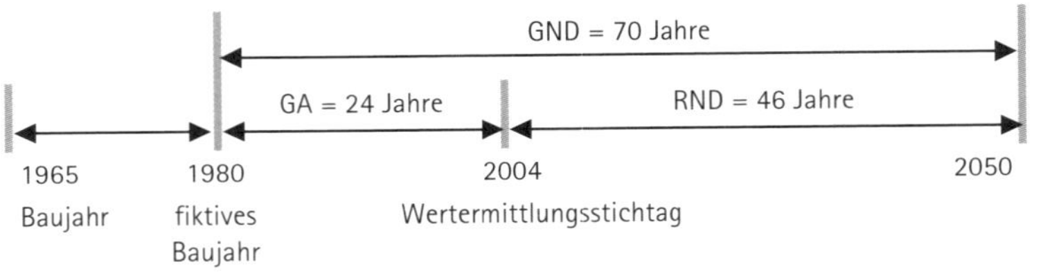

Verkürzung der Restnutzungsdauer

Bei einer Verkürzung der Restnutzungsdauer infolge einer unterlassenen Instandhaltung um beispielsweise 15 Jahre altert das Gebäude um die gleiche Anzahl von Jahren. Das Gebäude entspricht dann einem vergleichbaren Gebäude, das 15 Jahre früher, also im Jahr 1950, gebaut wurde. Dieses Baujahr wird wieder als fiktives Baujahr bezeichnet.

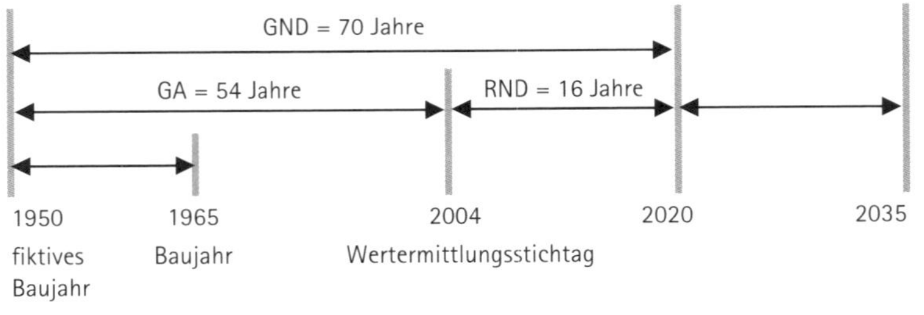

[46] *Sommer/Piehler*: Grundstücks- und Gebäudewertermittlung aus der Praxis, Rudolf Haufe Verlag, Freiburg, Gruppe 3.3.

Wie Sie das fiktive Baujahr bestimmen

Fiktives Baujahr

Dem Wertermittlungsanfänger bereitet es häufig Schwierigkeiten, das fiktive Baujahr modernisierter Gebäude zu bestimmen. Es bieten sich folgende Methoden an:

Ermittlung des Gebäudealters bei vollständiger Entkernung und Erneuerung[47]

	Jahr der Entkernung und Erneuerung
–	10 % der üblichen Gesamtnutzungsdauer[48]
=	fiktives Baujahr

Beispiel: Ermittlung des fiktiven Baujahres und Gebäudealters eines entkernten und erneuerten Fachwerkgebäudes

Gegeben:

Jahr des Wertermittlungsstichtags	1998
ursprüngliches Baujahr (geht nicht in die Berechnung ein)	1902
Entkernung und Erneuerung	1979
Gesamtnutzungsdauer	70 Jahre

fiktives Baujahr = 1979 – 10 % von 70 Jahren
= 1979 – 7 Jahre = 1972

fiktives Gebäudealter = 1998 – 1972 = 26 Jahre

[47] Vgl. *Sprengnetter*, Immobilienbewertung – Marktdaten und Praxishilfen, Sinzig 2010, Kapitel 3.02.4, Abschnitt 2.1.

[48] Der Abzug von zehn Prozent wird vorgeschlagen, wenn nur die Fundamente, die Fassaden und höchstens noch die Dachkonstruktion erhalten bleiben. Dieser Prozentsatz sollte sachverständig erhöht werden, wenn weitere Gebäudeteile (z. B. Decken) erhalten worden sind.

Ermittlung des Gebäudealters bzw. der Restnutzungsdauer bei erweiterten Gebäuden[49]

Oftmals ist die Restnutzungsdauer für Gebäude mit Gebäudeteilen aus verschiedenen Baujahren zu bestimmen. Beispiele:

- Wiederaufbau eines Gebäudes unter Verwendung alter Gebäudeteile (z. B. nach Kriegs- oder Brandzerstörung)
- Erweiterungsanbau an ein bereits bestehendes Gebäude (z. B. Bad-, Treppenhaus- oder Wohnraumanbau)
- Erweiterungsauf- und -ausbau bei bestehenden Gebäuden (z. B. Dachauf- oder -ausbau)
- Erneuerung von wesentlichen Gebäudeteilen (z. B. von Dachstuhl und -eindeckungen oder des Treppenhauses)

Formeln

In solchen Fällen können Sie als Vorüberlegung zur Bestimmung der Restnutzungsdauer eine gewogene Restnutzungsdauer (Ø RND) bzw. ein gewogenes fiktives Gebäudealter (Ø GA) nach folgenden Formeln berechnen (BGF = Brutto-Grundfläche in m^2; GT = Gebäudeteil in Prozent; der Index n bezieht sich jeweils auf das Gebäudeteil n).

$$\varnothing\ \mathrm{RND} = \frac{\mathrm{RND}_1 \times \mathrm{BGF}_1 + \ldots + \mathrm{RND}_n \times \mathrm{BGF}_n}{\mathrm{BGF}_1 + \ldots + \mathrm{BGF}_n}$$

oder

$$\varnothing\ \mathrm{RND} = \frac{\mathrm{RND}_1 \times \mathrm{GT}_1 + \ldots + \mathrm{RND}_n \times \mathrm{GT}_n}{\mathrm{GT}_1 + \ldots + \mathrm{GT}_n}$$

[49] Vgl. *Sprengnetter*, Immobilienbewertung – Marktdaten und Praxishilfen, Sinzig 2010, Kapitel 3.02.4, Abschnitt 2.2.

Beispiel: Ermittlung der Restnutzungsdauer für ein erweitertes Gebäude

$$\varnothing\ GA = \frac{GA_1 \times BGF_1 + \ldots + GA_n \times BGF_n}{BGF_1 + \ldots + BGF_n}$$

An ein Zweifamilienhaus (BGF = 400 m²) aus dem Jahr 1948 wird im Jahr 1993 ein Anbau (BGF = 80 m²) errichtet. Jahr des Wertermittlungsstichtags: 2003.

	Übliche Gesamtnutzungsdauer	Restnutzungsdauer
Wohngebäude	80 Jahre	25 Jahre
Anbau	80 Jahre	70 Jahre

$$\varnothing\ RND = \frac{RND_1 \times BGF_1 + \ldots + RND_n \times BGF_n}{BGF_1 + \ldots + BGF_n}$$

$$\varnothing\ RND = \frac{25\ \text{Jahre} \times 400\ m^2 + 70\ \text{Jahre} \times 80\ m^2}{400\ m^2 + 80\ m^2} = \text{rd. } 33\ \text{Jahre}$$

Ermittlung des Gebäudealters bei modernisierten Gebäuden[50]

Punkteraster

Zur Ermittlung des Gebäudealters: Bei modernisierten Gebäuden können Sie z. B. unter Verwendung der nachstehenden Tabelle anhand eines Punkterasters entsprechend den durchgeführten Modernisierungsmaßnahmen den Modernisierungsstandard in Abhängigkeit von der Gesamtpunktezahl bestimmen.

[50] Vgl. *Sprengnetter*, Immobilienbewertung – Marktdaten und Praxishilfen, Sinzig 2010, Kapitel 3.02.4, Abschnitt 2.3

Punkteraster für Modernisierungsmaßnahmen

Modernisierungselemente; typische Fälle[1)] (Maßnahmen in den letzten 15 Jahren[2)])	Punkte max.	Punkte tats.
Treppenhaus saniert	1	
Restaurierung der Fassade (x)[3)]	1	
Einbau von isolierverglasten Fenstern	1-2	
Verbesserung der Leitungssysteme	1-2	
Einbau einer Sammelheizung bzw. neuen Etagenheizung	2	
Wärmedämmung der Außenwände (x)[3)]	2	
Modernisierung von Bädern / WC's etc.	2	
Einbau von Bädern / WC's etc.	3	
Modernisierung des Innenausbaus, z.B. Decken und Fußböden	3	
wesentliche Änderung und Verbesserung der Grundriß-gestaltung (x)[3)]	3	
Erneuerung der Dacheindeckung	3	
Gesamtpunktzahl[4)]: (Modernisierungsstandard)		

1) Hier sind die wesentlichsten Modernisierungselemente für Wohn-, Verwaltungs-, Büro- und Geschäftsgebäude zusammengestellt. Für andere Gebäude sind die Modernisierungselemente objektartspezifisch zu modifizieren.

2) Liegen die Maßnahmen weiter zurück (z.B. 20 Jahre) oder führten diese nicht zu einem partiell zeitgemäßen Gebäudestandard, ist ggf. zu prüfen, ob nicht eine geringere als die max. Punktzahl (evtl. sogar keine Punkte) anzusetzen ist.
Wichtig:
Hierbei sind auch die Maßnahmen als bereits durchgeführt anzusetzen, für die bei der Wertermittlung Abzüge wegen eines vom ortsüblichen abweichenden baulichen Zustands angebracht werden, insbesondere bei bestehenden Bauschäden, Instandhaltungsstaus und Modernisierungserfordernissen (vgl. Lehrbuch, Teil 6, Kapitel 3, Abschnitt 3.1).

3) Ergänzend zu diesem Vorschlag der GAA NRW sollte folgendes beachtet werden:
Bei den mit (x) gekennzeichneten Maßnahmen sollten zur Erreichung plausibler Ergebnisse (Teil)Punkte auch dann gegeben werden, wenn diese Anforderungen bereits historisch gegeben waren und am Bewertungsstichtag noch zeitgemäßen Anforderungen entsprechen.

4) Maximal können in der Summe 22 Punkte vergeben werden, da die Modernisierung und der Einbau von Bädern/WC's nur alternativ angesetzt werden kann.

Abbildung: Punkteraster für Modernisierungsmaßnahmen

Den Modernisierungsstandard können Sie entsprechend der jeweils ermittelten Gesamtpunktezahl wie folgt zuordnen:

0 Punkte	nicht modernisiert
1–4 Punkte	kleine Modernisierungen im Rahmen der Instandhaltung
5–9 Punkte	mittlerer Modernisierungsstandard
10–14 Punkte	überwiegend modernisiert
15–19 Punkte	umfassend modernisiert

Aus einer der nachfolgenden Tabellen können Sie in Abhängigkeit von der üblichen Gesamtnutzungsdauer, des Gebäudealters und der ermittelten Gesamtpunktezahl die (modifizierte) Restnutzungsdauer entnehmen. Das ggf. fiktive Gebäudealter wegen Entkernung, Erneuerung, Anbaumaßnahmen o. Ä. ist vorweg entsprechend den Empfehlungen zu bestimmen.

(Modifizierte) Restnutzungsdauer

Modifizierte Restnutzungsdauer bei einer üblichen Gesamtnutzungsdauer von 80 Jahren

GND 80 Jahre	Modernisierungsstandard (Gesamt-)Punktzahl aus Tabelle „Modernisierungselemente; typische Fälle"				
	0	1–4	5–9	10–14	15–19
Gebäudealter	modifizierte Restnutzungsdauer				
80 Jahre	10	20	30	40	50
70 Jahre	15	20	30	40	50
60 Jahre	20	25	35	40	50
50 Jahre	30	30	40	40	50
40 Jahre	40	40	45	45	50
30 Jahre	50	50	50	50	55
20 Jahre	60	60	60	60	60
10 Jahre	70	70	70	70	70
0 Jahre	80	80	80	80	80

Modifizierte Restnutzungsdauer bei einer üblichen Gesamtnutzungsdauer von 70 Jahren

GND 70 Jahre	Modernisierungsstandard (Gesamt-)Punktzahl aus Tabelle „Modernisierungselemente; typische Fälle"				
	0	1–4	5–9	10–14	15–19
Gebäudealter	modifizierte Restnutzungsdauer				
≥ 70 Jahre	10	15	20	30	40
60 Jahre	15	15	25	30	40
50 Jahre	20	20	30	35	40
40 Jahre	30	30	35	40	40
30 Jahre	40	40	40	45	45
20 Jahre	50	50	50	50	50
10 Jahre	60	60	60	60	60
0 Jahre	70	70	70	70	70

Modifizierte Restnutzungsdauer bei einer üblichen Gesamtnutzungsdauer von 60 Jahren

GND 60 Jahre	Modernisierungsstandard (Gesamt-)Punktzahl aus Tabelle „Modernisierungselemente; typische Fälle"				
	0	1–4	5–9	10–14	15–19
Gebäudealter	modifizierte Restnutzungsdauer				
≥ 60 Jahre	10	15	20	25	35
50 Jahre	15	15	20	25	35
40 Jahre	20	20	25	30	35
30 Jahre	30	30	30	35	40
20 Jahre	40	40	40	40	45
10 Jahre	50	50	50	50	50
0 Jahre	60	60	60	60	60

Modifizierte Restnutzungsdauer bei einer üblichen Gesamtnutzungsdauer von 50 Jahren

GND 50 Jahre	Modernisierungsstandard (Gesamt-)Punktzahl aus Tabelle „Modernisierungselemente; typische Fälle"				
	0	1–4	5–9	10–14	15–19
Gebäudealter	modifizierte Restnutzungsdauer				
≥ 50 Jahre	10	10	15	20	30
40 Jahre	15	15	20	20	30
30 Jahre	20	20	25	25	30
20 Jahre	30	30	30	30	35
10 Jahre	40	40	40	40	40
0 Jahre	50	50	50	50	50

Beispiel: Ermittlung des Gebäudealters bei modernisierten Gebäuden

Bei einem Gebäude (Mehrfamilienhaus, Baujahr 1964) wurden folgende Modernisierungsmaßnahmen durchgeführt:

neue Fenster	1,5 Punkte
Dämmung der Fassade	2,0 Punkte
neue Bäder	2,0 Punkte
neue Heizungsanlage	2,0 Punkte
Modernisierung des Innenausbaus	3,0 Punkte
neue Installationsleitungen	1,5 Punkte
Gesamtpunktzahl	12,0 Punkte
	= überwiegend modernisiert

Jahr des Wertermittlungsstichtags: 2004

Die Gesamtnutzungsdauer bei Mehrfamilienhäusern (Mietwohngebäude) beträgt ca. 60 bis 80 Jahre. Zur weiteren Berechnung werden 70 Jahre angesetzt.

Das Gebäudealter errechnet sich mit 40 Jahren (2004–1964).

Die Restnutzungsdauer beträgt somit 30 Jahre (70–40).

Aus der Tabelle „Modifizierte Restnutzungsdauer bei einer üblichen Gesamtnutzungsdauer von 70 Jahren", einem Gebäudealter von 40 Jahren und dem ermittelten Modernisierungsstandard (Gesamtpunktzahl von 12 Punkten) entnimmt man den Wert (modifizierte Restnutzungsdauer) 40 Jahre.

Die Modernisierungsmaßnahmen bewirken also eine Verlängerung der Restnutzungsdauer um zehn Jahre.

Das fiktive Baujahr errechnet sich somit wie folgt:

1974 = 2004 + 40 Jahre (modifizierte RND) – 70 Jahre (GND)

Darstellung ohne Modernisierungsmaßnahmen:

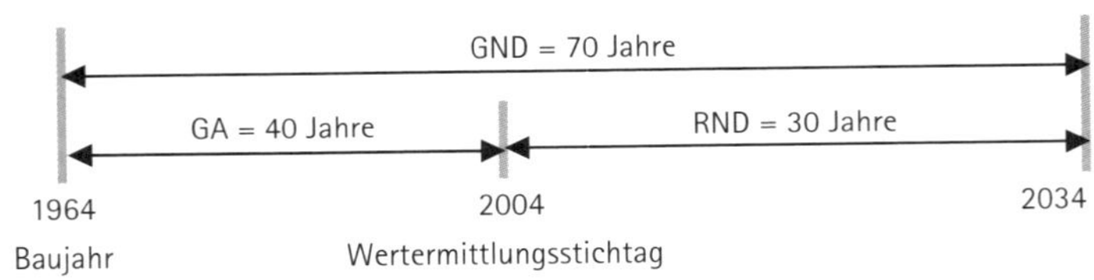

Durch die Modernisierungsmaßnahmen verlängert sich die Restnutzungsdauer, das bedeutet, das Gebäude präsentiert sich in einem jüngeren Zustand. Bei einer Verlängerung der Restnutzungsdauer um zehn Jahre verjüngt sich das Gebäude um die gleiche Anzahl von Jahren.[51] Das Gebäude entspricht dann einem vergleichbaren Gebäude, welches zehn Jahre später, also im Jahr 1974, gebaut wurde (fiktives Baujahr).

Darstellung mit durchgeführten Modernisierungsmaßnahmen:

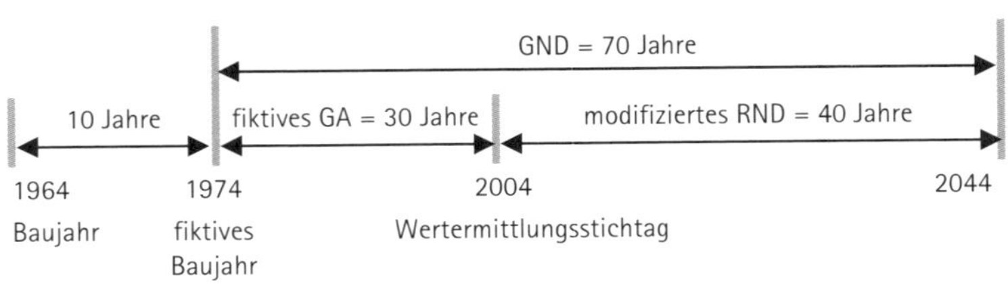

[51] *Sommer/Piehler*: Grundstücks- und Gebäudewertermittlungaus der Praxis Rudolf Haufe Verlag, Freiburg, Gruppe 3.3.

Welche Auswirkung hat die Restnutzungsdauer auf den Ertragswert?

Das folgende Beispiel soll die Auswirkung der Restnutzungsdauer auf den Ertragswert verdeutlichen.

Beispiel: Auswirkung der Restnutzungsdauer auf den Ertragswert[52]

	Restnutzungs-dauer	Prozentuale Veränderung	Ertragswert
Abweichung A	50 Jahre	– 1,65 %	209.926 EUR
Ursprung	55 Jahre	± 0,00 %	213.440 EUR
Abweichung B	60 Jahre	+ 1,29 %	216.194 EUR

Sensitivitätsanalyse Restnutzungsdauer/Ertragswert

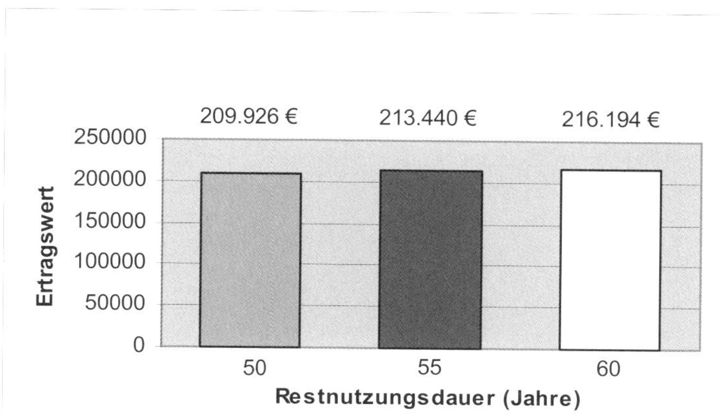

Das Beispiel zeigt, dass sich bei einer Änderung der Restnutzungsdauer um fünf Jahre nach oben oder unten der Ertragswert nicht wesentlich verändert.

---

[52] Grundlage der Sensitivitätskontrolle sind die Zahlen aus dem Beispiel auf Seite 123.

4.2.5 Ermittlung des Vervielfältigers

Formel

Der Vervielfältiger ist abhängig vom Liegenschaftszinssatz und der Restnutzungsdauer der baulichen Anlagen. Sie können ihn z. B. aus der Anlage 5, WertR 2006 entnehmen, er lässt sich aber auch mit folgender Formel ermitteln (p = Liegenschaftszinssatz, n = Restnutzungsdauer):

$$\text{Vervielfältiger} = \frac{q^n - 1}{q^n \times (q-1)}, \text{ wobei } q = 1 + \frac{p}{100}$$

Beispiel:

Liegenschaftszinssatz = 5,0 %

Restnutzungsdauer = 55 Jahre

Den Vervielfältiger können Sie wie folgt ermitteln:

Möglichkeit 1: Ablesewert aus der Anlage 5, WertR 2006, in Abhängigkeit vom Liegenschaftszinssatz und der Restnutzungsdauer der baulichen Anlagen. Dieser Weg ergibt als Wert des Vervielfältigers:

Vervielfältiger = 18,63

Möglichkeit 2: Unter Verwendung vorgenannter Formel ergibt sich als Wert des Vervielfältigers:

$$\text{Vervielfältiger} = \frac{(1+0{,}05)^{55} - 1}{(1+0{,}05)^{55} \times 0{,}05} = 18{,}63$$

4.2.6 Ermittlung des Ertragwerts bzw. Verkehrswerts (Marktwerts) des Grundstücks

Der Verkehrswert (Marktwert) des Grundstücks berechnet sich sodann aus dem vorläufigen Ertragswert des Grundstücks unter Berücksichtigung der Marktanpassung an die allgemeinen Wertverhältnisse auf dem Grundstücksmarkt und der Berücksichtigung besonderer objektspezifischer Grundstücksmerkmale.

Marktanpassung

Mit der ImmoWertV neu eingeführt, wurde eine zweistufige Marktanpassung, welche bei der Wertermittlung zwingend in folgender Reihenfolge gesondert zu berücksichtigen ist.

1. Marktanpassung an die allgemeinen Wertverhältnisse auf dem Grundstücksmarkt[53]
2. Berücksichtigung besonderer objektspezifischer Grundstücksmerkmale[54]

Ziel der Marktanpassung ist es, aus dem vorläufigen Ertragswert des Grundstücks einen Verkehrswert abzuleiten, der als wahrscheinlichster Kaufpreis auch erzielbar ist.

Marktanpassung an die allgemeinen Wertverhältnisse auf dem Grundstücksmarkt

Die Marktanpassung an die allgemeinen Wertverhältnisse auf dem Grundstücksmarkt ist in der Regel durch die Anwendung des Liegenschaftszinssatzes erfolgt.

Berücksichtigung besonderer objektspezifischer Grundstücksmerkmale

Bei der Berücksichtigung der besonderen objektspezifischen Grundstücksmerkmale werden wertbeeinflussende Umstände erfasst, sofern diese nicht bereits an anderer Stelle der Berechnung berücksichtigt wurden.

§ 8 Abs. 3 ImmoWertV
Ermittlung des Verkehrswerts

(3) Besondere objektspezifische Grundstücksmerkmale wie beispielsweise eine wirtschaftliche Überalterung, ein überdurchschnittlicher Erhaltungszustand, Baumängel oder Bauschäden, von den marktüblich erzielbaren Erträgen erheblich abweichende Erträge sowie ein erhebliches Abweichen der tatsächlichen von der nach § 6 Abs. 1 maßgeblichen Nutzung können, soweit dies dem gewöhnlichen Geschäftsverkehr entspricht, durch marktgerechte Zu- oder Abschläge oder in anderer geeigneter Weise berücksichtigt werden.

§ Siehe CD-ROM

---

[53] § 8 Abs. 2 Nr. 1 ImmoWertV.

[54] § 8 Abs. 3 ImmoWertV.

Zweck der Regelung ist es sicherzustellen, dass z. B. Baumängel und Bauschäden (nur) in marktkonformer Weise berücksichtigt werden. Im Sinne einer weiteren Verdeutlichung des Marktbezugs sowie zur Präzisierung der Begrifflichkeiten wird weiter bestimmt, dass die Wertminderung durch marktgerechte Abschläge (statt Erfahrungssätze) oder in anderer geeigneter Weise (dies kann bei Bauschäden z. B. auf der Grundlage der Instandsetzungskosten geschehen) zu berücksichtigen ist.

	Jahresrohertrag
–	Bewirtschaftungskosten
=	Jahresreinertrag (= Bodenanteil + Gebäudeanteil)
–	Bodenwertverzinsung[55]
=	Reinertrag (Gebäudeanteil)
x	Vervielfältiger
=	Ertragswert (bauliche Anlagen)
+	Bodenwert[56]
=	vorläufiger Grundstücksertragswert
±	objektspezifische Marktanpassung
=	Ertragswert

Siehe CD-ROM

Abschließend werden nochmals die Berechnungsgrößen zur Ermittlung des Ertragswerts anhand eines Beispiels mithilfe einer Excel-Tabelle dargestellt. Dieses Hilfsmittel ist auf der beiliegenden CD-ROM enthalten und soll als Rechenhilfe dienen.

---

[55] Beim Teileigentum, z. B. Wohnungen, spricht man von der „Bodenwert**anteils**verzinsung" – Hier ist der entsprechende Bodenwertanteil (Wert des Gesamtgrundstücks x Miteigentumsanteil) anzusetzen.

[56] Beim Teileigentum spricht man vom „Bodenwert**anteil**".

Eingabegrößen zur Ermittlung des Ertragswerts - Allgemeines Ertragswertverfahren (§17 Abs. 2 (1) ImmoWertV) -		
	Hinweis:	**= Eingabefeld**
Bodenwert		**50.000 EUR**
Rohertrag (EUR/Monat)	**1.230**	**14.760 EUR/Jahr**
Berechnung der Bewirtschaftungskosten		
Verwaltungskosten (% des Rohertrags)	**5,00%**	738 EUR/Jahr
Betriebskosten (% des Rohertrags)	**1,00%**	148 EUR/Jahr
Mietausfallwagnis (% des Rohertrags)	**2,00%**	295 EUR/Jahr
Instandhaltungskosten (% des Rohertrags)	**12,00%**	1.771 EUR/Jahr
Summe Bewirtschaftungskosten	20,00%	**2.952 EUR/Jahr**
Reinertrag (Rohertrag - Bewirtschaftungskosten)		**11.808 EUR/Jahr**
Liegenschaftszinssatz (Prozent)	**5,00%**	
Bodenwertverzinsung (Bodenwert x Liegenschaftszinssatz)		**2.500 EUR/Jahr**
Gebäudereinertrag (Reinertrag - Bodenwertverzinsung)		**9.308 EUR/Jahr**
Ermittlung des Vervielfältigers		
Restnutzungsdauer (Jahre)	**55**	
Vervielfältiger		**18,6334720**
(in Abhängigkeit von Liegenschaftszinssatz und Restnutzungsdauer)		
Gebäudeertragswert (Gebäudereinertrag x Vervielfältiger)		**173.440 EUR**
Marktanpassung		
Allgemeine Marktanpassung [1]		**0** EUR
Objektspezifische Marktanpassung		**-10.000** EUR

Zusammenfassung "Allgemeines Ertragswertverfahren" (§17 Abs. 2 (1) ImmoWertV)		
Rohertrag (EUR/Monat)	1.230	14.760 EUR/Jahr
./. Bewirtschaftungskosten		-2.952 EUR/Jahr
= Reinertrag		11.808 EUR/Jahr
./. Bodenwertverzinsung	5,00%	-2.500 EUR/Jahr
= Gebäudereinertrag		9.308 EUR/Jahr
x Vervielfältiger	18,6334720	
= Gebäudeertragswert		173.440 EUR
+ Bodenwert		50.000 EUR
= vorläufiger Grundstücksertragswert		223.440 EUR
Allgemeine Marktanpassung [1]		0 EUR
Objektspezifische Marktanpassung		-10.000 EUR
= Ertragswert (EUR)		**213.440 EUR**

1) Die Allgemeine Marktanpassung ist i. d. R. durch Anwendung des marktkonformen Liegenschaftszinssatzes erfolgt!¶

4.3 Das Sachwertverfahren

Bebaute Grundstücke mit Eigennutzung

Das Sachwertverfahren findet insbesondere bei bebauten Grundstücken Anwendung, bei denen die Eigennutzung im Vordergrund steht. Das bedeutet, das Sachwertverfahren ist in der Regel dann anzuwenden, wenn es für die Werteinschätzung am Markt nicht in erster Linie auf den Ertrag ankommt, sondern die Herstellungskosten im gewöhnlichen Geschäftsverkehr wertbestimmend sind.

Dies ist in erster Linie bei Ein- und Zweifamilienhäusern, insbesondere wegen der vorherrschenden Eigennutzung der Eigentümer, der Fall. Ein Ertragsdenken ist daher beim Kauf von Einfamilienhäusern weitgehend ausgeschaltet. Der Eigentümer eines Einfamilienhauses rechnet nicht wie beim Ertragswertverfahren mit einer hohen Verzinsung des beim Kauf des Objekts investierten Kapitals. Hier stehen vielmehr persönliche Gesichtspunkte im Vordergrund.

Das Sachwertverfahren wird also immer dann angewandt, wenn die Sache im Vordergrund steht und nicht der Ertrag.

Gewerbliche Gebäude

Aber auch bei gewerblichen Produktionsgebäuden oder Industriebauwerken, Werkhallen und Gebäuden mit Sondernutzungen wie Sporthallen, Schulen, Krankenhäusern und Einkaufszentren wird das Verfahren angewandt. Das ist jedoch nach derzeitiger Erkenntnis falsch. Nach den herrschenden Marktgepflogenheiten werden die Verkehrswerte dieser Nutzungsarten eher auf der Grundlage des Ertragswertverfahrens ermittelt, z. B. bei Lagerhaus- und bestimmten Fabrikgrundstücken.[57]

Neubauten

Das Sachwertverfahren kann auch zur Abstützung der Wertermittlung von Neubauten, die als Ertragswertobjekte gelten, in Betracht kommen, da nicht zu erwarten ist, dass ein Investor Kosten aufbringt, die nicht durch die Rentierlichkeit des Objekts (Ertragswertverfahren) gedeckt werden.[58]

Ältere, instandsetzungsbedürftige Objekte

Weiterhin kann das Sachwertverfahren bei älteren, instandsetzungsbedürftigen Objekten, die einen hohen Kosteneinsatzes (Modernisierung, Instandsetzung bzw. Umstrukturierung) erfordern, zur Anwendung kommen, wenn das Sachwertverfahren zu einem Restwert

[57] Vgl. *Simon/Cors/Troll*, Wertermittlung bei Geschäfts- und Fabrikgrundstücken, Verlag Vahlen, München 1997, 1.1, Rn.11.

[58] Abschnitt 3.1.3 WertR 2006.

führt, um den sich die Aufwendungen für eine Neubebauung des Grundstücks vermindern.[59]

Von der Substanz oder vom Ertrag geprägt?

Auch bei der Auswahl des Sachwertverfahrens ist am Markt orientiert festzustellen, ob der Grundstückswert von der Substanz oder dem Ertrag geprägt ist. Gelegentlich ist es nur sehr schwer möglich, eine eindeutige Zuordnung zu treffen, sodass beide Wertermittlungsverfahren (Sachwertverfahren und Ertragswertverfahren) angewandt werden. Bei der Entscheidung über den Verkehrswert ist dann eine sachverständige und gut begründete Aussage über die Ermittlung des Verkehrswerts zu treffen.

Das Sachwertverfahren geht vom theoretischen Modell aus, dass jedes Gebäude zum Zeitpunkt der Errichtung einen Wert hatte, der aus dem Bodenwert des unbebauten Grundstücks und den Baukosten des Gebäudes besteht. Mit zunehmendem Gebäudealter wird die Substanz des Gebäudes schlechter. Somit vermindert sich der Wert aus der Zeit des Neubaus.

Ermittlung der Herstellungskosten

Bei der Ermittlung der Herstellungskosten eines Gebäudes wird daher von folgender Modellannahme ausgegangen:

- Alle Gebäude werden zum Zeitpunkt des Wertermittlungsstichtags errichtet. Die Baukosten werden mithilfe der Normalherstellungskosten (NHK) ermittelt. Dabei handelt es sich um durchschnittliche Kosten, wie sie anfielen, wenn das bereits erstellte Gebäude zum Wertermittlungsstichtag nochmals errichtet werden würde.
- Die Alterswertminderung für den Substanzverbrauch für den Zeitraum seit der Gebäudeerrichtung ist zu berücksichtigen.

[59] Abschnitt 3.1.3 WertR 2006.

Die Sachwertermittlung erfolgt nach folgendem Ablaufschema:

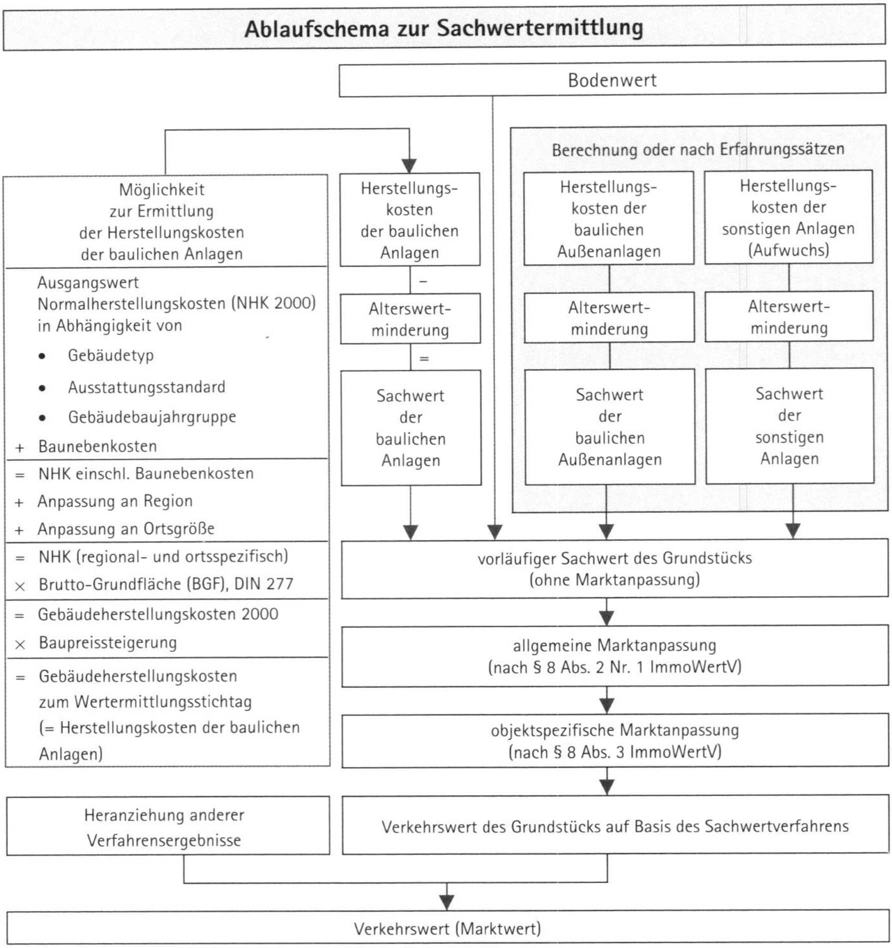

Abbildung: Ablaufschema zur Sachwertermittlung

Im Folgenden werden Ihnen die erforderlichen Schritte erläutert, die Sie bei der Ermittlung des Sachverhalts durchlaufen müssen. Die einzelnen Schritte sollen an einem einfachen Beispiel innerhalb der einzelnen Unterpunkte praxisnah verdeutlicht werden.

Beispiel:

Es wird von folgendem Sachverhalt ausgegangen:

Bei dem Wertermittlungsobjekt handelt es sich um ein frei stehendes, in massivbauweise erstelltes Einfamilienhaus mit mittlerer Ausstattung, Baujahr 1965.

Das Gebäude ist unterkellert und besteht aus einem Erd-, Ober- und ausgebauten Dachgeschoß.

Es befindet sich in München (Bayern).

Für die Marktanpassung an die allgemeinen Wertverhältnisse auf dem Grundstücksmarkt wurde vom Gutachterausschuss ein Sachwertfaktor von 0,8 benannt.

Als objektspezifische besondere Grundstücksmerkmale sind eine nicht mehr zeitgemäße und überalterte Grundrissgestaltung sowie Baumängel in Höhe von 10.000 EUR zu berücksichtigen.

Der Bodenwert beträgt 100.000 EUR.

Wertermittlungsstichtag: 1.1.2009.

4.3.1 Ermittlung des Bodenwerts

Beim Sachwertverfahren ist der Bodenwert des unbebauten Grundstücks zu ermitteln, auch wenn es in der Regel tatsächlich bebaut ist. Analog dem Ertragswertverfahren ist das Grundstück so zu betrachten, als ob es zu bebauen sei. Eine Dämpfung wegen Bebauung findet nicht statt.

Die ImmoWertV geht von der Anwendung des Vergleichswertverfahrens für die Bodenwertermittlung aus. Sie lässt aber auch die Anwendung der Bodenrichtwerte zu, wenn nicht ausreichend Vergleichswerte vorhanden sind.

Bei der Anwendung der Bodenrichtwerte dürfen Sie nicht einfach den zum Wertermittlungsstichtag aktuellen Bodenwert anwenden, sondern Sie müssen einen Bodenrichtwert ermitteln, der auch der Nutzung und dem Maß der baulichen Gestaltung entspricht. Weichen die Nutzungsarten des Bewertungsgrundstücks von den Angaben zum Bodenrichtwert ab, muss der Bodenrichtwert angepasst werden.

Wie Sie den Bodenwert ermitteln, wurde bereits in Kapitel 3 dieses Buches erläutert.

4.3.2 Ermittlung der Herstellungskosten der baulichen Anlagen

Normalherstellungskosten

Bei der Ermittlung der Herstellungskosten der baulichen Anlagen wird auf so genannte Normalherstellungskosten zurückgegriffen. Normalherstellungskosten sind durchschnittliche Herstellungskosten, die für die unterschiedlichen Gebäudetypen und -nutzungen veröffentlicht werden.

Basisjahre

Die Normalherstellungskosten werden auf bestimmte Normjahre (Basisjahre) bezogen. Die in der Sachwertermittlung angewandten Normjahre für die Herstellungskosten sind z. B. 1913, 1958, 1995 und 2000. Die veröffentlichten Normalherstellungskosten beziehen sich in der Regel auf Kubikmeter des umbauten Raums bzw. des Rauminhalts oder auf den Quadratmeter der Brutto-Grundfläche. Um die Baukosten ermitteln zu können, müssen Sie also die Brutto-Grundfläche oder das Gebäudevolumen berechnen.

Anschließend bestimmen Sie die Normalherstellungskosten zum gewählten Basisjahr. Multiplizieren Sie das Volumen oder die Fläche mit den jeweiligen normierten Baukosten, ergeben sich die Normalherstellungskosten des Gebäudes im Normjahr.

Da sich die Normalherstellungskosten 2000 (NHK 2000) nur noch auf die Brutto-Grundfläche (BGF) beziehen und hier keine Angaben mehr zum Brutto-Rauminhalt gemacht werden, wird lediglich die Ermittlung der Brutto-Grundfläche erläutert. Hiervon ausgenommen sind Industriegebäude, Werkstätten und Lagergebäude.

Hinweis:

In der Literatur trifft man gelegentlich auf „individuelle NHK 2000" (z. B. NHK nach Sprengnetter), die sich auf den Brutto-Rauminhalt beziehen. Dabei handelt es sich in der Regel um fortgeschriebene Werte der auf Brutto-Rauminhalt basierenden NHK 1995, welche mittels Euro- und Stichtagsumrechnung mit dem Bundesbaupreisindex angepasst und aktualisiert wurden.

Anmerkung:

Ausblick auf die Überarbeitung des Tabellenwerks „Normalherstellungskosten 2000" (NHK)

Endbericht des Forschungsprojekts „Aktuelle Gebäudesachwerte in der Verkehrswertermittlung"[60]

Das Bundesministerium für Verkehr, Bau und Stadtentwicklung hat im Jahr 2005 ein Forschungsprojekt zum Thema „Aktuelle Gebäudesachwerte in der Verkehrswertermittlung" an das Baukosteninformationszentrum Deutscher Architektenkammern GmbH (BKI) vergeben.

Vorschlägen für die Überarbeitung

Ziel des Forschungsprojekts war die Entwicklung von Vorschlägen für die Überarbeitung des Tabellenwerks „Normalherstellungskosten 2000" (NHK), die als Anlage 7 in die Wertermittlungsrichtlinie integriert sind, sowie weitere für die Sachwertermittlung notwendige Daten. Das Forschungsprojekt wurde fachlich von einem Expertenkreis begleitet, der sich aus Vertretern des Bundesministeriums der Finanzen, des Deutschen Städtetages, von Sachverständigenverbänden und von mit der Grundstückswertermittlung befassten Verbänden der Kredit- bzw. Versicherungswirtschaft zusammensetzte.

Die Schwerpunkte des vorliegenden Endberichts

- Überarbeitetes Tabellenwerk der Normalherstellungskosten (Anlagen 1, 2)
  Der Gebäudekatalog wurde in Anlehnung an die Erfordernisse aus der Praxis teilweise ergänzt. Eine wichtige Neuerung ist die Unterteilung der Werte der einzelnen Gebäudearten in die Kostengruppen 300 (Baukonstruktion) und 400 (technische Anlagen). Damit soll ermöglicht werden, dass die Ermittlung des Ausgangswerts besser an die individuellen Gegebenheiten des Bewertungsobjekts angepasst werden kann, indem entsprechend der vorgefundenen Ausgangslage des Objekts eine getrennte Einordnung in die Kostengruppen 300 und 400, z. B. in unterschiedlichen Standards, erfolgen kann. Darüber hinaus sind weitere wichtige wertrelevante Daten [z. B. die Angabe des Verhältnisses Wohnfläche zur Brutto-Grundfläche (BGF)] zu den einzelnen Gebäudearten angegeben.
  Ergänzt wird das Tabellenwerk der Normalherstellungskosten durch weitere Tabellen (Anlagen 3, 4), die Hilfestellung für die Standardeinordnung geben sollen.

---

[60] Bundesministerium für Verkehr, Bau und Stadtentwicklung (BMVBS), www.bmvbs.de/artikel-,302.1033856/Endbericht-des-Forschungsproje.htm

- Neues Modell zur Alterswertminderung für Wohngebäude (Anlagen 5 und 7)
  Das BKI hat ein neues Modell zur Alterswertminderung von Wohngebäuden ermittelt. Die entsprechenden Tabellen zur Bestimmung des Restwerts befinden sich in Anlage 5. Dabei wird vom tatsächlichen Alter des Gebäudes ausgegangen. Die Restwerte werden dabei in Abhängigkeit von der Gesamtnutzungsdauer und dem Gebäudezustand angegeben. Für Gebäude, die älter als 100 Jahre sind, wurde die Tabelle der Anlage 7 entwickelt.
- Schadenswertminderungstabelle für Wohngebäude (Anlage 6)
  Hier werden die durchschnittlichen Kostenanteile der erneuerbaren Bauteile an den Gesamtkosten in Abhängigkeit vom Ausstattungsstandard dargestellt. Die auf diesem Weg überschlägig ermittelten Kosten müssen jedoch noch dahingehend überprüft werden, ob am Grundstücksmarkt eine entsprechende Wertminderung akzeptiert wird.

Weiterführende Informationen

Im Textteil des Dokuments werden weiterführende Hinweise zur Vorgehensweise und sonstige Hintergrundinformationen zu bestimmten Sachverhalten gegeben.

Wichtiger Hinweis zum weiteren Verfahren

Der hier veröffentlichte Forschungsbericht ersetzt nicht das geltende Tabellenwerk der NHK 2000 bzw. sonstige Bestimmungen der WertR 2006.

Eine Integration der vorgeschlagenen NHK 2005 in die WertR steht derzeit nicht an, da diese fachlich umstritten und mit den Vorschriften der ImmoWertV nicht vereinbar sind. Neuere Überlegungen laufen deshalb auf die Entwicklung neuer NHK 2010 hinaus.

Siehe CD-ROM

Hinweis:

Der „Abschlussbericht des Forschungsprojekts" sowie die „Anlagen zum Abschlussbericht" sind als Anlage als pdf-Datei auf der beiliegenden CD hinterlegt.

Ermittlung der Brutto-Grundfläche (BGF)[61]

Die Brutto-Grundfläche (BGF) ist in der DIN 277 Ausgabe 1987 definiert. Welche Flächen eines Gebäudes zur BGF gehören, wird in der Abbildung unten dargestellt.

Drei Flächenarten

In der Skizze sind drei Flächenarten mit den Buchstaben a, b und c gekennzeichnet. Dabei bedeuten

Flächenanteil a: überdeckt und allseitig in voller Höhe umschlossen

Flächenanteil b: überdeckt, jedoch nicht allseitig in voller Höhe umschlossen

Flächenanteil c: nicht überdeckt

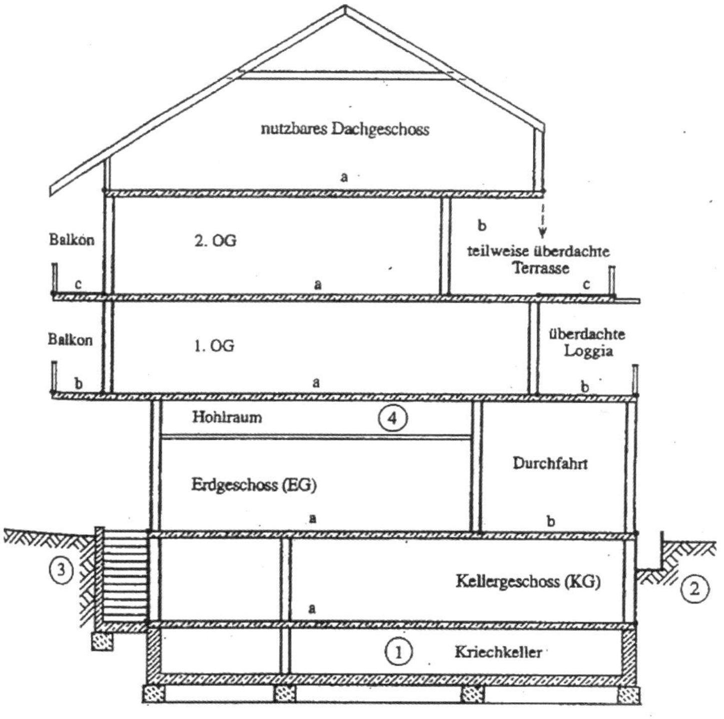

Abbildung: Ermittlung der Brutto-Grundfläche (BGF)

61 Siehe auch Anlage 6 der WertR 2006.

Für die Ermittlung der BGF werden

- alle Flächen der Kategorie a übernommen.
- Flächen aus der Kategorie b werden nur übernommen, soweit sie überdeckt sind, andere Flächen der Kategorie ohne Überdeckung sind ausgeschlossen.
- Flächen der Kategorie c gehören ebenfalls zur BGF. Damit gehören auch nicht ausgebaute Dachgeschosse zur BGF.

Bei der BGF nicht berücksichtigt werden Kriechkeller, Kellerschächte, Außentreppen, Hohlräume, Zwischendecken und nicht nutzbare Dachflächen.

Außenmaße einschließlich Bekleidung

Die Brutto-Grundfläche ermittelt sich nach den Außenmaßen eines Bauteils einschließlich Bekleidung, z. B. Putz etc., in Fußbodenhöhe gemessen.

Hinweis:

Diese Definition der BGF wird bei der Baukostenermittlung nicht immer unverändert übernommen. So werden die Normalherstellungskosten der Basisjahre 1995 (NHK 1995) und 2000 (NHK 2000) nicht auf der Grundlage der BGF in der Fassung der DIN 277 angesetzt, sondern die Flächen der Kategorie c werden bei der Berechnung der BGF nicht berücksichtigt. Das bedeutet, dass z. B. Balkone als gesonderte Bauteile erfasst werden müssen.

Hinweise zur Berechnung der Brutto-Grundfläche enthält Anlage 6 der WertR 2006.

Bei der Übernahme von Flächenangaben aus Bauunterlagen sind diese immer auf Plausibilität zu überprüfen.

Die Normalherstellungskosten 2000 (NHK 2000)

Mit Erlass vom 1.12.2001 führte das Bundesministerium für Verkehr, Bau und Wohnungswesen die Normalherstellungskosten 2000 ein. Sie sind die Fortschreibung der NHK 1995 und basieren auf einer vergleichbaren Grundlage.

Allerdings wurden die Angaben auch aktualisiert, sodass nicht nur eine einfache Umrechnung in die neue Währung Euro erfolgte, sondern die Herstellungskosten auf eine ergänzende Baukostenuntersuchung aktualisiert wurden. Die Kostenangaben enthalten die Umsatzsteuer (Mehrwertsteuer) von 16 Prozent.

Ausstattungsstandard des Gebäudes

Um den entsprechenden Kostenansatz aus der Tabelle der NHK 2000 zu entnehmen, müssen Sie zunächst den Ausstattungsstandard des Gebäudes bestimmen. Hierzu wurden Gebäudetypenblätter zum einen für den Ausstattungsstandard, zum anderen für die Normalherstellungskosten entwickelt. Diese sind z. B. in den WertR 2006, Anlage 7 (siehe auch CD-ROM) enthalten.

Siehe CD-ROM

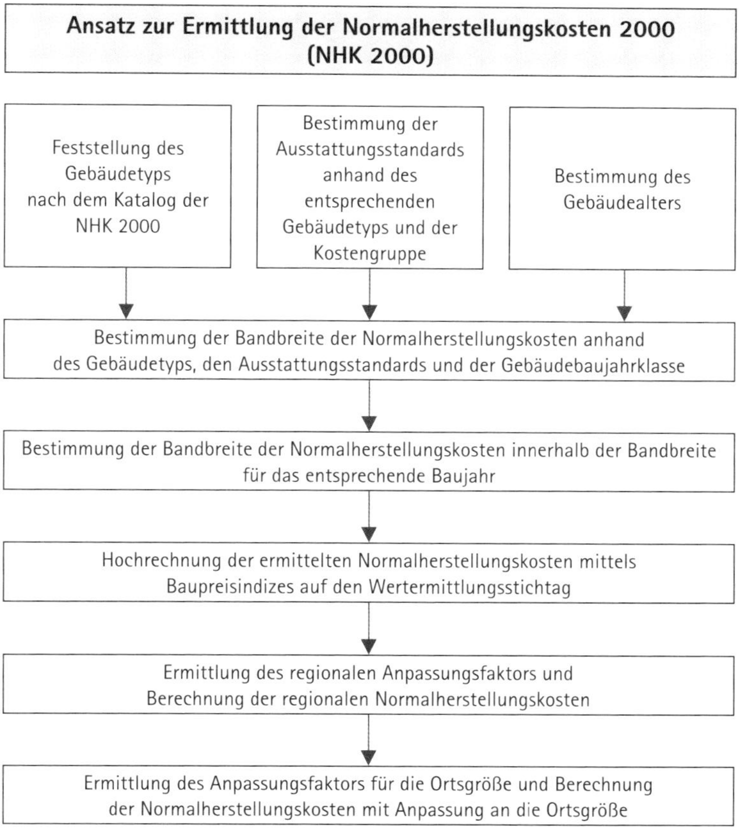

Gebäudetypenblätter

Gebäudetypenblätter wurden für jeden einzelnen Gebäudetyp, z. B.

- frei stehende Einfamilienwohnhäuser (Typ 1.01–1.33),
- Einfamilienreihenhäuser (Typ 2.01–2.33),
- Mehrfamilienwohnhäuser (Typ 3.11–3.73),
- gemischt genutzte Wohn- und Geschäftshäuser (1/3 Gewerbe, 2/3 Wohnfläche) (Typ 4),
- Verwaltungsgebäude (Typ 5.01–5.03) etc.,

entwickelt.

Aufteilung

Die Ausstattungsstandards sind beim Gebäudetyp für frei stehende Einfamilienwohnhäuser (Typ 1.01–1.33) und Verwaltungsgebäude (Typ 5.01–5.03) in „einfach", „mittel", „gehoben" und „stark gehoben", bei Reihenhäusern (Typ 2.01– 2.33) in „einfach" und „mittel", bei Mehrfamilienhäusern (Typ 3.11–3.73) und gemischt genutzten Wohn- und Geschäftshäusern (1/3 Gewerbe, 2/3 Wohnfläche) in „einfach", „mittel" und „gehoben" aufgeteilt.

Baunebenkosten

Neben dem Ausstattungsstandard werden auch die Baunebenkosten in Prozent der Baukosten sowie die durchschnittliche Gesamtnutzungsdauer des Gebäudes angegeben. Diese können Sie beispielhaft folgender Tabelle entnehmen:

Gebäudeart	**Typen-klasse**	**Neben-kosten**	**Gesamt-nutzungsdauer**
Frei stehende Einfamilienwohnhäuser	Typ 1.01–1.33	16 %	60–100 Jahre
Einfamilienreihenhäuser	Typ 2.01–2.33	14 %	60–100 Jahre
Mehrfamilienwohnhäuser	Typ 3.11–3.73	14 %	60–100 Jahre
Gemischt genutzte Wohn- und Geschäftshäuser (1/3 Gewerbe, 2/3 Wohnfläche)	Typ 4	14 %	60–100 Jahre
Verwaltungsgebäude	Typ 5.01	14 %	50–80 Jahre
	Typ 5.02	15 %	50–80 Jahre
	Typ 5.03	17 %	50–80 Jahre

Auf der folgenden Seite finden Sie ein Beispiel eines Gebäudetypenblatts für die Ermittlung des Ausstattungsstandards für frei stehende Einfamilienwohnhäuser (Typ 1.01–1.33).

EINFAMILIEN - WOHNHÄUSER; FREISTEHEND **TYP 1.01 - 1.33**

AUSSTATTUNGSSTANDARD				
Kostengruppe	**einfach**	**mittel**	**gehoben**	**stark gehoben**
Fassade	Mauerwerk mit Putz oder Fugenglattstrich und Anstrich	Wärmedämmputz, Wärmedämmverbund-system, Sichtmauerwerk mit Fugenglattstrich, mittlerer Wärmedämm-standard	Verblendmauerwerk, Metallbekleidung, Vorhangfassade, hoher Wärmedämmstandard	Naturstein
Fenster	Holz, Einfachverglasung	Kunststoff, Rollladen, Isolierverglasung	Aluminium, Sprossenfenster, Sonnenschutzvorrichtung, Wärmeschutzverglasung	raumhohe Verglasung, große Schiebeelemente, elektr. Rollladen, Schallschutzverglasung
Dächer	Betondachpfannen (untere Preiskl.), Bitumen-, Kunststofffolienabdich-tung, keine Wärme-dämmung	Betondachpfannen (gehobene Preiskl.), mittlerer Wärmedämm-standard	Tondachpfannen, Schiefer-, Metallein-deckung, hoher Wärme-dämmstandard	große Anzahl von Oberlichtern, Dachaus- und Dachaufbauten mit hohem Schwierigkeitsgrad, Dachausschnitte in Glas
Sanitär	1 Bad mit WC, Installation auf Putz	1 Bad mit Dusche und Badewanne, Gäste-WC, Installation unter Putz	1-2 Bäder, Gäste-WC	mehrere großzügige Bäder, tlw. Bidet, Whirlpool, Gäste-WC
Innenwand-bekleidung der Nassräume	Ölfarbanstrich, Fliesensockel (1,50 m)	Fliesen (2,00 m)	Fliesen raumhoch, großformatige Fliesen	Naturstein, aufwendige Verlegung
Bodenbeläge	Holzdielen, Nadelfilz, Linoleum, PVC (untere Preiskl.) **Nassräume:** PVC, Fliesen	Teppich, PVC, Fliesen, Linoleum (mittlere Preiskl.) **Nassräume:** Fliesen	Fliesen, Parkett, Betonwerkstein **Nassräume:** großformatige Fliesen	Naturstein, aufwendige Verlegung **Nassräume:** Naturstein
Innentüren	Füllungstüren, Türblätter und Zargen gestrichen, Stahlzargen	Kunststoff-/ Holztür-blätter, Holzzargen, Glastüraus-schnitte	Türblätter mit Edelholzfurnier, Glastüren, Holzzargen	massivere Ausführung, Einbruchschutz
Heizung	Einzelöfen, elektr. Speicherheizung, Boiler für Warmwasser	Mehrraum-Warmluft-kachelofen, Zentralheizung mit Radiatoren (Schwerkraftheizung)	Zentralheizung/ Pumpenheizung mit Flachheizkörpern oder Fußbodenheizung, Warmwasserbereitung zentral	Zentralheizung und Fußbodenheizung, Klimaanlagen, Solaranlagen
Elektro-installation	je Raum 1 Lichtauslass und 1-2 Steckdosen, Installation tlw. auf Putz	je Raum 1-2 Lichtauslässe und 2-3 Steckdosen, Installation unter Putz	je Raum mehrere Lichtauslässe und Steckdosen, informationstechnische Anlagen	aufwendige Installation, Sicherheitseinrichtungen

Baunebenkosten (entsprechend Kostengruppe 700 DIN 276) **16%**

Gesamtnutzungsdauer **60 - 100 Jahre**

Haben Sie auch das Gebäudealter bestimmt, suchen Sie sich das entsprechende Gebäudetypenblatt für die Ermittlung der Normalherstellungskosten. Dieses besteht aus einer Tabelle, in der die Normalherstellungskosten nach Ausstattungsstandards sowie Baujahrgruppen aufgeteilt sind.

Korrekturfaktoren

Neben den Normalherstellungskosten sind bei Mehrfamilienwohnhäusern (Typ 3.11–3.73) auch Korrekturfaktoren bezüglich der Grundrissart und der Wohnungsgröße enthalten.

Die Gebäudetypenblätter unterscheiden neben der Gebäudeart z. B. auch nach dem Ausbauzustand des Gebäudes (mit/ohne ausgebautes Dachgeschoss, Flachdach, mit/ohne Keller), der Anzahl der Geschosse etc. Achten Sie daher besonders darauf, das richtige Gebäudetypenblatt auszuwählen.

Ein Beispiel für ein Gebäudetypenblatt finden Sie auf Seite 137. Aus diesem Typenblatt entnehmen wir auch die Zahlen für folgendes Beispiel.

Beispiel:

Gesucht sind die Normalherstellungskosten je m² BGF für ein frei stehendes Einfamilienhaus (mit Keller, EG, OG und voll ausgebautem DG), Baujahr 1965 mit mittlerem Ausstattungsstandard (Grundlage NHK 2000).

Aus dem Typenblatt (Typ 1.11) ergibt sich bei einem mittleren Ausstattungsstandard und im Zeitraum zwischen 1960 bis 1969 (Baujahrgruppe) eine Bandbreite an Herstellungskosten in Höhe von 590 bis 625 EUR/m². Der exakte Wert der Herstellungskosten für das Gebäudejahr 1965 können Sie z. B. durch lineare Interpolation wie folgt ermitteln:

$$K_{S-NHK} = \frac{K_{oW} - K_{uW}}{oJ - uJ} \times (B - uJ) + K_{uW}$$

K_{S-NHK} = $\text{Kosten}_{\text{Stichjahr NHK}}$

K_{oW} = $\text{Kosten}_{\text{oberer Wert der Bandbreite}}$ der Baujahrgruppe

K_{uW} = $\text{Kosten}_{\text{untere Wert der Bandbreite}}$ der Baujahrgruppe

oJ = obere Jahrgangszahl der Baujahrgruppe

uJ = untere Jahrgangszahl der Baujahrgruppe

B = Baujahr

Allgemeine Gebäudetypenbezeichnung

Allgemeine Typenbezeichnung

Einfamilien - Wohnhäuser, freistehend

Typ 1.11 - 1.13

Normalherstellungskosten (ohne Baunebenkosten) entsprechend Kostengruppe 300 und 400 DIN 276/1993 einschließlich 16% Mehrwertsteuer, Preisstand 2000

NHK 2000
WERTR

Ausstattungsstandards, Baunebenkosten und Gesamtnutzungsdauer für diese Gebäudetypen siehe Tabelle "Ausstattungsstandards"

Ausbauzustand (z. B. unterkellert mit ausgebautem Dachgeschoss)

Spezielle Typenbezeichnung

Spezielle Gebäudebezeichnung

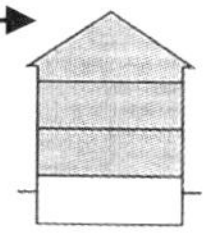

Typ 1.11 **Keller-, Erd-, Obergeschoss, voll ausgebautes Dachgeschoss**

Kosten der Brutto-Grundfläche in €/m², durchschnittliche Geschosshöhe 2,95 m							
Ausstattungs-standards	**vor 1925**	**1925 bis 1945**	**1946 bis 1959**	**1960 bis 1969**	**1970 bis 1984**	**1985 bis 1999**	**2000**
einfach	445 - 460	465 - 475	475 - 505	510 - 540	545 - 575	575 - 625	625
mittel	515 - 530	535 - 545	550 - 585	590 - 625	630 - 660	660 - 720	720
gehoben	615 - 640	640 - 655	655 - 700	705 - 750	750 - 790	790 - 865	865
stark gehoben	780 - 810	810 - 830	835 - 890	895 - 950	955 - 1000	1005 - 1095	1100

Baujahrgruppe

Ausstattungsstandards

Normalherstellungskosten (NHK) 2000

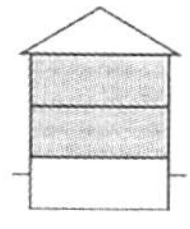

Typ 1.12 **Keller-, Erd-, Obergeschoss, nicht ausgebautes Dachgeschoss**

Kosten der Brutto-Grundfläche in €/m², durchschnittliche Geschosshöhe 2,90 m							
Ausstattungs-standards	**vor 1925**	**1925 bis 1945**	**1946 bis 1959**	**1960 bis 1969**	**1970 bis 1984**	**1985 bis 1999**	**2000**
einfach	400 - 415	420 - 425	430 - 455	460 - 485	490 - 515	515 - 560	565
mittel	465 - 480	480 - 490	490 - 525	530 - 565	565 - 595	595 - 645	650
gehoben	555 - 575	580 - 590	590 - 635	635 - 675	675 - 715	715 - 775	780
stark gehoben	705 - 730	730 - 745	750 - 800	805 - 855	860 - 900	905 - 985	990

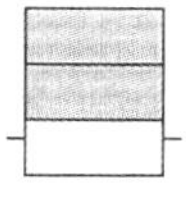

Typ 1.13 **Keller-, Erd-, Obergeschoss, Flachdach**

Kosten der Brutto-Grundfläche in €/m², durchschnittliche Geschosshöhe 2,95 m							
Ausstattungs-standards	**vor 1925**	**1925 bis 1945**	**1946 bis 1959**	**1960 bis 1969**	**1970 bis 1984**	**1985 bis 1999**	**2000**
einfach	435 - 450	455 - 465	470 - 495	500 - 530	535 - 560	565 - 610	615
mittel	505 - 520	525 - 535	535 - 575	575 - 615	615 - 645	650 - 705	705
gehoben	605 - 625	630 - 640	645 - 685	690 - 735	735 - 775	775 - 845	850
stark gehoben	765 - 795	795 - 810	815 - 875	875 - 930	935 - 980	985 - 1070	1075

Abbildung: Auszug aus einem Gebäudetypenblatt für freistehende Einfamilienhäuser (Typ 1.11–Typ 1.13)

Die Herstellungskosten zum Zeitpunkt des Jahres 1965 ermitteln sich wie folgt:

$$K_{S2000} = \frac{K_{1969} - K_{1960}}{1969 - 1960} \times (1965 - 1960) + K_{1960}$$

$$= \frac{625 - 590}{1069 - 1960} \times 5 + 590 = 609{,}44\ €\,/\,m^2$$

Bei den Normalherstellungskosten von rund 609 EUR/m² handelt es sich somit um durchschnittliche Kosten, wie sie angefallen wären, wenn das 1965 erbaute Gebäude im Jahr 2000 (Stichjahr der Normalherstellungskosten mit Grundlage NHK 2000) irgendwo in Deutschland nochmals errichtet worden wäre.

Berücksichtigung der Baunebenkosten

Zu den Baunebenkosten zählen z. B. Architektenhonorare, Behördengebühren, Zwischenfinanzierungskosten etc. Sie müssen ebenfalls zu den Herstellungskosten der baulichen Anlagen addiert werden.
Bei Einfamilienwohnhäusern können Sie in der Regel 16 Prozent von den Normalherstellungskosten als Baunebenkosten ansetzen.
Baunebenkosten für andere Gebäudearten können Sie den entsprechenden Gebäudetypenblättern, auf denen die Ausstattungsstandards beschrieben sind, entnehmen.

Beispiel:

Die ermittelten Normalherstellungskosten in Höhe von rd. 609 EUR/m² sind um 16 % zu erhöhen.

	Normalherstellungskosten (ohne Baunebenkosten)	rd.	609 EUR/m²
+	16 % Baunebenkosten	rd.	97 EUR/m²
	Normalherstellungskosten (mit Baunebenkosten)	rd.	706 EUR/m²

Anpassung an regionale Verhältnisse

Die in den Gebäudetypenblättern aufgeführten Herstellungskosten sind bundesweite Mittelwerte. Da aber die Baukosten für Gebäude regionale Unterschiede aufweisen, müssen sie an die regionalen Verhältnisse angepasst werden. Die Umrechnung kann mit nachfolgenden Faktoren geschehen.

Umrechnungsfaktoren

Bundesland	Faktor
Baden-Württemberg	1,00 bis 1,10
Bayern	1,05 bis 1,10
Berlin	1,25 bis 1,45
Brandenburg	0,95 bis 1,10
Bremen	0,90 bis 1,00
Hamburg	1,25 bis 1,30
Hessen	0,95 bis 1,00
Mecklenburg-Vorpommern	0,95 bis 1,00
Niedersachsen	0,75 bis 0,90
Nordrhein-Westfalen	0,90 bis 1,00
Rheinland-Pfalz	0,95 bis 1,00
Saarland	0,85 bis 1,00
Sachsen	1,00 bis 1,10
Sachsen-Anhalt	0,90 bis 0,95
Schleswig-Holstein	0,90 bis 0,95
Thüringen	1,00 bis 1,05

Beispiel:

Für Bayern ergeben sich bei normalen Herstellungskosten in Höhe von 706 EUR/m² und einem durchschnittlichen Anpassungsfaktor an regionale Verhältnisse in Höhe von 1,07 regional angepasste Herstellungskosten in Höhe von 706 EUR/m² × 1,07 = rd. 755 EUR/m².

Anpassung an die Ortsgröße

Neben den regionalen Einflussgrößen sind auch die Ortsgrößen von Bedeutung. Die Ortsgrößen können mit nachfolgenden Faktoren berücksichtigt werden:

Umrechnungsfaktoren

Ortsgröße	Faktor
Großstädte mit mehr als 500.000 bis 1,5 Millionen Einwohnern	1,05 bis 1,15
Städte mit mehr als 50.000 bis 500.000 Einwohnern	0,95 bis 1,05
Orte bis 50.000 Einwohner	0,90 bis 0,95

Beispiel:

Für München (ca. 1,2 Millionen Einwohner) ergeben sich bei regional angepassten Herstellungskosten in Höhe von 755 EUR/m^2 und einem durchschnittlichen Anpassungsfaktor an die Ortsgröße in Höhe von ca. 1,12 an die Ortsgröße angepasste Herstellungskosten in Höhe von 755 EUR/m^2 × 1,12 = rd. 846 EUR/m^2.

Weitere Korrekturfaktoren bei Mehrfamilienhäusern

Grundrissart und Wohnungsgröße

Bei Mehrfamilienwohnhäusern (Typ 3.11–3.73) sind weitere Korrekturfaktoren bezüglich der Grundrissart und Wohnungsgröße vorzunehmen. Diese sind jeweils aus den entsprechenden Gebäudetypenblättern zu entnehmen. Sie lauten wie folgt:

Grundrissart	Korrekturfaktor
Einspänner (eine Wohnung je Geschoss)	1,05
Zweispänner (zwei Wohnungen je Geschoss)	1,00
Dreispänner (drei Wohnungen je Geschoss)	0,97
Vierspänner (vier Wohnungen je Geschoss)	0,95

Wohnungsgröße	Korrekturfaktor
50 m^2 BGF/WE = 35 m^2 WF/WE	1,10
70 m^2 BGF/WE = 50 m^2 WF/WE	1,00
135 m^2 BGF/WE = 100 m^2 WF/WE	0,85

Beispiel:

Annahme: Herstellungskosten in Höhe von 730 EUR/m^2

Mehrfamilienhaus
(Dreispänner mit jeweils 75 m^2 großen Wohnungen)

Die an Grundrissart und Wohnungsgröße angepassten Herstellungskosten errechnen sich wie folgt:

Anpassung Grundrissart (Dreispänner) => Korrekturfaktor 0,97
Anpassung Wohnungsgröße (75 m^2) => Korrekturfaktor 0,925 = rd. 0,93

730 EUR/m^2 × 0,97 × 0,93 = rd. 659 EUR/m^2

Ermittlung der Herstellungskosten zum Wertermittlungsstichtag

Baupreisindex

Die Umrechnung der Herstellungskosten vom Stichjahr der Normalherstellungskosten auf den Wertermittlungsstichtag erfolgt mit den Indizes für die Kosten von Bauleistungen (Baupreisindex), die vom Statistischen Bundesamt regelmäßig veröffentlicht werden. Im Internet können Sie die Indizes z. B. unter www.destatis.de (Statistisches Bundesamt) oder www.gug-aktuell.de (Grundstücksmarkt und Grundstückswert) kostenlos einsehen.

Die Veröffentlichungen erfolgen in der Regel für das gesamte Jahr als Jahreswerte sowie zum Teil auch für die Monate Februar, Mai, August und November.

Preisindizes für Gebäude (Neubau in konventioneller Bauart) Deutschland Originalwert einschl. Umsatzsteuer **2005 = 100**				
Jahr/Monat	**Wohngebäude**		**Nichtwohngebäude**	
	Einfamilien-gebäude	**Mehrfamilien-gebäude**	**Büro-gebäude**	**Gewerbl. Betriebs-gebäude**
2009 D	112,6	113,5	113,8	114,9
2008 D	111,6	112,7	112,6	113,6
2007 D	108,6	109,1	109,2	109,6
2006 D	101,9	102,1	102,1	102,3
2005 D	100,0	100,0	100,0	100,0
2000 D	98,0	97,9	96,8	95,7
2010 Februar	112,8	113,7	114,1	114,8
2009 November	112,6	113,5	113,9	114,8
2009 August	112,6	113,5	113,8	114,9
2009 Mai	112,4	113,4	113,7	114,9
2009 Februar	112,6	113,7	113,8	115,0
2008 November	112,3	113,5	113,4	114,7
2008 August	112,4	113,8	113,5	114,8
2008 Mai	111,3	112,4	112,3	113,1
2008 Februar	110,4	111,2	111,3	111,8
2007 November	109,4	110,0	110,1	110,6
2007 August	108,9	109,4	109,5	109,9
Quelle: GuG aktuell; Internet: www.gug-aktuell.de				

Nutzen Sie Indizes im Sachwertverfahren, müssen Sie immer die Werte heranziehen, die dem zu bewertenden Objekt in seiner Nutzung am nächsten kommen (z. B. Einfamiliengebäude, Mehrfamiliengebäude etc.). Zudem ist immer derjenige Indexwert heranzuzie-

hen, der dem Wertermittlungsstichtag am nächsten liegt. Liegen die Vierteljahreswerte vor, so bevorzugen Sie diese.
Generell können Sie auch andere Basisjahre für die Preisindizes anwenden, z. B. „1995 = 100“ oder „2000 = 100“ etc.

Achtung:
Für Anwender, die im Rahmen der Verkehrswertermittlung die Normalherstellungskosten 2000 nutzen, sind seit August 2008 mit einem neuen Basisjahr des Baukostenindex konfrontiert.
Bisher waren die NHK-2000-Werte mit dem Basisjahr 2000 konform. Da das Basisjahr 2000 durch das Basisjahr 2005 ersetzt wurde, müssen somit alle in den NHK 2000 angegebenen Baupreise über zwei Indexpunkte auf den Wertermittlungsstichtag indexiert werden.
Hierfür ist der Indexwert des Jahres 2000 (Basisjahr 2005 = 100) des betreffenden Gebäudes erforderlich. In der vorangestellten Tabelle ist dieser Indexwert mit 2000 D bezeichnet.
In der Baupreisindexreihe 2005 ist die Umstellung der Mehrwertsteuer von 16 auf 19 Prozent berücksichtigt!

Die Umrechnung ist nach folgender Formel möglich:

$$\frac{\text{Index zum Stichtag } (2005 = 100)}{\text{Index zum Basisjahr 2000 } (2005 = 100)} \times \text{NHK 2000}$$

Beispiel:

Stichtag 1.1.2009; Gebäude (Einfamilienhaus) Baujahr 1965.

Als Grundlage wurden die NHK 2000 gewählt und Herstellungskosten in Höhe von 846 EUR/m² für das Gebäude (Einfamilienhaus) mit Baujahr 1965 ermittelt.

- Für das Jahr 2005 = 100 ergibt sich ein Indexwert von 98,0.
- Für den 1.1.2009 (Stichtag) ergibt sich der Indexwert 112,3 (maßgeblich für Januar 2009 ist der November-Wert 2008).

Der aktualisierte Wert errechnet sich somit wie folgt:

$$\frac{112{,}3}{98{,}0} \times 846 \frac{\text{EUR}}{\text{m}^2} = 969{,}44 \frac{\text{EUR}}{\text{m}^2}, \text{ rd. } 970 \text{ EUR/m}^2$$

Bei den Normalherstellungskosten von 970 EUR/m² handelt es sich somit um durchschnittliche Kosten, wie sie anfallen würden, wenn das im Jahr 1965 erbaute Einfamilienhaus zum 1.1.2009 in München nochmals errichtet worden wäre.

Hinweis:

Der auf der Grundlage der Normalherstellungskosten 2000 unter Berücksichtigung der entsprechenden Korrekturfaktoren und mithilfe des Baupreisindexes auf den Wertermittlungsstichtag bezogene Wert entspricht dem eines neu errichteten Gebäudes.

Zusammenfassung

Anbei werden die Schritte zur Bestimmung der Herleitung der Normalherstellungskosten nochmals zusammenfassend dargestellt:

Ablauf	Beispiel	Bemerkung
1. Berechnung der Brutto-Grundfläche	246 m²	nach DIN 277
2. Bestimmung des Gebäudetyps	Typ 1.11	nach dem Katalog der NHK 2000
3. Zuordnung des Gebäudetyps Ausstattungsstandards des Bewertungsobjekts	mittel	
4. Bestimmung des Baujahrs des Gebäudes	1965	
5. Bestimmung der Bandbreite der Normalherstellungskosten anhand des Ausstattungsstandards und der Gebäudebaujahrgruppe	590–625 EUR/m²	Grundlage NHK 2000
6. Berechnung der Normalherstellungskosten innerhalb der Bandbreite für das entsprechende Baujahr (ohne Nebenkosten)	609 EUR/m²	z. B. durch lineare Interpolation
7. Bestimmung der Baunebenkosten	16 %	Unter „Ausstattungsstandard" auf dem entsprechenden Typenblatt
8. Berechnung der Normalherstellungskosten unter Berücksichtigung der Baunebenkosten	706 EUR/m²	

Ablauf	Beispiel	Bemerkung
9. Ermittlung des regionalen Anpassungsfaktors	1,07	z. B. für Bayern
10. Ermittlung des Anpassungsfaktors für die Ortsgröße	1,12	z. B. für München
11. Normalherstellungskosten (regional- und ortsspezifisch)	846 EUR/m²	
12. Umrechnung auf den Wertermittlungsstichtag	970 EUR/m²	Indexierung

Die Gebäudeherstellungskosten zum Wertermittlungsstichtag errechnen sich durch Multiplikation der angepassten Normalherstellungskosten mit der Brutto-Grundfläche (BGF).

Herstellungskosten Wohngebäude

Beispiel

Gebäudeherstellungskosten = 970 EUR/m² × 246 m²
= 238.620 EUR

4.3.3 Alterswertminderung

Zwischen dem Zeitpunkt der Bauwerksfertigstellung und dem Wertermittlungsstichtag verliert das Gebäude an Wert. Je älter ein Gebäude wird, desto höher ist der Wertverlust. Dieser Wertverlust ergibt sich aus der Tatsache, dass ein Gebäude im Lauf der Zeit einer ständigen Abnutzung unterliegt. Darüber hinaus wird die Nutzung eines älteren Gebäudes im Vergleich zur Nutzung eines neuen Gebäudes mit zunehmendem Alter immer unwirtschaftlicher.

Ständige Abnutzung

Bei der Berücksichtigung der Alterswertminderung ermitteln Sie zuerst die Gesamtnutzungsdauer des Bewertungsobjekts. Die Ermittlung der Rest- bzw. Gesamtnutzungsdauer wurde bereits beim Ertragswertverfahren behandelt (siehe Seite 108 ff.).

Hinweis:

Von einer durchgreifenden Modernisierung spricht man, wenn die wesentlichen Bestandteile eines Gebäudes erneuert wurden. Als wesentliche Bestandteile eines Gebäudes sind z. B. Dach, Fassade, Decken, Treppen etc. zu Betrachten. Die Erneuerung von Ausbauelementen wie Heizung, Sanitärinstallation etc. fällt unter die normale Instandhaltung und bewirken in der Regel keine Verlängerung der Restnutzungsdauer.

Abschreibung

Die Alterswertminderung hat mit Einführung der ImmoWertV eine deutliche Vereinfachung dahingehend erfahren, dass aus den zahlreichen Abschreibungsmodellen jetzt nur noch die **lineare Abschreibung** für alle Gebäudetypen zur Anwendung kommt.

Lineare Abschreibung

Lineare Abschreibung

Bei der linearen Abschreibung wird unterstellt, dass alle Gebäude im Lauf ihrer Lebensdauer (Gesamtnutzungsdauer) in jedem Jahr den gleichen Anteil an Wertverlust erfahren. Somit können Sie aus der Gesamtnutzungsdauer des Bewertungsobjekts und seinem Alter die Wertminderung wegen Alters wie folgt errechnen:

Formel Alterswertminderung

$$\text{Minderung (\%)} = \frac{(\text{Gesamtnutzungsdauer} - \text{Restnutzungsdauer}) \times 100}{\text{Gesamtnutzungsdauer}}$$

Beispiel: Bestimmung der Alterswertminderung

Einfamilienhaus Baujahr 1965

Wertermittlungsstichtag: 1.9.2009

Schritt 1: Bestimmung der Gesamtnutzungsdauer

Anhaltswerte gibt die Anlage 4 der WertR 2006 „Durchschnittliche wirtschaftliche Gesamtnutzungsdauer bei ordnungsgemäßer Instandhaltung".

Ansatz: 80 Jahre Gesamtnutzungsdauer für das Einfamilienhaus.

Schritt 2: Bestimmung der Restnutzungsdauer

1965 (Baujahr) + 80 Jahre (GND) = 2045

2045 – 2009 (Jahr des Wertermittlungsstichtags) = 36 Jahre RND.

Die Alterswertminderung errechnet sich wie folgt:

$$\text{Minderung (\%)} = \frac{\text{GND} - \text{RND}}{\text{GND}} \times 100 = \frac{80 - 36}{80} \times 100 = 55\ \%$$

Die altersgeminderten Gebäudeherstellungskosten berechnen sich auf Basis der Gebäudeherstellungskosten zum Wertermittlungsstichtag in Höhe von 238.620 EUR und einer linearen Abschreibung in Höhe von 55 Prozent wie folgt:

Gebäudeherstellungskosten z. Wertermittlungsstichtag	238.620 EUR
– lineare Alterswertminderung 55 % von 238.620 EUR =	131.241 EUR
= altersgeminderte Gebäudeherstellungskosten	**107.379 EUR**

4.3.4 Ermittlung der Herstellungskosten der Außenanlagen

Ermittlung über Erfahrungssätze

Die Herstellungskosten der Außenanlagen können zum einen mittels ihrer Normalherstellungskosten, zum anderen über Erfahrungssätze ermittelt werden. In der Praxis können folgende Erfahrungssätze für die Herstellungskosten der Außenanlagen als Prozentsatz der Gebäudeherstellungskosten angewandt werden:

Bei Außenanlagen einfacherer Ausführung	3 Prozent
Bei Außenanlagen mittlerer Ausführung	4 Prozent
Bei Außenanlagen gehobener Ausführung	5 Prozent

Liegen viele wertbestimmende bauliche Außenanlagen vor, müssen diese nach demselben Schema ermittelt werden, das für die baulichen Anlagen angewandt wird.

Beispiel:

Der Sachwert der baulichen Außenanlagen berechnet sich bei Außenanlagen mit mittlerer Ausführung so:

4 % von 107.379 EUR = 4.295 EUR

4.3.5 Ermittlung des vorläufigen Sachwerts des Grundstücks

Der vorläufige Sachwert des Grundstücks errechnet sich somit wie folgt:

Beispiel

	Bodenwert	100.000 EUR
+	Sachwert der baulichen Anlagen	238.620 EUR
–	Alterswertminderung	131.241 EUR
+	Herstellungskosten der Außenanlagen	4.295 EUR
=	**vorläufiger Sachwert des Grundstücks**	**211.674 EUR**

4.3.6 Verkehrswert (Marktwert) des Grundstücks

Der Verkehrswert (Marktwert) des Grundstücks berechnet sich so dann aus dem vorläufigen Sachwert des Grundstücks unter Berücksichtigung der Marktanpassung an die allgemeinen Wertverhältnisse auf dem Grundstücksmarkt und besonderer objektspezifischer Grundstücksmerkmale.

Marktanpassung

Reihenfolge der zweistufigen Marktanpassung

Mit der ImmoWertV neu eingeführt wurde eine zweistufige Marktanpassung, welche bei der Wertermittlung zwingend in folgender Reihenfolge gesondert zu berücksichtigen ist.

1. Marktanpassung an die allgemeinen Wertverhältnisse auf dem Grundstücksmarkt[62]
2. Berücksichtigung besonderer objektspezifischer Grundstücksmerkmale[63]

Ziel der Marktanpassung ist es, aus dem vorläufigen Sachwert des Grundstücks einen Verkehrswert abzuleiten, der als wahrscheinlichster Kaufpreis auch erzielbar ist.

---

[62] § 8 Abs. 2 Nr. 1 ImmoWertV.

[63] § 8 Abs. 3 ImmoWertV.

Hinweis:

Die Marktanpassung ist ausschließlich in der vorgenannten Reihenfolge zu berücksichtigen. Nur dann ist die Berechnung marktkonform.

Marktanpassung an die allgemeinen Wertverhältnisse auf dem Grundstücksmarkt

Im ersten Schritt ist die Marktlage mittels der von den Gutacherausschüssen abgeleiteten Sachwertfaktoren zu berücksichtigen.

Sachwertfaktoren werden in der Regel aus durchschnittlichen Vergleichsobjekten unter weitgehendem Ausschluss „besonderer objektspezifischer Grundstücksmerkmale" abgeleitet. Dementsprechend dürfen sie auch nur in eine Sachwertermittlung unter Ausschluss „besonderer objektspezifischer Grundstücksmerkmale" berücksichtigt werden.

Sachwertfaktoren

Informationen über die Marktanpassung an die allgemeinen Wertverhältnisse auf dem Grundstücksmarkt können beim zuständigen Gutachterausschuss beschafft werden.

So kann beispielsweise die Aussage eines Gutachterausschusses lauten, dass bei Sachwerten, die zwischen 350.000 und 400.000 EUR keine Marktanpassung vorgenommen oder aufgrund der derzeit geringen Nachfrage an Einfamilienhäuser bei Sachwerten über 350.000 EUR ein Sachwertfaktor von 0,8 (Abschlag von 20 Prozent) berücksichtigt werden muss.

Beispiel:

Marktanpassungsfaktor des örtlichen Gutachterausschusses 0,8

211.674 EUR x 0,8 = 169.339,20 EUR

Diese Rechnung führt zu einem aus dem vorläufigen Sachwert des Grundstücks abgeleiteten, marktangepassten Grundstückssachwert in Höhe von 169.339,20 EUR.

Berücksichtigung besonderer objektspezifischer Grundstücksmerkmale

Objektspezifische Grundstücksmerkmale

Erst nachdem die Marktanpassung an die allgemeinen Wertverhältnisse auf dem Grundstücksmarkt erfolgt ist, finden die besonderen objektspezifischen Grundstücksmerkmale ihre Berücksichtigung. Das Vorgehen dabei entspricht der nach §§ 24 f. WertV bisherigen Berücksichtigung von Baumängeln und Bauschäden und „sonstigen wertbeeinflussenden Umständen", die an anderer Stelle der Berechnung berücksichtigt wurden.

Wertrelevante Umstände können sein:

- Bauschäden/Baumängel
- wirtschaftliche Überalterung
- wohnungs- und mietrechtliche Bindungen
- überdurchschnittlicher Erhaltungszustand
- Architektur, Gestaltung
- deutliche Abweichung von marktüblich erzielbaren Erträgen
- etc.

Die besonderen objektspezifischen Grundstücksmerkmale können sowohl wertmindernd als auch werterhöhend sein. Ihre Berücksichtigung finden die Korrekturansätze in der Regel in Eurobeträgen, sie können aber auch als Prozentsatz vom marktangepassten Sachwert angesetzt werden.

Beispiel:

- Abschlag wegen wirtschaftlicher Überalterung (schlechter Grundrissgestaltung): 5 %

  5 % von 169.339,20 EUR = 8.467 EUR

- Abschlag wegen Baumängel: 10.000 EUR

Unter Berücksichtigung der Marktanpassung an die allgemeinen Wertverhältnisse auf dem Grundstücksmarkt und der darauffolgenden Berücksichtigung der besonderen objektspezifischen Grundstücksmerkmale errechnet sich ein Sachwert (Verkehrswert) wie folgt.

Beispiel:

marktangepasster Sachwert des Grundstücks	169.339 EUR
Abschlag wegen wirtschaftlicher Überalterung	– 8.467 EUR
Abschlag wegen Baumängel	– 10.000 EUR
Sachwert (Verkehrswert)	150.872 EUR
	rd. 151.000 EUR

Abschließend werden nochmals die Berechnungsgrößen zur Ermittlung des Sachwerts anhand eines Beispiels mithilfe einer Excel-Tabelle dargestellt. Dieses Hilfsmittel ist auf der beiliegenden CD-ROM enthalten und soll als Rechenhilfe dienen.

Siehe CD-ROM

Kalkulationshilfe zum Sachwertverfahren (§§ 21 bis 23 ImmoWertV)		
Hinweis:		= Eingabefeld
Berechnungsgrößen zur Ermittlung des Sachwerts		
Brutto-Grundfläche (m2) bzw. Brutto-Rauminhalt (m3)	246	
NHK 2000 (EUR / m2) bzw. (EUR / m3) ohne Baunebenkosten	**609**	**609 €**
Baunebenkosten	16%	97 €
NHK einschl. Baunebenkosten		706 €
Regionaler Korrekturfaktor	1,07	756 €
Ortsspezifischer Korrekturfaktor	1,12	847 €
Herstellungskosten Gebäude (BGF bzw. BRI x NHK)		208.263 €
Umrechnung auf Wertermittlungsstichtag		
Baupreisindex (2005=100%) 1)	98	
Baupreisindex Wertermittlungsstichtag	112,4	
Gebäudeherstellungskosten zum Wertermittlungsstichtag		238.865 €
Alterswertminderung: - linear	55,00%	-131.376 €
Altersgeminderte Gebäudeherstellungskosten		107.489 €
Sachwert der baulichen Anlagen		107.489 €
Sachwert der baulichen Außenanlagen	4%	4.300 €
Sachwert der Sonstigen Anlagen		0 €
Bodenwert		100.000 €
vorläufiger Grundstückssachwert		211.789 €
Marktanpassung		
Allgemeine Marktanpassung (Sachwertfaktor)	-20,0%	-42.358 €
marktangepasster Sachwert		169.431 €
Berücksichtigung der objektspezifischen Grundstücksmerkmale	-5,0%	-8.472 €
	Pauschal	-10.000 €
Sachwert (Verkehrswert) 2)		**150.959 €**

1) Indexwert des Jahres 2000 (Basisjahr 2005=100) für Wohngebäude (EFH) = 98

2) Der Verkehrswert ist noch angemessen zu runden.

5 Welche Kontrollen und Analysen Sie durchführen können

Ein Gutachten muss plausibel und prüffähig gestaltet sein. Aufbau und Inhalt müssen daher so dargestellt werden, dass auch der Empfänger und interessierte Laie das Gutachten verstehen und nachvollziehen kann. Eine Möglichkeit, die Eingangsdaten und somit das ermittelte Ergebnis im Gutachten zu untermauern, ist die Anwendung von Plausibilitätskontrollen und Sensitivitätsnachweisen.

Plausibel und prüffähig

Nachfolgend werden einige Möglichkeiten dargestellt, wie Sie in einem Gutachten Plausibilitätskontrollen und Sensitivitätsanalysen aufführen und darstellen können.

Bei der Anwendung von Sensitivitätsanalysen wird anhand unterschiedlicher Ausgangsgrößen dargestellt, welche Auswirkungen diese auf das Wertermittlungsergebnis haben.

Sensitivitätsanalysen

Für Sie als Wertermittler bedeutet dies, dass Sie für die Herleitung von Ausgangsgrößen, die sich besonders auf den Verkehrswert auswirken, mit großer Sorgfalt und Gewissenhaftigkeit recherchieren müssen. Besondere Auswirkungen auf den Ertragswert hat z. B. der Liegenschaftszinssatz im Ertragswertverfahren. Variiert man diesen z. B. um ein halbes Prozent, ergibt sich im Ertragswert eine Änderung (bei längerer Restnutzungsdauer) von ca. zehn Prozent!

Plausibilitätskontrollen dienen in einem Gutachten dazu, das Wertermittlungsergebnis, also den ermittelten Verkehrswert, beispielsweise anhand von Faktoren oder unter Zuhilfenahme anderer Verfahren zu untermauern.

Plausibilitätskontrollen

Ihr hergeleiteter Verkehrswert wird dabei nochmals einem oder mehreren Kontrollverfahren unterzogen, wobei die Richtigkeit des Ergebnisses dadurch bestätigt wird und somit wenig Angriffsfläche für den Auftraggeber und dessen Einschätzung des Werts seiner Immobilie besteht.

Dass der Verkäufer den Wert seiner Immobilie wesentlich höher einschätzt als der Käufer, der dieselbe Immobilie erwerben möchte, sei hier nur am Rande erwähnt.

Plausibilitätskontrollen und Sensitivitätsanalysen werden in der Regel am Ende eines Gutachtens aufgeführt, bevor der Verkehrswert definiert und beziffert wird.

5.1 Sensitivitätsanalysen

Ertragswertverfahren

Beim Ertragswertverfahren bieten sich z. B. die im Folgenden beschriebenen Sensitivitätsanalysen an. Sie werden anhand des nachfolgenden Ertragswerts und der entsprechenden Einflussfaktoren dargestellt und kurz erläutert.

Beispiel: Ertragswertverfahren

Ertragswertverfahren

	Rohertrag	1.230 EUR/Monat	14.760 EUR/Jahr
-	Bewirtschaftungskosten	20 %	- 2.952 EUR/Jahr
=	Reinertrag		11.808 EUR/Jahr
-	Bodenwertverzinsung	5,0 %	- 2.500 EUR/Jahr
=	Gebäudereinertrag		9.308 EUR/Jahr
×	Vervielfältiger (LZ 5 %, RND 55 Jahre)	18,63	
=	Gebäudeertragswert		173.440 EUR
+	Bodenwert		50.000 EUR
=	vorläufiger Ertragswert		223.440 EUR
±	objektspezifische Marktanpassung		- 10.000 EUR
=	Ertragswert		213.440 EUR

Eine Einflussgröße

Bei Sensitivitätsanalysen wird gezeigt, wie sich eine Eingangsgröße bei deren Veränderung um einen bestimmten Betrag oder Prozentsatz nach oben und unten auf den Ertragswert auswirkt. Alle weiteren Eingabegrößen bleiben dabei unverändert.
Das Ergebnis wird dann tabellarisch, ggf. auch grafisch, dargestellt und erläutert.

Beispiel: Darstellung des Ertragswerts in Abhängigkeit vom Bodenwert

Grundlage für die Sensitivitätsanalyse ist der ermittelte Bodenwert in Höhe von 500 EUR/m². Es soll dargelegt werden, dass bei einer prozentualen Veränderung des ermittelten Bodenwerts in Höhe von beispielsweise ± 20 %, was einem Betrag in Höhe von 100 EUR/m² entspricht, die Auswirkungen auf den Ertragswert nicht entscheidend sind. Die Veränderung des Ertragswerts beträgt in diesem Beispiel lediglich ± 0,32 %!

Sensitivitätsanalyse des Bodenwerts bei einer prozentualen Veränderung des Bodenwerts um jeweils 20 %

	Bodenwert (EUR/m²)	%-Veränderung des Bodenwerts	Ertragswert	%-Veränderung des Ertragswerts
Abweichung A	400 EUR	- 20 %	212.757 EUR	- 0,32 %
Ursprung	500 EUR	0 %	213.440 EUR	0,00 %
Abweichung B	600 EUR	+ 20 %	214.124 EUR	+ 0,32 %

Grafische Darstellung einer Sensitivitätsanalyse des Bodenwerts bei einer prozentualen Veränderung des Bodenwerts um jeweils 20 %

Sensitivitätsanalyse Bodenwert/Ertragswert

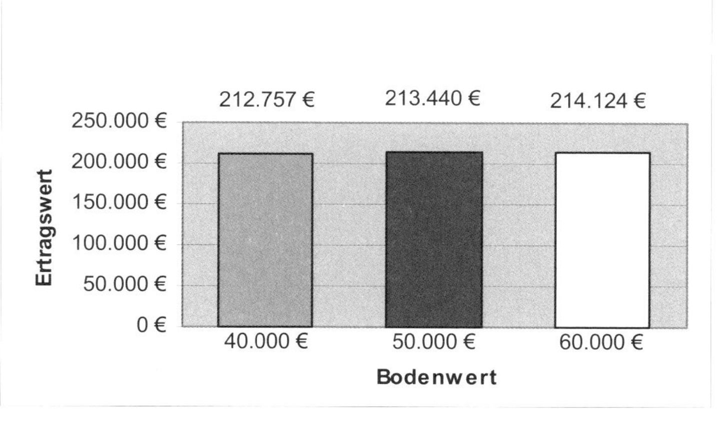

Zwei Einflussgrößen

Der Ertragswert lässt sich auch in Abhängigkeit von zwei Eingangsgrößen, die gleichzeitig nach oben und unten variiert werden, stellen.

Achtung: Bodenwert mit angemessener Sorgfalt ermitteln

Man sollte sich allerdings – wegen der geringen Auswirkung der Bodenwertveränderung auf den Ertragswert – nicht dazu verleiten lassen, den Bodenwert beim Ertragswertverfahren nachlässig zu ermitteln.

Beispiel: Darstellung des Ertragswerts in Abhängigkeit vom Liegenschaftszinssatz und der Restnutzungsdauer

Geht man von einem Liegenschaftszinssatz in Höhe von 5 % und einer Restnutzungsdauer von 55 Jahren aus und variiert die Eingangsgrößen um 0,5 % bzw. um 5 Jahre in beide Richtungen, so zeigt sich, dass sich insbesondere der Liegenschaftszinssatz erheblich auf den Ertragswert auswirkt. Bei längeren Restnutzungsdauern können sich Veränderungen von mehr als ± 10 % ergeben.

Dagegen ist der Einfluss der Restnutzungsdauer auf den Ertragswert in der im Beispiel angegebenen Zeitspanne nicht wesentlich von Bedeutung. Je länger die Restnutzungsdauer ist, desto geringer wirkt sich diese – bei gleich bleibendem Liegenschaftszinssatz – auf den Ertragswert aus.

		Restnutzungsdauer		
		50 Jahre	55 Jahre	60 Jahre
Liegen-schafts-zinssatz	4,5 %	228.885 EUR	233.531 EUR	237.258 EUR
	5,0 %	209.926 EUR	213.140 EUR	216.194 EUR
	5,5 %	193.366 EUR	196.026 EUR	198.061 EUR

Im vorigen Kapitel haben wir Ihnen bereits verschiedene Sensitivitätsanalysen aufgeführt:

- Sensitivitätsanalyse des Bodenwerts (Seite 79, 155),
- Sensitivitätsanalyse des Jahresrohertrags (Seite 87),
- Sensitivitätsanalyse der Bewirtschaftungskosten (Seite 102) und
- Sensitivitätsanalyse des Liegenschaftszinssatzes (Seite 104).

Hier nun als weiteres Beispiel die Sensitivitätsanalyse der Restnutzungsdauer.

Sensitivitätsanalyse der Restnutzungsdauer

Die in der Ertragswertberechnung in Ansatz gebrachte Restnutzungsdauer wird um fünf Jahre variiert. Es zeigt sich, dass eine Abweichung in vorgenannter Höhe für die Ermittlung des Ertragswerts nicht wesentlich von Bedeutung ist.

Beispiel:

	Restnutzungsdauer	Prozentuale Veränderung	Ertragswert
Abweichung A	50 Jahre	- 1,65 %	209.926 EUR
Ursprung	55 Jahre	± 0,00 %	213.440 EUR
Abweichung B	60 Jahre	+ 1,29 %	216.194 EUR

Sensitivitätsanalyse Restnutzungsdauer/Ertragswert

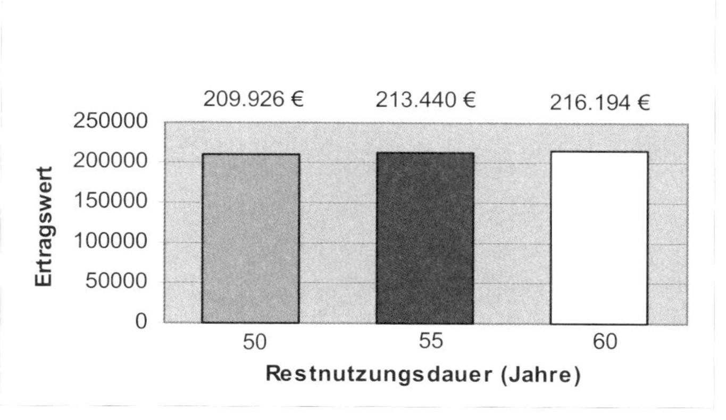

Hinweis:

Je länger die Restnutzungsdauer ist, desto geringer wirken sich die Abweichungen auf den Ertragswert aus.

5.2 Plausibilitätskontrollen

Eine weitere Möglichkeit, ein Ergebnis zu untermauern, bieten Plausibilitätskontrollen unter Zuhilfenahme von

- Ertragsfaktoren und
- Gebäudefaktoren.

5.2.1 Ertragsfaktoren

Verhältnis Kaufpreis – Rohertrag

Ertragsfaktoren geben das durchschnittliche Verhältnis vom erzielten Kaufpreis zum jeweiligen Rohertrag, ermittelt aus nachhaltig erzielbaren, jährlichen Nettokaltmieten, wieder. Dabei handelt es sich um durchschnittliche Werte aus einer Vielzahl von Einzelkauffällen gleichartiger Grundstücke in durchschnittlicher Qualität. Die Ertragsfaktoren werden in der Regel von Gutachterausschüssen ermittelt und können entsprechend erfragt oder aus den Jahresberichten der Gutachterausschüsse entnommen werden.

$$\text{Ertragsfaktor} = \frac{\text{Kaufpreis}}{\text{Rohertrag}}$$

Ertragsfaktoren können regional sehr unterschiedlich ausfallen und sind im Wesentlichen abhängig von der Gebäude- und Nutzungsart sowie von Baujahr, Lage, Zustand etc.
Nachfolgend ist ein Beispiel für Ertragsfaktoren in Abhängigkeit von Gebäudetypen angegeben. Diese Faktoren sind jedoch nicht allgemein verbindlich und unterscheiden sich insbesondere von der Region, in der das Bewertungsgrundstück liegt. So kann z. B. der Ertragsfaktor für ein Bürogebäude in München ggf. doppelt so hoch sein wie für ein Bürogebäude in Leipzig.

Beispiel: Ertragsfaktoren in Abhängigkeit von Gebäudetypen in der Stadt xy

Vielfaches des Jahresrohertrags (Ertragsfaktor)			
Gebäudeart		Mittelwert	Spanne
Einfamilien- und Doppelhäuser	Neubauobjekte	26	25–27
	gebrauchte Objekte	26	22–26
Wohnhäuser Gewerbeanteil 0 bis 10 %	alle	19	16–22
	mit Denkmalschutz	20	17–23
	ohne Denkmalschutz	18	15–21
Wohnhäuser Gewerbeanteil 10 bis 60 %	alle	18	15–21
	mit Denkmalschutz	18	15–21
	ohne Denkmalschutz	17	14–20
Büro- und Geschäftshäuser	alle	16	14–20
	mit Denkmalschutz	18	15–21
	ohne Denkmalschutz	16	14–18

Generell gilt:

Je höher der Ertragsfaktor, desto wertvoller ist das Objekt.

Im vorliegenden Beispiel (siehe Seite 154) ermittelt sich der Ertragsfaktor wie folgt:

$$\text{Ertragsfaktor} = \frac{213.440\ € + 10.000\ €}{14.760\ €} \approx 15{,}1$$

Mängelfreier Zustand

Beim Ansatz des Ertragswerts zur Ermittlung des Ertragsfaktors geht man von einem mängelfreien Zustand aus. Daher müssen Sie darauf achten, dass Sie den Wert für die objektspezifischen Grundstücksmerkmale (§ 8 Abs. 3 ImmoWertV), wie im Beispiel mit 10.000 EUR angesetzt, sofern er vorher abgezogen wurde, wieder addieren![64]

[64] Sofern bei den sonstigen wertbeeinflussenden Umständen Kosten addiert wurden, müssen Sie sie bei der Ermittlung des Ertragsfaktors entsprechend wieder abziehen.

- Liegt der Ertragsfaktor innerhalb der Bandbreite der vom Gutachterausschuss ermittelten durchschnittlichen Ertragsfaktoren für vergleichbare Grundstücke (z. B. 14 bis 16), wird die Richtigkeit des Ergebnisses über den vom Gutachterausschuss ermittelten Ertragsfaktor bestätigt.
- Liegt der ermittelte Faktor im Randbereich oder sogar außerhalb der Bandbreite der vom Gutachterausschuss ermittelten durchschnittlichen Ertragsfaktoren für vergleichbare Grundstücke, ist die Herleitung des Ertragswerts nochmals zu prüfen oder ggf. das Ergebnis entsprechend zu begründen. Mögliche Ursachen können sein, dass die durchschnittliche Qualität wie z. B. Lage, Nutzbarkeit, Beschaffenheit etc. oder eine sehr kurze Restnutzungsdauer der fiktiven Vergleichsgrundstücke deutlich von den Qualitätsmerkmalen des Bewertungsgrundstücks abweicht.

Umstellung der Formel

Durch die Umstellung der oben aufgeführten Formel können Sie auch den Verkehrswert durch Multiplikation des Rohertrags (nachhaltig erzielbare jährliche Nettokaltmiete) mit dem Ertragsfaktor ermitteln:

$$\text{Kaufpreis} = \text{Ertragsfaktor} \times \text{Rohertrag}$$

Ertragsfaktoren dienen häufig dazu, beim privaten Immobilienerwerb von Renditeobjekten die Größenordnung des Verkehrswerts abzuschätzen.

Beispiel:

Der Gutachterausschuss des Landkreises xy gibt z. B. für ermittelte, durchschnittliche Ertragsfaktoren für vergleichbare Mietwohngrundstücke eine Bandbreite von 15 bis 16 an.

Die nachhaltig erzielbaren jährlichen Nettokaltmieten wurden mit 14.500 EUR ermittelt.

Verkehrswert = Ertragsfaktor × Rohertrag = 14.500 EUR × 15,5
= 224.750 EUR

5.2.2 Gebäudefaktoren

Verhältnis Kaufpreis – Wohn- oder Nutzfläche

Gebäudefaktoren geben das durchschnittliche Verhältnis vom erzielten Kaufpreis zur Wohn- oder zur Nutzfläche oder zum Rauminhalt des jeweiligen Gebäudes wieder. Da die Gebäudefaktoren von Gutachterausschüssen hauptsächlich für Wohnhäuser sowie für Büro- und Geschäftshäuser ermittelt werden, werden sie üblicherweise je Quadratmeter Wohnfläche bzw. Nutzfläche ausgewiesen. Dabei handelt es sich um durchschnittliche Werte aus einer Vielzahl von Einzelkauffällen gleichartiger Grundstücke mit durchschnittlicher Qualität.

Die Gebäudefaktoren werden in der Regel von Gutachterausschüssen ermittelt und können wie die Ertragsfaktoren erfragt oder aus den aktuellen Jahresberichten entnommen werden.

$$\text{Gebäudefaktor} = \frac{\text{Kaufpreis}}{\text{Wohnfläche} \quad m^2}$$

Gebäudefaktoren können sehr unterschiedlich ausfallen und werden im Wesentlichen in Abhängigkeit von der Wohnungsgröße und/ oder der Lage aufgeführt. Häufig wird auch zwischen vermieteten und nicht vermieteten Objekten unterschieden.

Nachfolgend sind jeweils ein Beispiel für Gebäudefaktoren in Abhängigkeit von der Wohnungsgröße und der Lage sowie ein Beispiel für Gebäudefaktoren in Abhängigkeit von der Gebäudeart und Nutzung angegeben.

Diese Faktoren sind ebenfalls nicht allgemein verbindlich und können regional sehr unterschiedlich ausfallen. Sie variieren insbesondere in Abhängigkeit von der örtlichen Lage, Geschoss, Himmelsrichtung, Ausstattung, Mikrolage etc. des Bewertungsgrundstücks.

Beispiel: Gebäudefaktoren in Abhängigkeit von der Wohnungsgröße bzw. der Gebäudeart in der Stadt xy

Wohnungsgröße	Wohnlage	Gebäudefaktor Mittelwert
Wohnfläche 45 m^2	einfache Wohnlage	./.
	durchschnittliche Wohnlage	2.200 EUR/m^2
	gute Wohnlage	2.500 EUR/m^2
	beste Wohnlage	2.800 EUR/m^2
Wohnfläche 80 m^2	einfache Wohnlage	./.
	durchschnittliche Wohnlage	2.100 EUR/m^2
	gute Wohnlage	2.400 EUR/m^2
	beste Wohnlage	3.700 EUR/m^2

Gebäudefaktoren für Wohn-, Büro- und Geschäftshäuser			
Gebäudeart		Mittelwert	Spanne
Wohnhäuser Gewerbeanteil 0 bis 10 %	alle	1.700	1.380–2.020
	mit Denkmalschutz	1.710	1.420–2.000
	ohne Denkmalschutz	1.695	1.345–2.045
Wohnhäuser Gewerbeanteil 10 bis 60 %	alle	1.850	1.360–2.340
	mit Denkmalschutz	1.810	1.330–2.290
	ohne Denkmalschutz	1.890	1.385–2.395
Büro- und Geschäftshäuser	alle	2.980	2.135–3.825
	mit Denkmalschutz	3.465	2.775–4.155
	ohne Denkmalschutz	2.870	2.025–3.715

Generell gilt:

Je höher der Gebäudefaktor, desto wertvoller ist das Objekt.

Auf gute Vergleichbarkeit achten

Achten Sie bei der Anwendung von Gebäudefaktoren dringend darauf, dass die wertrelevanten Eigenschaften des Bewertungsgrundstücks und des fiktiven Vergleichsgrundstücks möglichst identisch sind. Andernfalls kann dies zu unsachgemäßen Vergleichswerten führen. Die Anwendung von Gebäudefaktoren zur Überprüfung des Bewertungsobjekts stellt jedoch immer eine sinnvolle Plausibilitätskontrolle dar.

5.2.3 Plausibilitätskontrolle für Einfamilienhäuser

Einfamilienwohnhäuser werden in der Regel nicht nach Rendite-, sondern nach Substanzwertgesichtspunkten bewertet. Aus diesem Grund kommt bei derartigen Objekten in erster Linie das Sachwertverfahren zur Anwendung. Es kommt jedoch vereinzelt vor, dass Einfamilienhäuser vermietet werden. Das heißt, dass dann für den Eigentümer auch Renditeaspekte eine Rolle spielen können.

Rendite-orientierter Ertragswert

Es bietet sich daher an, den ermittelten Sachwert mittels eines renditeorientierten Ertragswerts auf Plausibilität hin zu überprüfen.[65] Dieser lässt sich wie folgt ermitteln (siehe hierzu auch Ertragswertverfahren, Abschnitt 4.2, Seite 66):

	Rohertrag
–	Bewirtschaftungskosten
=	Reinertrag
–	Bodenwertverzinsung
=	Gebäudereinertrag
×	Vervielfältiger
=	Gebäudeertragswert
+	Bodenwert
=	vorläufiger Ertragswert
±	objektspezifische Marktanpassung
=	Ertragswert

Liegt der Ertragswert in der Größenordnung des Sachwerts, wird das Ergebnis bestätigt.

[65] *Sommer/Piehler*: Grundstücks- und Gebäudewertermittlungaus der Praxis, Rudolf Haufe Verlag, Freiburg, Gruppe 10, Seite 162.

6 Formeln und Hilfsmittel

Siehe CD-ROM

Die Korrektheit von Verfahrensabläufen im konkreten Anwendungsfall oder die Verwendung der Hilfsmittel auf der CD-ROM setzt voraus, dass sich der Nutzer mit der zugrunde liegenden Fachmaterie auseinandersetzt und die jeweiligen Verfahrensschritte kennt. Sie sollten deshalb die den Eingabegrößen zugrunde liegende Fachmaterie vor der Anwendung gründlich studieren und die theoretischen Grundlagen beherrschen.
Nachfolgend werden die aufgeführten Formeln und Hilfsmittel näher beschrieben.

6.1 Ertragsvervielfältiger

Mit dem Zinssatz und der Restnutzungsdauer wird der Ertragsvervielfältiger errechnet. Es liegt folgende Formel zugrunde:

$$\text{Vervielfältiger} = \frac{q^n - 1}{q^n \times (q-1)}, \text{ wobei } q = 1 + \frac{p}{100}$$

Dabei ist p = Liegenschaftszinssatz, n = Restnutzungsdauer.

Beispiel:

Zinssatz	5,0 %
Restnutzungsdauer (Jahre)	50
Ertragsvervielfältiger	**18,25593**

Die WertR 2006 enthält in Anlage 5 eine Vervielfältigertabelle, aus welcher der Vervielfältiger in Abhängigkeit des Zinssatzes und der Restnutzungsdauer entnommen werden kann.

6.2 Aufzinsen – Berechnung des Endbetrags

Der Aufzinsung liegt die Zinseszinsrechnung zugrunde, bei der die Zinsansprüche nach Ablauf einer Zinsperiode auf das zinsbringende Kapital aufgeschlagen werden. In der zweiten Zinsperiode werden dann das Anfangskapital K_0 sowie die bereits erworbenen Zinsen verzinst, in der dritten Periode die Zinsen aus den beiden Vorperioden und das Anfangskapital usw. Dieser Vorgang wird als Aufzinsung bezeichnet.

Zinseszinsrechnung

Allgemein formuliert ergibt sich die Formel:

$$K_n = K_0 \times (1+i)^n$$

Dabei ist

K_0 = Anfangskapital

K_n = Kapital nach n Jahren (Endkapital)

i = Zinssatz

n = Anzahl der Jahre

$(1 + i)^n$ wird als Aufzinsungsfaktor bezeichnet.

Aufzinsungsfaktor

Beispiel:

Berechnung des Aufzinsungsfaktors

Zinssatz:	6,0 %
Jahre:	5
Aufzinsungsfaktor:	1,33823

Berechnung des Endkapitals

Anfangskapital	1.000,00 EUR
Zinssatz:	6,0 %
Jahre (n):	5
Betrag aufgezinst (Kapital nach n Jahren):	**1.338,23 EUR**

Werden also heute 1.000 EUR bei einem unterstellten Zinssatz in Höhe von 6 % angelegt, so hat dieses Kapital in 5 Jahren einen Wert von 1.338,23 EUR.

6.3 Diskontierung (Abzinsung)

In der Praxis taucht häufig die Frage auf, wie viel Kapital K_0 man heute bei der Bank anlegen muss, um nach einer bestimmten Zahl von Jahren eine bestimmte Summe ausgezahlt zu bekommen. Dabei wird unterstellt, dass es keine Inflation gibt.
Der heutige Wert des zukünftigen Kapitals wird mit folgender Formel berechnet:

$$K_0 = \frac{K_n}{(1+i)^n}$$

Abzinsungsfaktor

Dabei wird $\frac{1}{(1+i)^n}$ als Abzinsungs- oder Diskontierungsfaktor bezeichnet.

Der Abzinsungsfaktor wird durch Eingabe des Zinssatzes und der Anzahl der Jahre, für die das Anfangskapital abgezinst werden soll, errechnet.

Beispiel:

Berechnung des Abzinsungsfaktors

Zinssatz:	5,0 %
Jahre:	4
Abzinsungsfaktor:	0,82270

Berechnung des benötigten Anfangskapitals

Betrag (im Jahr n):	1.000,00 EUR
Zinssatz:	5,0 %
Jahre (n):	4
Betrag abgezinst (heute):	**822,70 EUR**

- Soll ein Grundstück in vier Jahren zu einem Kaufpreis in Höhe von 100.000 EUR gekauft werden, müssen bei einem unterstellten Zinssatz in Höhe von 5 % heute 82.270 EUR angelegt werden.
- Auf einem Grundstück lastet eine Erschließungsbeitragspflicht in Höhe von 15.000 EUR, die in 3 Jahren zur Zahlung fällig ist. Die Wertminderung des Grundstücks beträgt heute, bei einem unterstellten Zinssatz von 5 %, 12.958 EUR.

Die WertR 2006 enthält in Anlage 9a eine Tabelle mit Diskontierungsfaktoren, aus der diese in Abhängigkeit des Zinssatzes und der Anzahl der Jahre entnommen werden können.

6.4 Alterswertminderung

Hinweis:

Mit Inkrafttreten der ImmoWertV ist für alle Grundstücksarten die lineare Alterswertminderung vorgeschrieben!

Mit der Restnutzungsdauer und der Gesamtnutzungsdauer wird der Ansatz der linearen Wertminderung in Prozent ermittelt. Es liegt folgende Formel zugrunde:

$$\text{Minderung (\%)} = \frac{(\text{Gesamtnutzungsdauer} - \text{Restnutzungsdauer}) \times 100}{\text{Gesamtnutzungsdauer}}$$

Beispiel:

Gesamtnutzungsdauer:	80
Restnutzungsdauer:	30
Alterswertminderung:	**62,5 % = rd. 63 %**

Die WertR 2006 enthält in Anlage 8b eine Tabelle mit prozentualen Wertminderungsfaktoren (lineare Abschreibung), aus der diese in Abhängigkeit von der Restnutzungsdauer und der Gesamtnutzungsdauer entnommen werden können.

6.5 Kalkulationshilfe zum Sachwertverfahren

Siehe CD-ROM

Achten Sie bei dem folgenden Hilfsmittel zur Ermittlung des Sachwerts unbedingt darauf, für die erforderlichen Eingaben nur die dafür vorgesehenen Eingabefelder (grau hinterlegt, auf der CD-ROM grün) zu benutzen!

Kalkulationshilfe zum Sachwertverfahren (§§ 21 bis 23 ImmoWertV)		
Hinweis:		= Eingabefeld
Berechnungsgrößen zur Ermittlung des Sachwerts		
Brutto-Grundfläche (m2) bzw. Brutto-Rauminhalt (m3)	246	
NHK 2000 (EUR / m2) bzw. (EUR / m3) ohne Baunebenkosten	**609**	**609 €**
Baunebenkosten	16%	97 €
NHK einschl. Baunebenkosten		706 €
Regionaler Korrekturfaktor	1,07	756 €
Ortsspezifischer Korrekturfaktor	1,12	847 €
Herstellungskosten Gebäude (BGF bzw. BRI x NHK)		208.263 €
Umrechnung auf Wertermittlungsstichtag		
Baupreisindex (2005=100%) [1]	98	
Baupreisindex Wertermittlungsstichtag	112,4	
Gebäudeherstellungskosten zum Wertermittlungsstichtag		238.865 €
Alterswertminderung: - linear	55,00%	-131.376 €
Altersgeminderte Gebäudeherstellungskosten		107.489 €
Sachwert der baulichen Anlagen		107.489 €
Sachwert der baulichen Außenanlagen	4%	4.300 €
Sachwert der Sonstigen Anlagen		0 €
Bodenwert		100.000 €
vorläufiger Grundstückssachwert		211.789 €
Marktanpassung		
Allgemeine Marktanpassung (Sachwertfaktor)	-20,0%	-42.358 €
marktangepasster Sachwert		169.431 €
Berücksichtigung der objektspezifischen Grundstücksmerkmale	-5,0%	-8.472 €
	Pauschal	-10.000 €
Sachwert (Verkehrswert)[2]		**150.959 €**

1) Indexwert des Jahres 2000 (Basisjahr 2005=100) für Wohngebäude (EFH) = 98

2) Der Verkehrswert ist noch angemessen zu runden.

6.6 Kalkulationshilfe zum Ertragswertverfahrens (allgemeines Ertragswertverfahren)

Siehe CD-ROM

Auch bei dem folgenden Hilfsmittel zur Ermittlung des Ertragswerts achten Sie unbedingt darauf, für die erforderlichen Eingaben nur die dafür vorgesehenen Eingabefelder (grau hinterlegt, auf der CD-ROM grün) zu benutzen!

Eingabegrößen zur Ermittlung des Ertragswerts - Allgemeines Ertragswertverfahren (§17 Abs. 2 (1) ImmoWertV) -		
	Hinweis:	**= Eingabefeld**
Bodenwert		**50.000 EUR**
Rohertrag (EUR/Monat)	**1.230**	**14.760 EUR/Jahr**
Berechnung der Bewirtschaftungskosten		
Verwaltungskosten (% des Rohertrags)	**5,00%**	738 EUR/Jahr
Betriebskosten (% des Rohertrags)	**1,00%**	148 EUR/Jahr
Mietausfallwagnis (% des Rohertrags)	**2,00%**	295 EUR/Jahr
Instandhaltungskosten (% des Rohertrags)	**12,00%**	1.771 EUR/Jahr
Summe Bewirtschaftungskosten	20,00%	**2.952 EUR/Jahr**
Reinertrag (Rohertrag - Bewirtschaftungskosten)		**11.808 EUR/Jahr**
Liegenschaftszinssatz (Prozent)	**5,00%**	
Bodenwertverzinsung (Bodenwert x Liegenschaftszinssatz)		**2.500 EUR/Jahr**
Gebäudereinertrag (Reinertrag - Bodenwertverzinsung)		**9.308 EUR/Jahr**
Ermittlung des Vervielfältigers		
Restnutzungsdauer (Jahre)	**55**	
Vervielfältiger		**18,6334720**
(in Abhängigkeit von Liegenschaftszinssatz und Restnutzungsdauer)		
Gebäudeertragswert (Gebäudereinertrag x Vervielfältiger)		**173.440 EUR**
Marktanpassung		
Allgemeine Marktanpassung [1)]		**0** EUR
Objektspezifische Marktanpassung		**-10.000** EUR

Zusammenfassung "Allgemeines Ertragswertverfahren" (§17 Abs. 2 (1) ImmoWertV)		
Rohertrag (EUR/Monat)	1.230	14.760 EUR/Jahr
./. Bewirtschaftungskosten		-2.952 EUR/Jahr
= Reinertrag		11.808 EUR/Jahr
./. Bodenwertverzinsung	5,00%	-2.500 EUR/Jahr
= Gebäudereinertrag		9.308 EUR/Jahr
x Vervielfältiger	18,6334720	
= Gebäudeertragswert		173.440 EUR
+ Bodenwert		50.000 EUR
= vorläufiger Grundstücksertragswert		223.440 EUR
Allgemeine Marktanpassung [1)]		0 EUR
Objektspezifische Marktanpassung		-10.000 EUR
= Ertragswert (EUR)		**213.440 EUR**

1) Die Allgemeine Marktanpassung ist i. d. R. durch Anwendung des marktkonformen Liegenschaftszinssatzes erfolgt!¶

6.7 Kalkulationshilfe zum Ertragswertverfahren mit periodisch unterschiedlichen Erträgen

Siehe CD-ROM

Auch bei dem folgenden Hilfsmittel zur Ermittlung des Bodenwerts mithilfe des Residualwertverfahrens achten Sie unbedingt darauf, für die erforderlichen Eingaben nur die dafür vorgesehenen Eingabefelder (auf der CD-ROM grün hinterlegt) zu benutzen!

Ertragswertverfahren mit periodisch unterschiedlichen Erträgen (§ 17 Abs. 3 ImmoWertV)

Bodenwert	50.000 Euro	**Hinweis:**	= **Eingabefeld**
Liegenschaftszinssatz	5%		
Restnutzungsdauer	55 Jahre		
Betrachtungszeitraum	10 Jahre		

1. Ermittlung der Barwerte aus dem Betrachtungszeitraum:

Jahr	Reinertrag (RE)		Abzinsungs-faktor		Barwerte der Reinerträge
1. Jahr	11.808	x	0,9523810	=	11.246 €
2. Jahr	11.808	x	0,9070295	=	10.710 €
3. Jahr	11.808	x	0,8638376	=	10.200 €
4. Jahr	11.808	x	0,8227025	=	9.714 €
5. Jahr	11.808	x	0,7835262	=	9.252 €
6. Jahr	11.808	x	0,7462154	=	8.811 €
7. Jahr	11.808	x	0,7106813	=	8.392 €
8. Jahr	11.808	x	0,6768394	=	7.992 €
9. Jahr	11.808	x	0,6446089	=	7.612 €
10. Jahr	11.808	x	0,6139133	=	7.249 €
Summe der Barwerte aus dem Betrachtungszeitraum					**91.178 €**

2. Restwertermittlung:

Anzahl der Jahre (RND ./. Betrachtungszeitr.)	Reinertrag (RE)		Barwertfaktor		RE x V		Abzinsungs-faktor		Barwerte der Reinerträge
45	11.808	x	**17,7740698**	=	209.876 €	x	**0,6139133**	=	128.846 €
zuzüglich Bodenwert, abgezinst über die RND der baulichen Anlagen					50.000 €	x	**0,0683264**	=	3.416 €
							Restwert		**132.262 €**

3. Ermittlung des vorläufigen Ertragswerts:

Der vorläufige Ertragswert errechnet sich aus dem Restwert zuzüglich		132.262 €
der Summe der Barwerte aus dem Betrachtungszeitraum		91.178 €
vorläufiger Ertragswert (ohne Marktanpassung)	=	**223.440 €**

6.8 Kalkulationshilfe zum Residualwertverfahren

Auch bei dem folgenden Hilfsmittel zur Ermittlung des Bodenwerts mithilfe des Residualwertverfahrens achten Sie unbedingt darauf, für die erforderlichen Eingaben nur die dafür vorgesehenen Eingabefelder (auf der CD-ROM grün hinterlegt) zu benutzen!

Siehe CD-ROM

Objekt:

Wohnwert (Lage plus Ausstattung): gut

1) Ermittlung des Veräußerungserlöses

Art des Teileigentums	Flächengröße qm / Wohnung	Vergleichspreis EUR/qm bzw. EUR/St	Anzahl Stück		Gesamterlös EUR
Eigentumswohnungen (Durchschnittsgröße)	550,00	3.500,00	1,00		1.925.000
Gesamtsumme	550,00			=	**1.925.000**
Tiefgaragenplätze		15.000,00	6,00		90.000
Veräußerungserlös für die Eigentumswohnungen:				=	**2.015.000**
Veräußerungserlös für die Eigentumswohnungen (gerundet):					**2.015.000**

Bemerkungen: Der angenommene Vergleichspreis entspricht gegenwärtigen Marktbedingungen

2) Ermittlung der Herstellungskosten u.a. Abzugspositionen

Bauwerksteil	Kubatur cbm	Raummeterpreis EUR/cbm		Herst.-Kosten EUR	
Wohnhaus	3.500,00	260,00		910.000	
Garaage / Tiefgarage	1.050,00	160,00		168.000	
Herstellungskosten Gebäude			=	1.078.000	
Außenanlagen in %	3,0%	das entspricht	+	32.340	
Baunebenkosten in %	16,0%	das entspricht	+	172.480	
Herstellungskosten			=	**1.282.820**	
Vertriebsprovision:			+	98.000	
Entwicklungsgewinn:			+	294.000	
Zinsen während der Bauzeit:			+	85.000	
Sonstige Kosten:			+	40.000	
Gesamtaufwand:			=	**1.799.820**	
Gesamtaufwand (gerundet):					**1.800.000**

3) Ermittlung des tragbaren Bodenpreises

Differenzgröße (Residuum):				215.000
Abzinsung für die Bauzeit:	Jahre	Zinssatz (Darlehen)	Abzins.-Faktor	
	1,5	6,00%	0,9163	-17.731
Zwischenwert			=	197.269
Erwerbsnebenkosten (Grundstück) in %:		5,0%	=	-9.863
max. tragbarer Bodenpreis EUR (heute):				**187.406**
Grundstücksfläche im qm:		349,00		
max Bodenanteil EUR/qm:		Bodenwert/Grundstücksfläche		**537**
max Bodenanteil EUR/qm (gerundet):		Bodenwert/Grundstücksfläche		**535**

Hinweis: Nur markierte Felder sind Eingabefelder!

6.9 Hilfsmittel zur Bestimmung des orts-spezifischen Liegenschaftszinssatzes[66]

Siehe CD-ROM

Liegenschaftszinssätze werden in der Regel in einer gegebenen Zinsspanne veröffentlicht.
Mithilfe der nachfolgenden Tabelle können Sie aus einer gegebenen Zinsspanne nach Benotung und Gewichtung verschiedener Risikofaktoren einen „objektspezifischen Liegenschaftszins" für verschiedene Gewerbeimmobilien ermitteln.

[66] Quelle: Simon & Reinhold, Partner, *Prof. Jürgen Simon*, Internet www.simon-reinhold.de; erstellt durch *Maik Zeißler*, Hannover.

Eingabefelder
bitte markieren

Liegenschaftszins-Spanne
Minimaler Zins: 4,80
Maximaler Zins: 5,20

Risikofaktor	Ausprägung			Gewicht (W)
R 1.1) Lage für Büro- und Geschäftshäuser	Sehr gute repräsentative Lagen, oder Lagen in Fußgängerzonen in den Zentren von Großstädten (Landeshauptstädten) oder größeren Städten mit wirtschaftlich überregionaler Bedeutung ○	Gute bis schlechte Lagen in den Zentren oder zentrumsnahe Randlagen von Großstädten (Landeshauptstädten) oder in größeren oder mittelgroßen Städten mit wirtschaftlich überregionaler Bedeutung oder sehr gute bis mittlere Lage in kleineren Städten oder in Märkten mit wirtschaftlich überregionaler Bedeutung ●	Lagen in Zentren dörflicher Siedlungen oder Einzellagen ○	0,25
R 1.2) Lage für Einkaufszentren und Gewerbeparks	Sehr gute bis gute Lage in Großstädten (Landeshauptstädten) oder in größeren Städten mit wirtschaftlich überregionaler Bedeutung. Lagen am Rande derartiger Städte in sehr guter Verkehrslage (sehr gute Erreichbarkeit mit dem Kraftfahrzeug oder öffentlichen Verkehrsmitteln). ○	Gute bis mittlere Lagen in Großstädten (Landeshauptstädten) oder in mittelgroßen Städten. Lagen im Nahbereich derartiger Städte. Sehr gute bis mittlere Lagen in Kleinstädten oder Märkten mit wirtschaftlich regionaler Bedeutung. Lage in Kleinstädten. ○	Schlechte bis sehr schlechte Lagen in allen Städten oder Orten. ○	
R 2) Gestaltung der Mietverträge	Indexierte, langfristige, vermieterfreundliche Mietverträge ○	Indexierte Mietverträge ○	Kurzfristige Mietverträge ●	0,2
R 3) Bonität der Mieter	Zweifelsfreie Bonität der Mieter. ○	Normale Verhältnisse ○	Bonität der Mieter über nicht jeden Zweifel erhaben. ●	0,15
R 4) Gebäudekundliche Konzeption	Überzeugend ○	Mittel ●	Weniger überzeugend ○	0,1
R 5) Restnutzungsdauer	> 50 Jahre ●	50 bis 30 Jahre ○	< 30 Jahre ○	0,1
R 6) Marktsituation	Steigende Mieten und damit steigende Erträge oder die Immobiliennachfrage in der zu bewertenden Gruppe ist größer als das Angebot. ○	Stabile Mieten und Erträge oder das Immobilienangebot in der zu bewertenden Gruppe ist gleich der Nachfrage. ●	Sinkende Mieten und damit sinkende Erträge oder das Immobilienangebot in der zu bewertenden Gruppe ist größer als die Nachfrage. ○	0,1
R 7) Größe des Objekts	Für die zu bewertende Objektart typische Gebäudegröße ○	Kleiner als die für diese Objektart typische Gebäudegröße ○	Größer als die für diese Objektart typische Gebäudegröße ●	0,1

Summe: 1

Objektspezifischer Zins: **5,1%**

7 Welche gesetzlichen Normen und Regelungen für Sie relevant sind

Objektive Ermittlung

Grundstücksverkehrswerte sollen möglichst objektiv ermittelt werden. Dies wird erreicht, wenn alle subjektiven Wertvorstellungen, soweit sie nicht von der Allgemeinheit getragen werden, unberücksichtigt bleiben.
Die ImmoWertV nimmt zu den ungewöhnlichen oder persönlichen Verhältnissen wie folgt Stellung:

§ Siehe CD-ROM

§ 7 ImmoWertV
Ungewöhnliche oder persönliche Verhältnisse

Zur Wertermittlung und zur Ableitung erforderlicher Daten für die Wertermittlung sind Kaufpreise und andere Daten wie Mieten und Bewirtschaftungskosten heranzuziehen, bei denen angenommen werden kann, dass sie nicht durch ungewöhnliche oder persönliche Verhältnisse beeinflusst worden sind. Kaufpreise und andere Daten können durch ungewöhnliche oder persönliche Verhältnisse beeinflusst sein, wenn sie erheblich von den Kaufpreisen und anderen Daten in vergleichbaren Fällen abweichen.

Normierung der Schätzregeln

Diese Beeinflussung kann durch Normierung der Schätzregeln erleichtert werden. In Deutschland besteht deshalb eine Reihe von bundes- und landesrechtlichen Regelungen, die bei der Verkehrswertermittlung zu beachten sind.
Die Anwendung normierter Verfahren ist entweder rechtlich vorgeschrieben oder wird deshalb genutzt, da damit die beste Abbildung eines Grundstücksmarktes möglicht ist.

Rechtliche Verpflichtung

Rechtlich verpflichtet zur Anwendung der bundes- und landesrechtlichen Regelungen zur Verkehrswertermittlung sind insbesondere Behörden, Gerichte, Institutionen und Sachverständige, die im Anwendungsbereich des BauGB und der ImmoWertV Wertermittlungen durchzuführen haben.

Freie Sachverständige

Der freie Grundstückssachverständige kann seine Gutachten hinsichtlich des Aufbaus und der Durchführung frei gestalten und muss sich nicht an die bundes- und landesrechtlichen Schätzregeln halten. Andererseits sind die anerkannten Schätzregeln (ImmoWertV und WertR) durch die BGH-Rechtsprechung anerkannt. Es wird daher empfohlen, die einschlägigen gesetzlichen Vorschriften bei der Gutachtenerstellung zu beachten.

7.1 Die wichtigsten Gesetze und Verordnungen im Überblick

Von besonderer Bedeutung sind die folgenden Gesetze, Verordnungen, Richtlinien und Vorschriften zur Verkehrswertermittlung von Grundstücken:

- Baugesetzbuch (BauGB)
- Baunutzungsverordnung (BauNVO)
- Immobilienwertermittlungsverordnung (ImmoWertV)
- Wertermittlungsrichtlinien (WertR)
- Zweite Berechnungsverordnung (II. BV)[67]
- Wohnflächenverordnung (WoFlV)[68]
- Betriebskostenverordnung (BetrKV)
- Waldermittlungsrichtlinien (WaldR)
- Entschädigungsrichtlinien Landwirtschaft (LandR)
- Wohnraumförderungsgesetz (WoFG)
- Bundeskleingartengesetz (BKleingG)
- Bundes-Bodenschutzgesetz (BBodSchG)

---

[67] Die Verordnung ist anzuwenden, wenn z. B. die Wohnfläche oder der angemessene Kaufpreis für öffentlich geförderten Wohnraum zu berechnen ist etc. oder wenn die Anwendung der Verrechnung vorgeschrieben ist. Achtung: Siehe hierzu auch Wohnflächenverordnung und Betriebskostenverordnung!

[68] Wird die Wohnfläche nach dem Wohnraumförderungsgesetz berechnet, sind die Vorschriften dieser Verordnung anzuwenden.
Ist die Wohnfläche bis zum 31.12.2003 nach der Zweiten Berechnungsverordnung in der jeweils geltenden Fassung berechnet worden, bleibt es bei dieser Berechnung. Soweit nach dem 31.12.2003 bauliche Änderungen an dem Wohnraum vorgenommen wurden, die eine Neuberechnung der Wohnfläche erforderlich machen, sind die Vorschriften dieser Verordnung anzuwenden.

- Wohnungseigentumsgesetz (WEG)
- Honorarordnung für Architekten und Ingenieure (HOAI)

Zusätzlich in den neuen Bundesländern

In den neuen Bundesländern sind darüber hinaus die besonderen vermögensrechtlichen Gesetze und Verordnungen zu beachten, das sind insbesondere:

- Sachenrechtsbereinigungsgesetz (SachenRBerG)
- Schuldrechtsanpassungsgesetz (SchuldRAnpG)
- Grundstücksrechtsbereinigungsgesetz (GrundRBerG)
- Nutzungsentgeltverordnung (NutzEV)

DIN-Vorschriften

Weiterhin sind folgende DIN-Vorschriften zu beachten:

- DIN 276 Kosten von Hochbauten
- DIN 277 Grundflächen und Rauminhalte von Bauwerken im Hochbau
- DIN 283 Wohnungen, Berechnungen der Wohn- und Nutzflächen[69]

Ausblick

Im Rahmen der Wertermittlungsreform und der Einführung der ImmoWertV ist auch eine Anpassung der WertR erforderlich.

Eine Integration der NHK 2005 in die WertR steht derzeit nicht an, da die NHK 2005 praktisch nicht anwendbar sind und die Datengrundlage unzureichend ist.

Eine weitere Entwicklung bleibt abzuwarten. Neuere Überlegungen laufen deshalb auf die Entwicklung neuer NHK 2010 hinaus.

---

[69] Die DIN 283 bestand aus folgenden Teilen:
Teil 1, im August 1989 zurückgezogen.
Teil 2, im Oktober 1983 zurückgezogen und durch die DIN 277, Teil 1 sowie die II. Berechnungsverordnung ersetzt.
Auf die DIN 283, Teil 1, wird jedoch häufig Bezug genommen, da verschiedene Begriffsdefinitionen in keiner anderen Norm aufgeführt und deshalb weiterhin im Wohnungswesen unentbehrlich sind. Teilweise stimmen die neueren Definitionen in den Landesbauordungen (LBO) und anderen gesetzlichen Vorschriften sowie in DIN 277 nicht überein.

7.2 Wohnflächenverordnung und Betriebskostenverordnung[70]

Reform des Wohnungsbaurechts

Am 1.1.2004 trat die Verordnung zur Berechnung der Wohnfläche, über die Aufstellung der Betriebskosten und zur Änderung anderer Verordnungen vom 25.11.2003 (BGBl. I S. 2346) in Kraft. Kernstück dieser Verordnung sind die Wohnflächenverordnung und die Betriebskostenverordnung, zu deren Erlass die Bundesregierung durch § 19 des Wohnraumförderungsgesetzes (WoFG) ermächtigt wurde. Mit dem Erlass der Verordnungen wurde die Reform des Wohnungsbaurechts vervollständigt.

Bis Ende 2003 waren im Wohnungsbaurecht des Bundes Regelungen zur Wohnflächenberechnung und zu den Betriebskosten in der Zweiten Betriebskostenverordnung (II. BetrKV) enthalten, die nach der Reform des Wohnungsbaurechts nur noch übergangsweise für die nach altem Recht geförderten Sozialwohnungen gilt. Hier sind sie vor allem Bestandteil der Vorschriften zur Wirtschaftlichkeitsberechnung im so genannten öffentlich geförderten Wohnungsbau oder stehen im Zusammenhang mit diesen; im allgemeinen Wohnraummietrecht wird auf die Betriebskostenregelung des § 27 II. BV und Anlage 3 Bezug genommen, im Fall des Erlasses der Betriebskostenverordnung nach § 19 Abs. 2 WoFG auf diese (§ 556 BGB).

Beide Verordnungen gehen von den bis Ende 2003 geltenden Vorschriften der Zweiten Berechnungsverordnung (§§ 42–44 II. BV in Bezug auf die Wohnflächenberechnung und § 27 Abs. 1 und Abs. 2 II. BV mit Anlage 3 in Bezug auf die Betriebskosten) aus; wesentliche Änderungen der materiellen Rechtslage haben sich nicht ergeben.

Wohnflächenverordnung

In der Wohnflächenverordnung fanden Veränderungen in den Bauweisen Berücksichtigung. Dies gilt insbesondere für die angesichts veränderter Bautechniken (Fertigbauweise, Verwendung von Fertigteilen) nicht mehr gerechtfertigte Verwendung von Rohbaumaßen mit einem pauschalen Putzabzug. Stattdessen wird auf das lichte Maß abgestellt. Dabei kann die Ermittlung der Grundfläche eines Raumes mittels Ausmessung im fertig gestellten Wohnraum oder –

---

[70] Bundesministerium für Verkehr, Bau- und Wohnungswesen, Referat Öffentlichkeitsarbeit, Invalidenstraße 44, D-10115 Berlin; http://www.bmvbw.de.

dies ebenfalls mit Rücksicht auf die heutigen technischen Möglichkeiten – aufgrund einer Bauzeichnung erfolgen. Seit 1.1.2004 werden die Grundflächen von Balkonen, Loggien, Dachgärten und Terrassen in der Regel zu einem Viertel, höchstens jedoch zur Hälfte angerechnet. Ein Wahlrecht des Bauherrn, das eine frei wählbare Anrechnung bis zur Hälfte ermöglicht, entfällt, weil es für die soziale Wohnraumförderung nicht erforderlich ist. Weitere Änderungen beziehen sich auf die Berücksichtigung heute gebräuchlicher Begriffe. Insgesamt dienen die Änderungen und der neue Aufbau der Rechtsbereinigung der Erleichterung der Praxis.

Betriebskostenverordnung

Die Betriebskostenverordnung übernimmt im Wesentlichen die Regelungen aus der Zweiten Berechnungsverordnung (vgl. § 27 II. BV und die Anlage 3). Ausdrücklich in den Verordnungstext aufgenommen wurden in § 2 die Eichkosten für Kalt- und Warmwasserzähler (Nummer 2) und Wärmezähler (Nummer 4 Buchstabe a), die Kosten für die Wartung von Gaseinzelfeuerstätten (Nummer 4 Buchstabe d), die Kosten des Betriebs von Müllkompressoren, Müllschluckern, Müllabsauganlagen sowie des Betriebs von Müllmengenerfassungsanlagen einschließlich der bei verursachungsgerechter Müllerfassung anfallenden Kosten der Berechnung und Aufteilung (Nummer 8), die Kosten der Elementarschadenversicherung (Nummer 13) sowie die Gebühren, die nach dem Urheberrechtsgesetz für die Kabelweitersendung entstehen (Nummer 15 Buchstabe a). Die übrigen Änderungen sind redaktioneller Art; dies gilt vor allem für die Klarstellung bei der Begriffsbestimmung der „sonstigen Betriebskosten“ in § 2 Nr. 17.

Stichwortverzeichnis

Beispielgutachten im Anhang

Siehe CD-ROM

Im nachfolgenden Anhang finden Sie im dritten Abschnitt (ab Seite 249) ein Beispielgutachten eines mit einem Einfamilienwohnhaus bebauten Grundstücks abgedruckt, in welchem das Sachwertverfahren und unterstützend das Ertragswertverfahren angewandt wurde. Das Beispielgutachten wurde mit der Bewertungssoftware Sprengnetter-ProSa erstellt.

Hinweis:

Auf der CD finden Sie die Testversion der Bewertungssoftware Sprengnetter-SmartValue. Hierbei handelt es sich um eine Lightversion von Sprengnetter-ProSa. Weiter Informationen hierzu finden Sie im nachfolgenden Anhang, erster Abschnitt „Demo-Programm: Sprengnetter-SmartValue", Seite 186.

Das Gutachten ist anonymisiert, d. h. die angegebenen Angaben zum Eigentümer und zum Bewertungsobjekt sind frei erfunden.

Anlagen sind nur enthalten, soweit sie für das Verständnis des Gutachtens unbedingt erforderlich sind.

Das Beispielgutachten kann Ihnen als Richtschnur und als Unterstützung bei Ihrer Arbeit dienen. Sie können das Gutachten als Basis für ein von Ihnen zu erstellendes Gutachten verwenden.

Natürlich müssen Sie es für die eigene Bewertung entsprechend anpassen. Es ersetzt jedoch nicht Ihren eigenen Denkprozess bei der Erstellung von Gutachten.

Anhang

Inhalt

Demo-Programm: Sprengnetter-SmartValue

Siehe CD-ROM

Auf der CD finden Sie die Testversion der Bewertungssoftware Sprengnetter-SmartValue. Hierbei handelt es sich um eine Lightversion von Sprengnetter-ProSa. Mit dieser Software von Sprengnetter Immobilienbewertung ermitteln Sie auf der Grundlage der anerkannten Wertermittlungsverfahren schnell und nachvollziehbar den Verkaufswert Ihrer Immobilien. Sprengnetter-SmartValue unterstützt Sie dabei durch die weitgehende Automatisierung und das fundierte bewertungstheoretische Know-how.

Begrenzung der Testversion

Die Testversion von Sprengnetter-SmartValue können Sie ab dem Tag der Installation 30 Tage uneingeschränkt für Ihre Bewertungen einsetzen und alle Vorteile kennen lernen.

Technische Unterstützung

Für technische Fragen zur Software bietet Ihnen Sprengnetter Immobilienbewertung einen telefonischen Support an. Sie erreichen die Hotline-Mitarbeiter von Montag bis Freitag von 8:00 bis 12:30 Uhr und von 13:30 bis 17:00 Uhr unter Telefon (02642) 97 96 79.

Die Immobilienwertermittlungsverordnung (ImmoWertV)

Nichtamtliche Fassung

Verordnung über die Grundsätze
für die Ermittlung der Verkehrswerte von Grundstücken
(Immobilienwertermittlungsverordnung – ImmoWertV)
Vom ...

Auf Grund des § 199 Absatz 1 des Baugesetzbuchs, der zuletzt durch Artikel 4 Nummer 4 Buchstabe a des Gesetzes vom 24. Dezember 2008 (BGBl. I S. 3018) geändert worden ist, verordnet die Bundesregierung:

Inhaltsübersicht

Abschnitt 1
Anwendungsbereich, Begriffsbestimmungen
und allgemeine Verfahrensgrundsätze

Abschnitt 2
Bodenrichtwerte und sonstige erforderliche Daten

Nichtamtliche Fassung

Abschnitt 3

Wertermittlungsverfahren

Unterabschnitt 1

Vergleichswertverfahren, Bodenwertermittlung

§ 15 Ermittlung des Vergleichswerts

§ 16 Ermittlung des Bodenwerts

Unterabschnitt 2

Ertragswertverfahren

§ 17 Ermittlung des Ertragswerts

§ 18 Reinertrag, Rohertrag

§ 19 Bewirtschaftungskosten

§ 20 Kapitalisierung und Abzinsung

Unterabschnitt 3

Sachwertverfahren

§ 21 Ermittlung des Sachwerts

§ 22 Herstellungskosten

§ 23 Alterswertminderung

Abschnitt 4

Schlussvorschrift

§ 24 Inkrafttreten und Außerkrafttreten

Anlage 1 (zu § 20)

Barwertfaktoren für die Kapitalisierung

Anlage 2 (zu § 20)

Barwertfaktoren für die Abzinsung

Nichtamtliche Fassung

Abschnitt 1

Anwendungsbereich, Begriffsbestimmungen und allgemeine Verfahrensgrundsätze

§ 1

Anwendungsbereich

(1) Bei der Ermittlung der Verkehrswerte (Marktwerte) von Grundstücken, ihrer Bestandteile sowie ihres Zubehörs und bei der Ableitung der für die Wertermittlung erforderlichen Daten einschließlich der Bodenrichtwerte ist diese Verordnung anzuwenden.

(2) Die nachfolgenden Vorschriften sind auf grundstücksgleiche Rechte, Rechte an diesen und Rechte an Grundstücken sowie auf solche Wertermittlungsobjekte, für die kein Markt besteht, entsprechend anzuwenden. In diesen Fällen kann der Wert auf der Grundlage marktkonformer Modelle unter besonderer Berücksichtigung der wirtschaftlichen Vor- und Nachteile ermittelt werden.

§ 2

Grundlagen der Wertermittlung

Der Wertermittlung sind die allgemeinen Wertverhältnisse auf dem Grundstücksmarkt am Wertermittlungsstichtag (§ 3) und der Grundstückszustand am Qualitätsstichtag (§ 4) zugrunde zu legen. Künftige Entwicklungen wie beispielsweise absehbare anderweitige Nutzungen (§ 4 Absatz 3 Nummer 1) sind zu berücksichtigen, wenn sie mit hinreichender Sicherheit auf Grund konkreter Tatsachen zu erwarten sind. In diesen Fällen ist auch die voraussichtliche Dauer bis zum Eintritt der rechtlichen und tatsächlichen Voraussetzungen für die Realisierbarkeit einer baulichen oder sonstigen Nutzung eines Grundstücks (Wartezeit) zu berücksichtigen.

§ 3

Wertermittlungsstichtag und allgemeine Wertverhältnisse

(1) Der Wertermittlungsstichtag ist der Zeitpunkt, auf den sich die Wertermittlung bezieht.

(2) Die allgemeinen Wertverhältnisse auf dem Grundstücksmarkt bestimmen sich nach der Gesamtheit der am Wertermittlungsstichtag für die Preisbildung von Grundstücken im gewöhnlichen Ge-

schäftsverkehr (marktüblich) maßgebenden Umstände wie nach der allgemeinen Wirtschaftslage, den Verhältnissen am Kapitalmarkt sowie den wirtschaftlichen und demographischen Entwicklungen des Gebiets.

§ 4

Qualitätsstichtag und Grundstückszustand

(1) Der Qualitätsstichtag ist der Zeitpunkt, auf den sich der für die Wertermittlung maßgebliche Grundstückszustand bezieht. Er entspricht dem Wertermittlungsstichtag, es sei denn, dass aus rechtlichen oder sonstigen Gründen der Zustand des Grundstücks zu einem anderen Zeitpunkt maßgebend ist.

(2) Der Zustand eines Grundstücks bestimmt sich nach der Gesamtheit der verkehrswertbeeinflussenden rechtlichen Gegebenheiten und tatsächlichen Eigenschaften, der sonstigen Beschaffenheit und der Lage des Grundstücks (Grundstücksmerkmale). Zu den Grundstücksmerkmalen gehören insbesondere der Entwicklungszustand (§ 5), die Art und das Maß der baulichen oder sonstigen Nutzung (§ 6 Absatz 1), die wertbeeinflussenden Rechte und Belastungen (§ 6 Absatz 2), der abgabenrechtliche Zustand (§ 6 Absatz 3), die Lagemerkmale (§ 6 Absatz 4) und die weiteren Merkmale (§ 6 Absatz 5 und 6).

(3) Neben dem Entwicklungszustand (§ 5) ist bei der Wertermittlung insbesondere zu berücksichtigen, ob am Qualitätsstichtag

1. eine anderweitige Nutzung von Flächen absehbar ist,
2. Flächen auf Grund ihrer Vornutzung nur mit erheblich über dem Üblichen liegenden Aufwand einer baulichen oder sonstigen Nutzung zugeführt werden können,
3. Flächen von städtebaulichen Missständen oder erheblichen städtebaulichen Funktionsverlusten betroffen sind,
4. Flächen einer dauerhaften öffentlichen Zweckbestimmung unterliegen,
5. Flächen für bauliche Anlagen zur Erforschung, Entwicklung oder Nutzung von Erneuerbaren Energien bestimmt sind,
6. Flächen zum Ausgleich für Eingriffe in Natur und Landschaft genutzt werden oder ob sich auf Flächen gesetzlich geschützte Biotope befinden.

Nichtamtliche Fassung

§ 5

Entwicklungszustand

(1) Flächen der Land- oder Forstwirtschaft sind Flächen, die, ohne Bauerwartungsland, Rohbauland oder baureifes Land zu sein, land- oder forstwirtschaftlich nutzbar sind.

(2) Bauerwartungsland sind Flächen, die nach ihren weiteren Grundstücksmerkmalen (§ 6), insbesondere dem Stand der Bauleitplanung und der sonstigen städtebaulichen Entwicklung des Gebiets, eine bauliche Nutzung auf Grund konkreter Tatsachen mit hinreichender Sicherheit erwarten lassen.

(3) Rohbauland sind Flächen, die nach den §§ 30, 33 und 34 des Baugesetzbuchs für eine bauliche Nutzung bestimmt sind, deren Erschließung aber noch nicht gesichert ist oder die nach Lage, Form oder Größe für eine bauliche Nutzung unzureichend gestaltet sind.

(4) Baureifes Land sind Flächen, die nach öffentlich-rechtlichen Vorschriften und den tatsächlichen Gegebenheiten baulich nutzbar sind.

§ 6

Weitere Grundstücksmerkmale

(1) Art und Maß der baulichen oder sonstigen Nutzung ergeben sich in der Regel aus den für die planungsrechtliche Zulässigkeit von Vorhaben maßgeblichen §§ 30, 33 und 34 des Baugesetzbuchs und den sonstigen Vorschriften, die die Nutzbarkeit betreffen. Wird vom Maß der zulässigen Nutzung in der Umgebung regelmäßig abgewichen, ist die Nutzung maßgebend, die im gewöhnlichen Geschäftsverkehr zugrunde gelegt wird.

(2) Als wertbeeinflussende Rechte und Belastungen kommen insbesondere Dienstbarkeiten, Nutzungsrechte, Baulasten sowie wohnungs- und mietrechtliche Bindungen in Betracht.

(3) Für den abgabenrechtlichen Zustand des Grundstücks ist die Pflicht zur Entrichtung von nichtsteuerlichen Abgaben maßgebend.

(4) Lagemerkmale von Grundstücken sind insbesondere die Verkehrsanbindung, die Nachbarschaft, die Wohn- und Geschäftslage sowie die Umwelteinflüsse.

Nichtamtliche Fassung

(5) Weitere Merkmale sind insbesondere die tatsächliche Nutzung, die Erträge, die Grundstücksgröße, der Grundstückszuschnitt und die Bodenbeschaffenheit wie beispielsweise Bodengüte, Eignung als Baugrund oder schädliche Bodenveränderungen. Bei bebauten Grundstücken sind dies zusätzlich insbesondere die Gebäudeart, die Bauweise und Baugestaltung, die Größe, Ausstattung und Qualität, der bauliche Zustand, die energetischen Eigenschaften, das Baujahr und die Restnutzungsdauer.

(6) Die Restnutzungsdauer ist die Zahl der Jahre, in denen die baulichen Anlagen bei ordnungsgemäßer Bewirtschaftung voraussichtlich noch wirtschaftlich genutzt werden können; durchgeführte Instandsetzungen oder Modernisierungen oder unterlassene Instandhaltungen oder andere Gegebenheiten können die Restnutzungsdauer verlängern oder verkürzen. Modernisierungen sind beispielsweise Maßnahmen, die eine wesentliche Verbesserung der Wohn- oder sonstigen Nutzungsverhältnisse oder wesentliche Einsparungen von Energie oder Wasser bewirken.

§ 7

Ungewöhnliche oder persönliche Verhältnisse

Zur Wertermittlung und zur Ableitung erforderlicher Daten für die Wertermittlung sind Kaufpreise und andere Daten wie Mieten und Bewirtschaftungskosten heranzuziehen, bei denen angenommen werden kann, dass sie nicht durch ungewöhnliche oder persönliche Verhältnisse beeinflusst worden sind. Eine Beeinflussung durch ungewöhnliche oder persönliche Verhältnisse kann angenommen werden, wenn Kaufpreise und andere Daten erheblich von den Kaufpreisen und anderen Daten in vergleichbaren Fällen abweichen.

§ 8

Ermittlung des Verkehrswerts

(1) Zur Wertermittlung sind das Vergleichswertverfahren (§ 15) einschließlich des Verfahrens zur Bodenwertermittlung (§ 16), das Ertragswertverfahren (§§ 17 bis 20), das Sachwertverfahren (§§ 21 bis 23) oder mehrere dieser Verfahren heranzuziehen. Die Verfahren sind nach der Art des Wertermittlungsobjekts unter Berücksichtigung der im gewöhnlichen Geschäftsverkehr bestehenden Gepflogenheiten und der sonstigen Umstände des Einzelfalls, insbesondere der zur Verfügung stehenden Daten, zu wählen; die Wahl ist zu begründen. Der Verkehrswert ist aus dem Ergebnis des oder der herangezogenen Verfahren unter Würdigung seines oder ihrer Aussagefähigkeit zu ermitteln.

Nichtamtliche Fassung

(2) In den Wertermittlungsverfahren nach Absatz 1 sind regelmäßig in folgender Reihenfolge zu berücksichtigen:

1. die allgemeinen Wertverhältnisse auf dem Grundstücksmarkt (Marktanpassung),
2. die besonderen objektspezifischen Grundstücksmerkmale des zu bewertenden Grundstücks.

(3) Besondere objektspezifische Grundstücksmerkmale wie beispielsweise eine wirtschaftliche Überalterung, ein überdurchschnittlicher Erhaltungszustand, Baumängel oder Bauschäden sowie von den marktüblich erzielbaren Erträgen erheblich abweichende Erträge können, soweit dies dem gewöhnlichen Geschäftsverkehr entspricht, durch marktgerechte Zu- oder Abschläge oder in anderer geeigneter Weise berücksichtigt werden.

Abschnitt 2
Bodenrichtwerte und sonstige erforderliche Daten

§ 9
Grundlagen der Ermittlung

(1) Bodenrichtwerte (§ 10) und sonstige für die Wertermittlung erforderliche Daten sind insbesondere aus der Kaufpreissammlung (§ 193 Absatz 5 Satz 1 des Baugesetzbuchs) auf der Grundlage einer ausreichenden Zahl geeigneter Kaufpreise unter Berücksichtigung der allgemeinen Wertverhältnisse zu ermitteln. Zu den sonstigen erforderlichen Daten gehören insbesondere Indexreihen (§ 11), Umrechnungskoeffizienten (§ 12), Vergleichsfaktoren für bebaute Grundstücke (§ 13) sowie Marktanpassungsfaktoren und Liegenschaftszinssätze (§ 14).

(2) Kaufpreise solcher Grundstücke, die in ihren Grundstücksmerkmalen voneinander abweichen, sind im Sinne des Absatzes 1 Satz 1 nur geeignet, wenn die Abweichungen

1. in ihren Auswirkungen auf die Preise sich ausgleichen,
2. durch Zu- oder Abschläge oder
3. durch andere geeignete Verfahren berücksichtigt werden können.

Nichtamtliche Fassung

§ 10

Bodenrichtwerte

(1) Bodenrichtwerte (§ 196 des Baugesetzbuchs) sind vorrangig im Vergleichswertverfahren (§ 15) zu ermitteln. Findet sich keine ausreichende Zahl von Vergleichspreisen, kann der Bodenrichtwert auch mit Hilfe deduktiver Verfahren oder in anderer geeigneter und nachvollziehbarer Weise ermittelt werden. Die Bodenrichtwerte sind als ein Betrag in Euro pro Quadratmeter Grundstücksfläche darzustellen.

(2) Von den wertbeeinflussenden Merkmalen des Bodenrichtwertgrundstücks sollen der Entwicklungszustand und die Art der Nutzung dargestellt werden. Zusätzlich sollen dargestellt werden:

1. bei landwirtschaftlich genutzten Flächen gegebenenfalls die Bodengüte als Acker- oder Grünlandzahl,
2. bei baureifem Land der erschließungsbeitragsrechtliche Zustand sowie je nach Wertrelevanz das Maß der baulichen Nutzung, die Grundstücksgröße, -tiefe oder -breite und
3. bei förmlich festgelegten Sanierungsgebieten (§ 142 des Baugesetzbuchs) und förmlich festgelegten Entwicklungsbereichen (§ 165 des Baugesetzbuchs) der Grundstückszustand, auf den sich der Bodenrichtwert bezieht; dabei ist entweder der Grundstückszustand vor Beginn der Maßnahme oder nach Abschluss der Maßnahme darzustellen.

Deckt der Bodenrichtwert verschiedene Nutzungsarten oder verschiedene Nutzungsmaße ab, sollen diese ebenfalls dargestellt werden.

(3) Die Bodenrichtwerte sind in automatisierter Form auf der Grundlage der amtlichen Geobasisdaten zu führen.

§ 11

Indexreihen

(1) Änderungen der allgemeinen Wertverhältnisse auf dem Grundstücksmarkt sollen mit Indexreihen erfasst werden.

Nichtamtliche Fassung

(2) Indexreihen bestehen aus Indexzahlen, die sich aus dem durchschnittlichen Verhältnis der Preise eines Erhebungszeitraums zu den Preisen eines Basiszeitraums mit der Indexzahl 100 ergeben. Die Indexzahlen können auch auf bestimmte Zeitpunkte des Erhebungs- und Basiszeitraums bezogen werden.

(3) Die Indexzahlen werden für Grundstücke mit vergleichbaren Lage- und Nutzungsverhältnissen abgeleitet. Das Ergebnis eines Erhebungszeitraums kann in geeigneten Fällen durch Vergleich mit den Indexreihen anderer Bereiche und vorausgegangener Erhebungszeiträume geändert werden.

(4) Indexreihen können insbesondere abgeleitet werden für

1. Bodenpreise,
2. Preise für Eigentumswohnungen und
3. Preise für Einfamilienhäuser.

§ 12

Umrechnungskoeffizienten

Wertunterschiede von Grundstücken, die sich aus Abweichungen bestimmter Grundstücksmerkmale sonst gleichartiger Grundstücke ergeben, insbesondere aus dem unterschiedlichen Maß der baulichen Nutzung oder der Grundstücksgröße und -tiefe, sollen mit Hilfe von Umrechungskoeffizienten (§ 193 Absatz 5 Satz 2 Nummer 3 des Baugesetzbuchs) erfasst werden.

§ 13

Vergleichsfaktoren für bebaute Grundstücke

Vergleichsfaktoren (§ 193 Absatz 5 Satz 2 Nummer 4 des Baugesetzbuchs) sollen der Ermittlung von Vergleichswerten für bebaute Grundstücke dienen. Sie sind auf den marktüblich erzielbaren jährlichen Ertrag (Ertragsfaktor) oder auf eine sonst geeignete Bezugseinheit, insbesondere auf eine Flächen- oder Raumeinheit der baulichen Anlage (Gebäudefaktor), zu beziehen.

Nichtamtliche Fassung

§ 14

Marktanpassungsfaktoren, Liegenschaftszinssätze

(1) Mit Marktanpassungsfaktoren und Liegenschaftszinssätzen sollen die allgemeinen Wertverhältnisse auf dem Grundstücksmarkt erfasst werden, soweit diese nicht auf andere Weise zu berücksichtigen sind.

(2) Marktanpassungsfaktoren sind insbesondere

1. Faktoren zur Anpassung des Sachwerts, die aus dem Verhältnis geeigneter Kaufpreise zu entsprechenden Sachwerten abgeleitet werden (Sachwertfaktoren, § 193 Absatz 5 Satz 2 Nummer 2 des Baugesetzbuchs),

2. Faktoren zur Anpassung finanzmathematisch errechneter Werte von Erbbaurechten oder Erbbaugrundstücken, die aus dem Verhältnis geeigneter Kaufpreise zu den finanzmathematisch errechneten Werten von entsprechenden Erbbaurechten oder Erbbaugrundstücken abgeleitet werden (Erbbaurechts- oder Erbbaugrundstücksfaktoren).

(3) Die Liegenschaftszinssätze (Kapitalisierungszinssätze, § 193 Absatz 5 Satz 2 Nummer 1 des Baugesetzbuchs) sind die Zinssätze, mit denen Verkehrswerte von Grundstücken je nach Grundstücksart im Durchschnitt marktüblich verzinst werden. Sie sind auf der Grundlage geeigneter Kaufpreise und der ihnen entsprechenden Reinerträge für gleichartig bebaute und genutzte Grundstücke unter Berücksichtigung der Restnutzungsdauer der Gebäude nach den Grundsätzen des Ertragswertverfahrens (§§ 17 bis 20) abzuleiten.

Nichtamtliche Fassung

Abschnitt 3

Wertermittlungsverfahren

Unterabschnitt 1

Vergleichswertverfahren, Bodenwertermittlung

§ 15

Ermittlung des Vergleichswerts

(1) Im Vergleichswertverfahren wird der Vergleichswert aus einer ausreichenden Zahl von Vergleichspreisen ermittelt. Für die Ableitung der Vergleichspreise sind die Kaufpreise solcher Grundstücke heranzuziehen, die mit dem zu bewertenden Grundstück hinreichend übereinstimmende Grundstücksmerkmale aufweisen. Finden sich in dem Gebiet, in dem das Grundstück gelegen ist, nicht genügend Vergleichspreise, können auch Vergleichspreise aus anderen vergleichbaren Gebieten herangezogen werden. Änderungen der allgemeinen Wertverhältnisse auf dem Grundstücksmarkt oder Abweichungen einzelner Grundstücksmerkmale sind in der Regel auf der Grundlage von Indexreihen oder Umrechnungskoeffizienten zu berücksichtigen.

(2) Bei bebauten Grundstücken können neben oder anstelle von Vergleichspreisen zur Ermittlung des Vergleichswerts geeignete Vergleichsfaktoren herangezogen werden. Der Vergleichswert ergibt sich dann durch Vervielfachung des jährlichen Ertrags oder der sonstigen Bezugseinheit des zu bewertenden Grundstücks mit dem Vergleichsfaktor. Vergleichsfaktoren sind geeignet, wenn die Grundstücksmerkmale der ihnen zugrunde gelegten Grundstücke hinreichend mit denen des zu bewertenden Grundstücks übereinstimmen.

§ 16

Ermittlung des Bodenwerts

(1) Der Wert des Bodens ist vorbehaltlich der Absätze 2 bis 4 ohne Berücksichtigung der vorhandenen baulichen Anlagen auf dem Grundstück vorrangig im Vergleichswertverfahren (§ 15) zu ermitteln. Dabei kann der Bodenwert auch auf der Grundlage geeigneter Bodenrichtwerte ermittelt werden. Bodenrichtwerte sind geeignet, wenn die Merkmale des zugrunde gelegten Richtwertgrundstücks hinreichend mit den Grundstücksmerkmalen des zu bewertenden Grundstücks übereinstimmen. § 15 Absatz 1 Satz 3 und 4 ist entsprechend anzuwenden.

Nichtamtliche Fassung

(2) Vorhandene bauliche Anlagen auf einem Grundstück im Außenbereich (§ 35 des Baugesetzbuchs) sind bei der Ermittlung des Bodenwerts zu berücksichtigen, wenn sie rechtlich und wirtschaftlich weiterhin nutzbar sind.

(3) Ist alsbald mit einem Abriss von baulichen Anlagen zu rechnen, ist der Bodenwert um die üblichen Freilegungskosten zu mindern, soweit sie im gewöhnlichen Geschäftsverkehr berücksichtigt werden. Von einer alsbaldigen Freilegung kann ausgegangen werden, wenn

1. die baulichen Anlagen nicht mehr nutzbar sind oder
2. der nicht abgezinste Bodenwert ohne Berücksichtigung der Freilegungskosten den im Ertragswertverfahren (§§ 17 bis 20) ermittelten Ertragswert erreicht oder übersteigt.

(4) Ein erhebliches Abweichen der tatsächlichen von der nach § 6 Absatz 1 maßgeblichen Nutzung, wie insbesondere eine erhebliche Beeinträchtigung der Nutzbarkeit durch vorhandene bauliche Anlagen auf einem Grundstück, ist bei der Ermittlung des Bodenwerts zu berücksichtigen, soweit dies dem gewöhnlichen Geschäftsverkehr entspricht.

(5) Bei der Ermittlung der sanierungs- oder entwicklungsbedingten Bodenwerterhöhung zur Bemessung von Ausgleichsbeträgen nach § 154 Absatz 1 oder § 166 Absatz 3 Satz 4 des Baugesetzbuchs sind die Anfangs- und Endwerte auf denselben Zeitpunkt zu ermitteln.

Unterabschnitt 2

Ertragswertverfahren

§ 17

Ermittlung des Ertragswerts

(1) Im Ertragswertverfahren wird der Ertragswert auf der Grundlage marktüblich erzielbarer Erträge ermittelt. Soweit die Ertragsverhältnisse absehbar wesentlichen Veränderungen unterliegen oder wesentlich von den marktüblich erzielbaren Erträgen abweichen, kann der Ertragswert auch auf der Grundlage periodisch unterschiedlicher Erträge ermittelt werden.

(2) Im Ertragswertverfahren auf der Grundlage marktüblich erzielbarer Erträge wird der Ertragswert ermittelt

Nichtamtliche Fassung

1. aus dem nach § 16 ermittelten Bodenwert und dem um den Betrag der angemessenen Verzinsung des Bodenwerts verminderten und sodann kapitalisierten Reinertrag (§ 18 Absatz 1); der Ermittlung des Bodenwertverzinsungsbetrags ist der für die Kapitalisierung nach § 20 maßgebliche Liegenschaftszinssatz zugrunde zu legen; bei der Ermittlung des Bodenwertverzinsungsbetrags sind selbständig nutzbare Teilflächen nicht zu berücksichtigen (allgemeines Ertragswertverfahren), oder
2. aus dem nach § 20 kapitalisierten Reinertrag (§ 18 Absatz 1) und dem nach § 16 ermittelten Bodenwert, der mit Ausnahme des Werts von selbständig nutzbaren Teilflächen auf den Wertermittlungsstichtag nach § 20 abzuzinsen ist (vereinfachtes Ertragswertverfahren).

Eine selbständig nutzbare Teilfläche ist der Teil eines Grundstücks, der für die angemessene Nutzung der baulichen Anlagen nicht benötigt wird und selbständig genutzt oder verwertet werden kann.

(3) Im Ertragswertverfahren auf der Grundlage periodisch unterschiedlicher Erträge wird der Ertragswert aus den durch gesicherte Daten abgeleiteten periodisch erzielbaren Reinerträgen (§ 18 Absatz 1) innerhalb eines Betrachtungszeitraums und dem Restwert des Grundstücks am Ende des Betrachtungszeitraums ermittelt. Die periodischen Reinerträge sowie der Restwert des Grundstücks sind jeweils auf den Wertermittlungsstichtag nach § 20 abzuzinsen.

§ 18

Reinertrag, Rohertrag

(1) Der Reinertrag ergibt sich aus dem jährlichen Rohertrag abzüglich der Bewirtschaftungskosten (§ 19).

(2) Der Rohertrag ergibt sich aus den bei ordnungsgemäßer Bewirtschaftung und zulässiger Nutzung marktüblich erzielbaren Erträgen. Bei Anwendung des Ertragswertverfahrens auf der Grundlage periodisch unterschiedlicher Erträge ergibt sich der Rohertrag insbesondere aus den vertraglichen Vereinbarungen.

Nichtamtliche Fassung

§ 19

Bewirtschaftungskosten

(1) Als Bewirtschaftungskosten sind die für eine ordnungsgemäße Bewirtschaftung und zulässige Nutzung marktüblich entstehenden jährlichen Aufwendungen zu berücksichtigen, die nicht durch Umlagen oder sonstige Kostenübernahmen gedeckt sind.

(2) Nach Absatz 1 berücksichtigungsfähige Bewirtschaftungskosten sind

1. die Verwaltungskosten; sie umfassen die Kosten der zur Verwaltung des Grundstücks erforderlichen Arbeitskräfte und Einrichtungen, die Kosten der Aufsicht, den Wert der vom Eigentümer persönlich geleisteten Verwaltungsarbeit sowie die Kosten der Geschäftsführung;
2. die Instandhaltungskosten; sie umfassen die Kosten, die infolge von Abnutzung oder Alterung zur Erhaltung des der Wertermittlung zugrunde gelegten Ertragsniveaus der baulichen Anlage während ihrer Restnutzungsdauer aufgewendet werden müssen;
3. das Mietausfallwagnis; es umfasst das Risiko von Ertragsminderungen, die durch uneinbringliche Rückstände von Mieten, Pachten und sonstigen Einnahmen oder durch vorübergehenden Leerstand von Raum entstehen, der zur Vermietung, Verpachtung oder sonstigen Nutzung bestimmt ist; es umfasst auch das Risiko von uneinbringlichen Kosten einer Rechtsverfolgung auf Zahlung, Aufhebung eines Mietverhältnisses oder Räumung;
4. die Betriebskosten.

Soweit sich die Bewirtschaftungskosten nicht ermitteln lassen, ist von Erfahrungssätzen auszugehen.

§ 20

Kapitalisierung und Abzinsung

Der Kapitalisierung und Abzinsung sind Barwertfaktoren zugrunde zu legen. Der jeweilige Barwertfaktor ist unter Berücksichtigung der Restnutzungsdauer (§ 6 Absatz 6 Satz 1) und des jeweiligen Liegenschaftszinssatzes (§ 14 Absatz 3) der Anlage 1 oder der Anlage 2 zu entnehmen oder nach der dort angegebenen Berechnungsvorschrift zu bestimmen.

Nichtamtliche Fassung

Unterabschnitt 3

Sachwertverfahren

§ 21

Ermittlung des Sachwerts

(1) Im Sachwertverfahren wird der Sachwert des Grundstücks aus dem Sachwert der nutzbaren baulichen und sonstigen Anlagen sowie dem Bodenwert (§ 16) ermittelt; die allgemeinen Wertverhältnisse auf dem Grundstücksmarkt sind insbesondere durch die Anwendung von Sachwertfaktoren (§ 14 Absatz 2 Nummer 1) zu berücksichtigen.

(2) Der Sachwert der baulichen Anlagen (ohne Außenanlagen) ist ausgehend von den Herstellungskosten (§ 22) unter Berücksichtigung der Alterswertminderung (§ 23) zu ermitteln.

(3) Der Sachwert der baulichen Außenanlagen und der sonstigen Anlagen wird, soweit sie nicht vom Bodenwert miterfasst werden, nach Erfahrungssätzen oder nach den gewöhnlichen Herstellungskosten ermittelt. Die §§ 22 und 23 sind entsprechend anzuwenden.

§ 22

Herstellungskosten

(1) Zur Ermittlung der Herstellungskosten sind die gewöhnlichen Herstellungskosten je Flächen-, Raum- oder sonstiger Bezugseinheit (Normalherstellungskosten) mit der Anzahl der entsprechenden Bezugseinheiten der baulichen Anlagen zu vervielfachen.

(2) Normalherstellungskosten sind die Kosten, die marktüblich für die Neuerrichtung einer entsprechenden baulichen Anlage aufzuwenden wären. Mit diesen Kosten nicht erfasste einzelne Bauteile, Einrichtungen oder sonstige Vorrichtungen sind durch Zu- oder Abschläge zu berücksichtigen, soweit dies dem gewöhnlichen Geschäftsverkehr entspricht. Zu den Normalherstellungskosten gehören auch die üblicherweise entstehenden Baunebenkosten, insbesondere Kosten für Planung, Baudurchführung, behördliche Prüfungen und Genehmigungen. Ausnahmsweise können die Herstellungskosten der baulichen Anlagen nach den gewöhnlichen Herstellungskosten einzelner Bauleistungen (Einzelkosten) ermittelt werden.

Nichtamtliche Fassung

(3) Normalherstellungskosten sind in der Regel mit Hilfe geeigneter Baupreisindexreihen an die Preisverhältnisse am Wertermittlungsstichtag anzupassen.

§ 23

Alterswertminderung

Die Alterswertminderung ist unter Berücksichtigung des Verhältnisses der Restnutzungsdauer (§ 6 Absatz 6 Satz 1) zur Gesamtnutzungsdauer der baulichen Anlagen zu ermitteln. Dabei ist in der Regel eine gleichmäßige Wertminderung zugrunde zu legen. Gesamtnutzungsdauer ist die bei ordnungsgemäßer Bewirtschaftung übliche wirtschaftliche Nutzungsdauer der baulichen Anlagen.

Abschnitt 4

Schlussvorschrift

§ 24

Inkrafttreten und Außerkrafttreten

Diese Verordnung tritt am … [einsetzen: Datum des ersten Tages des zweiten auf die Verkündung folgenden Kalendermonats] in Kraft. Gleichzeitig tritt die Wertermittlungsverordnung vom 6. Dezember 1988 (BGBl. I S. 2209), die durch Artikel 3 des Gesetzes vom 18. August 1997 (BGBl. I S. 2081) geändert worden ist, außer Kraft.

Der Bundesrat hat zugestimmt.

Berlin, den …

Barwertfaktoren für die Kapitalisierung

Anlage 1 (zu § 20)

Restnutzungs-dauer von ... Jahren	Zinssatz 1,0%	1,5%	2,0%	2,5%	3,0%	3,5%	4,0%	4,5%	5,0%
1	0,99	0,99	0,98	0,98	0,97	0,97	0,96	0,96	0,95
2	1,97	1,96	1,94	1,93	1,91	1,90	1,89	1,87	1,86
3	2,94	2,91	2,88	2,86	2,83	2,80	2,78	2,75	2,72
4	3,90	3,85	3,81	3,76	3,72	3,67	3,63	3,59	3,55
5	4,85	4,78	4,71	4,65	4,58	4,52	4,45	4,39	4,33
6	5,80	5,70	5,60	5,51	5,42	5,33	5,24	5,16	5,08
7	6,73	6,60	6,47	6,35	6,23	6,11	6,00	5,89	5,79
8	7,65	7,49	7,33	7,17	7,02	6,87	6,73	6,60	6,46
9	8,57	8,36	8,16	7,97	7,79	7,61	7,44	7,27	7,11
10	9,47	9,22	8,98	8,75	8,53	8,32	8,11	7,91	7,72
11	10,37	10,07	9,79	9,51	9,25	9,00	8,76	8,53	8,31
12	11,26	10,91	10,58	10,26	9,95	9,66	9,39	9,12	8,86
13	12,13	11,73	11,35	10,98	10,63	10,30	9,99	9,68	9,39
14	13,00	12,54	12,11	11,69	11,30	10,92	10,56	10,22	9,90
15	13,87	13,34	12,85	12,38	11,94	11,52	11,12	10,74	10,38
16	14,72	14,13	13,58	13,06	12,56	12,09	11,65	11,23	10,84
17	15,56	14,91	14,29	13,71	13,17	12,65	12,17	11,71	11,27
18	16,40	15,67	14,99	14,35	13,75	13,19	12,66	12,16	11,69
19	17,23	16,43	15,68	14,98	14,32	13,71	13,13	12,59	12,09
20	18,05	17,17	16,35	15,59	14,88	14,21	13,59	13,01	12,46
21	18,86	17,90	17,01	16,18	15,42	14,70	14,03	13,40	12,82
22	19,66	18,62	17,66	16,77	15,94	15,17	14,45	13,78	13,16
23	20,46	19,33	18,29	17,33	16,44	15,62	14,86	14,15	13,49
24	21,24	20,03	18,91	17,88	16,94	16,06	15,25	14,50	13,80
25	22,02	20,72	19,52	18,42	17,41	16,48	15,62	14,83	14,09
26	22,80	21,40	20,12	18,95	17,88	16,89	15,98	15,15	14,38
27	23,56	22,07	20,71	19,46	18,33	17,29	16,33	15,45	14,64
28	24,32	22,73	21,28	19,96	18,76	17,67	16,66	15,74	14,90
29	25,07	23,38	21,84	20,45	19,19	18,04	16,98	16,02	15,14
30	25,81	24,02	22,40	20,93	19,60	18,39	17,29	16,29	15,37
31	26,54	24,65	22,94	21,40	20,00	18,74	17,59	16,54	15,59
32	27,27	25,27	23,47	21,85	20,39	19,07	17,87	16,79	15,80
33	27,99	25,88	23,99	22,29	20,77	19,39	18,15	17,02	16,00
34	28,70	26,48	24,50	22,72	21,13	19,70	18,41	17,25	16,19
35	29,41	27,08	25,00	23,15	21,49	20,00	18,66	17,46	16,37
36	30,11	27,66	25,49	23,56	21,83	20,29	18,91	17,67	16,55
37	30,80	28,24	25,97	23,96	22,17	20,57	19,14	17,86	16,71
38	31,48	28,81	26,44	24,35	22,49	20,84	19,37	18,05	16,87
39	32,16	29,36	26,90	24,73	22,81	21,10	19,58	18,23	17,02
40	32,83	29,92	27,36	25,10	23,11	21,36	19,79	18,40	17,16
41	33,50	30,46	27,80	25,47	23,41	21,60	19,99	18,57	17,29
42	34,16	30,99	28,23	25,82	23,70	21,83	20,19	18,72	17,42
43	34,81	31,52	28,66	26,17	23,98	22,06	20,37	18,87	17,55
44	35,46	32,04	29,08	26,50	24,25	22,28	20,55	19,02	17,66
45	36,09	32,55	29,49	26,83	24,52	22,50	20,72	19,16	17,77
46	36,73	33,06	29,89	27,15	24,78	22,70	20,88	19,29	17,88
47	37,35	33,55	30,29	27,47	25,02	22,90	21,04	19,41	17,98
48	37,97	34,04	30,67	27,77	25,27	23,09	21,20	19,54	18,08
49	38,59	34,52	31,05	28,07	25,50	23,28	21,34	19,65	18,17
50	39,20	35,00	31,42	28,36	25,73	23,46	21,48	19,76	18,26

Nichtamtliche Fassung

Restnutzungs-dauer von ... Jahren	Zinssatz 1,0%	1,5%	2,0%	2,5%	3,0%	3,5%	4,0%	4,5%	5,0%
51	39,80	35,47	31,79	28,65	25,95	23,63	21,62	19,87	18,34
52	40,39	35,93	32,14	28,92	26,17	23,80	21,75	19,97	18,42
53	40,98	36,38	32,50	29,19	26,37	23,96	21,87	20,07	18,49
54	41,57	36,83	32,84	29,46	26,58	24,11	21,99	20,16	18,57
55	42,15	37,27	33,17	29,71	26,77	24,26	22,11	20,25	18,63
56	42,72	37,71	33,50	29,96	26,97	24,41	22,22	20,33	18,70
57	43,29	38,13	33,83	30,21	27,15	24,55	22,33	20,41	18,76
58	43,85	38,56	34,15	30,45	27,33	24,69	22,43	20,49	18,82
59	44,40	38,97	34,46	30,68	27,51	24,82	22,53	20,57	18,88
60	44,96	39,38	34,76	30,91	27,68	24,94	22,62	20,64	18,93
61	45,50	39,78	35,06	31,13	27,84	25,07	22,71	20,71	18,98
62	46,04	40,18	35,35	31,35	28,00	25,19	22,80	20,77	19,03
63	46,57	40,57	35,64	31,56	28,16	25,30	22,89	20,83	19,08
64	47,10	40,96	35,92	31,76	28,31	25,41	22,97	20,89	19,12
65	47,63	41,34	36,20	31,96	28,45	25,52	23,05	20,95	19,16
66	48,15	41,71	36,47	32,16	28,60	25,62	23,12	21,01	19,20
67	48,66	42,08	36,73	32,35	28,73	25,72	23,19	21,06	19,24
68	49,17	42,44	36,99	32,54	28,87	25,82	23,26	21,11	19,28
69	49,67	42,80	37,25	32,72	29,00	25,91	23,33	21,16	19,31
70	50,17	43,15	37,50	32,90	29,12	26,00	23,39	21,20	19,34
71	50,66	43,50	37,74	33,07	29,25	26,09	23,46	21,25	19,37
72	51,15	43,84	37,98	33,24	29,37	26,17	23,52	21,29	19,40
73	51,63	44,18	38,22	33,40	29,48	26,25	23,57	21,33	19,43
74	52,11	44,51	38,45	33,57	29,59	26,33	23,63	21,37	19,46
75	52,59	44,84	38,68	33,72	29,70	26,41	23,68	21,40	19,48
76	53,06	45,16	38,90	33,88	29,81	26,48	23,73	21,44	19,51
77	53,52	45,48	39,12	34,03	29,91	26,55	23,78	21,47	19,53
78	53,98	45,79	39,33	34,17	30,01	26,62	23,83	21,50	19,56
79	54,44	46,10	39,54	34,31	30,11	26,68	23,87	21,54	19,58
80	54,89	46,41	39,74	34,45	30,20	26,75	23,92	21,57	19,60
81	55,33	46,71	39,95	34,59	30,29	26,81	23,96	21,59	19,62
82	55,78	47,00	40,14	34,72	30,38	26,87	24,00	21,62	19,63
83	56,21	47,29	40,34	34,85	30,47	26,93	24,04	21,65	19,65
84	56,65	47,58	40,53	34,97	30,55	26,98	24,07	21,67	19,67
85	57,08	47,86	40,71	35,10	30,63	27,04	24,11	21,70	19,68
86	57,50	48,14	40,89	35,22	30,71	27,09	24,14	21,72	19,70
87	57,92	48,41	41,07	35,33	30,79	27,14	24,18	21,74	19,71
88	58,34	48,68	41,25	35,45	30,86	27,19	24,21	21,76	19,73
89	58,75	48,95	41,42	35,56	30,93	27,23	24,24	21,78	19,74
90	59,16	49,21	41,59	35,67	31,00	27,28	24,27	21,80	19,75
91	59,57	49,47	41,75	35,77	31,07	27,32	24,30	21,82	19,76
92	59,97	49,72	41,91	35,87	31,14	27,37	24,32	21,83	19,78
93	60,36	49,97	42,07	35,98	31,20	27,41	24,35	21,85	19,79
94	60,75	50,22	42,23	36,07	31,26	27,45	24,37	21,87	19,80
95	61,14	50,46	42,38	36,17	31,32	27,48	24,40	21,88	19,81
96	61,53	50,70	42,53	36,26	31,38	27,52	24,42	21,90	19,82
97	61,91	50,94	42,68	36,35	31,44	27,56	24,44	21,91	19,82
98	62,29	51,17	42,82	36,44	31,49	27,59	24,46	21,92	19,83
99	62,66	51,40	42,96	36,53	31,55	27,62	24,49	21,94	19,84
100	63,03	51,62	43,10	36,61	31,60	27,66	24,50	21,95	19,85

Nichtamtliche Fassung

Restnutzungs-dauer von ... Jahren	Zinssatz 5,5%	6,0%	6,5%	7,0%	7,5%	8,0%	8,5%	9,0%	9,5%	10,0%
1	0,95	0,94	0,94	0,93	0,93	0,93	0,92	0,92	0,91	0,91
2	1,85	1,83	1,82	1,81	1,80	1,78	1,77	1,76	1,75	1,74
3	2,70	2,67	2,65	2,62	2,60	2,58	2,55	2,53	2,51	2,49
4	3,51	3,47	3,43	3,39	3,35	3,31	3,28	3,24	3,20	3,17
5	4,27	4,21	4,16	4,10	4,05	3,99	3,94	3,89	3,84	3,79
6	5,00	4,92	4,84	4,77	4,69	4,62	4,55	4,49	4,42	4,36
7	5,68	5,58	5,48	5,39	5,30	5,21	5,12	5,03	4,95	4,87
8	6,33	6,21	6,09	5,97	5,86	5,75	5,64	5,53	5,43	5,33
9	6,95	6,80	6,66	6,52	6,38	6,25	6,12	6,00	5,88	5,76
10	7,54	7,36	7,19	7,02	6,86	6,71	6,56	6,42	6,28	6,14
11	8,09	7,89	7,69	7,50	7,32	7,14	6,97	6,81	6,65	6,50
12	8,62	8,38	8,16	7,94	7,74	7,54	7,34	7,16	6,98	6,81
13	9,12	8,85	8,60	8,36	8,13	7,90	7,69	7,49	7,29	7,10
14	9,59	9,29	9,01	8,75	8,49	8,24	8,01	7,79	7,57	7,37
15	10,04	9,71	9,40	9,11	8,83	8,56	8,30	8,06	7,83	7,61
16	10,46	10,11	9,77	9,45	9,14	8,85	8,58	8,31	8,06	7,82
17	10,86	10,48	10,11	9,76	9,43	9,12	8,83	8,54	8,28	8,02
18	11,25	10,83	10,43	10,06	9,71	9,37	9,06	8,76	8,47	8,20
19	11,61	11,16	10,73	10,34	9,96	9,60	9,27	8,95	8,65	8,36
20	11,95	11,47	11,02	10,59	10,19	9,82	9,46	9,13	8,81	8,51
21	12,28	11,76	11,28	10,84	10,41	10,02	9,64	9,29	8,96	8,65
22	12,58	12,04	11,54	11,06	10,62	10,20	9,81	9,44	9,10	8,77
23	12,88	12,30	11,77	11,27	10,81	10,37	9,96	9,58	9,22	8,88
24	13,15	12,55	11,99	11,47	10,98	10,53	10,10	9,71	9,33	8,98
25	13,41	12,78	12,20	11,65	11,15	10,67	10,23	9,82	9,44	9,08
26	13,66	13,00	12,39	11,83	11,30	10,81	10,35	9,93	9,53	9,16
27	13,90	13,21	12,57	11,99	11,44	10,94	10,46	10,03	9,62	9,24
28	14,12	13,41	12,75	12,14	11,57	11,05	10,57	10,12	9,70	9,31
29	14,33	13,59	12,91	12,28	11,70	11,16	10,66	10,20	9,77	9,37
30	14,53	13,76	13,06	12,41	11,81	11,26	10,75	10,27	9,83	9,43
31	14,72	13,93	13,20	12,53	11,92	11,35	10,83	10,34	9,89	9,48
32	14,90	14,08	13,33	12,65	12,02	11,43	10,90	10,41	9,95	9,53
33	15,08	14,23	13,46	12,75	12,11	11,51	10,97	10,46	10,00	9,57
34	15,24	14,37	13,58	12,85	12,19	11,59	11,03	10,52	10,05	9,61
35	15,39	14,50	13,69	12,95	12,27	11,65	11,09	10,57	10,09	9,64
36	15,54	14,62	13,79	13,04	12,35	11,72	11,14	10,61	10,13	9,68
37	15,67	14,74	13,89	13,12	12,42	11,78	11,19	10,65	10,16	9,71
38	15,80	14,85	13,98	13,19	12,48	11,83	11,23	10,69	10,19	9,73
39	15,93	14,95	14,06	13,26	12,54	11,88	11,28	10,73	10,22	9,76
40	16,05	15,05	14,15	13,33	12,59	11,92	11,31	10,76	10,25	9,78
41	16,16	15,14	14,22	13,39	12,65	11,97	11,35	10,79	10,27	9,80
42	16,26	15,22	14,29	13,45	12,69	12,01	11,38	10,81	10,29	9,82
43	16,36	15,31	14,36	13,51	12,74	12,04	11,41	10,84	10,31	9,83
44	16,46	15,38	14,42	13,56	12,78	12,08	11,44	10,86	10,33	9,85
45	16,55	15,46	14,48	13,61	12,82	12,11	11,47	10,88	10,35	9,86
46	16,63	15,52	14,54	13,65	12,85	12,14	11,49	10,90	10,36	9,88
47	16,71	15,59	14,59	13,69	12,89	12,16	11,51	10,92	10,38	9,89
48	16,79	15,65	14,64	13,73	12,92	12,19	11,53	10,93	10,39	9,90
49	16,86	15,71	14,68	13,77	12,95	12,21	11,55	10,95	10,40	9,91
50	16,93	15,76	14,72	13,80	12,97	12,23	11,57	10,96	10,41	9,91

Nichtamtliche Fassung

Restnutzungs-dauer von ... Jahren	Zinssatz 5,5%	6,0%	6,5%	7,0%	7,5%	8,0%	8,5%	9,0%	9,5%	10,0%
51	17,00	15,81	14,76	13,83	13,00	12,25	11,58	10,97	10,42	9,92
52	17,06	15,86	14,80	13,86	13,02	12,27	11,60	10,99	10,43	9,93
53	17,12	15,91	14,84	13,89	13,04	12,29	11,61	11,00	10,44	9,94
54	17,17	15,95	14,87	13,92	13,06	12,30	11,62	11,01	10,45	9,94
55	17,23	15,99	14,90	13,94	13,08	12,32	11,63	11,01	10,45	9,95
56	17,28	16,03	14,93	13,96	13,10	12,33	11,64	11,02	10,46	9,95
57	17,32	16,06	14,96	13,98	13,12	12,34	11,65	11,03	10,47	9,96
58	17,37	16,10	14,99	14,00	13,13	12,36	11,66	11,04	10,47	9,96
59	17,41	16,13	15,01	14,02	13,15	12,37	11,67	11,04	10,48	9,96
60	17,45	16,16	15,03	14,04	13,16	12,38	11,68	11,05	10,48	9,97
61	17,49	16,19	15,05	14,06	13,17	12,39	11,68	11,05	10,48	9,97
62	17,52	16,22	15,07	14,07	13,18	12,39	11,69	11,06	10,49	9,97
63	17,56	16,24	15,09	14,08	13,19	12,40	11,70	11,06	10,49	9,98
64	17,59	16,27	15,11	14,10	13,20	12,41	11,70	11,07	10,49	9,98
65	17,62	16,29	15,13	14,11	13,21	12,42	11,71	11,07	10,50	9,98
66	17,65	16,31	15,14	14,12	13,22	12,42	11,71	11,07	10,50	9,98
67	17,68	16,33	15,16	14,13	13,23	12,43	11,71	11,08	10,50	9,98
68	17,70	16,35	15,17	14,14	13,24	12,43	11,72	11,08	10,50	9,98
69	17,73	16,37	15,19	14,15	13,24	12,44	11,72	11,08	10,51	9,99
70	17,75	16,38	15,20	14,16	13,25	12,44	11,73	11,08	10,51	9,99
71	17,78	16,40	15,21	14,17	13,25	12,45	11,73	11,09	10,51	9,99
72	17,80	16,42	15,22	14,18	13,26	12,45	11,73	11,09	10,51	9,99
73	17,82	16,43	15,23	14,18	13,27	12,45	11,73	11,09	10,51	9,99
74	17,84	16,44	15,24	14,19	13,27	12,46	11,74	11,09	10,51	9,99
75	17,85	16,46	15,25	14,20	13,27	12,46	11,74	11,09	10,51	9,99
76	17,87	16,47	15,26	14,20	13,28	12,46	11,74	11,10	10,52	9,99
77	17,89	16,48	15,26	14,21	13,28	12,47	11,74	11,10	10,52	9,99
78	17,90	16,49	15,27	14,21	13,29	12,47	11,74	11,10	10,52	9,99
79	17,92	16,50	15,28	14,22	13,29	12,47	11,75	11,10	10,52	9,99
80	17,93	16,51	15,28	14,22	13,29	12,47	11,75	11,10	10,52	10,00
81	17,94	16,52	15,29	14,23	13,30	12,48	11,75	11,10	10,52	10,00
82	17,96	16,53	15,30	14,23	13,30	12,48	11,75	11,10	10,52	10,00
83	17,97	16,53	15,30	14,23	13,30	12,48	11,75	11,10	10,52	10,00
84	17,98	16,54	15,31	14,24	13,30	12,48	11,75	11,10	10,52	10,00
85	17,99	16,55	15,31	14,24	13,30	12,48	11,75	11,10	10,52	10,00
86	18,00	16,56	15,32	14,24	13,31	12,48	11,75	11,10	10,52	10,00
87	18,01	16,56	15,32	14,25	13,31	12,48	11,75	11,10	10,52	10,00
88	18,02	16,57	15,32	14,25	13,31	12,49	11,76	11,11	10,52	10,00
89	18,03	16,57	15,33	14,25	13,31	12,49	11,76	11,11	10,52	10,00
90	18,03	16,58	15,33	14,25	13,31	12,49	11,76	11,11	10,52	10,00
91	18,04	16,58	15,33	14,26	13,31	12,49	11,76	11,11	10,52	10,00
92	18,05	16,59	15,34	14,26	13,32	12,49	11,76	11,11	10,52	10,00
93	18,06	16,59	15,34	14,26	13,32	12,49	11,76	11,11	10,52	10,00
94	18,06	16,60	15,34	14,26	13,32	12,49	11,76	11,11	10,52	10,00
95	18,07	16,60	15,35	14,26	13,32	12,49	11,76	11,11	10,52	10,00
96	18,08	16,60	15,35	14,26	13,32	12,49	11,76	11,11	10,52	10,00
97	18,08	16,61	15,35	14,27	13,32	12,49	11,76	11,11	10,52	10,00
98	18,09	16,61	15,35	14,27	13,32	12,49	11,76	11,11	10,52	10,00
99	18,09	16,61	15,35	14,27	13,32	12,49	11,76	11,11	10,52	10,00
100	18,10	16,62	15,36	14,27	13,32	12,49	11,76	11,11	10,53	10,00

Berechnungsvorschrift für die der Tabelle nicht zu entnehmenden Barwertfaktoren für die Kapitalisierung

Kapitalisierungsfaktor = $\frac{q^n - 1}{q^n * (q - 1)}$ $\quad q = 1 + \frac{p}{100}$

p=Liegenschaftszinssatz
n=Restnutzungsdauer

Barwertfaktoren für die Abzinsung

Anlage 2 (zu § 20)

Restnutzungs-dauer von ... Jahren	Zinssatz 1,0%	1,5%	2,0%	2,5%	3,0%	3,5%	4,0%	4,5%	5,0%
1	0,9901	0,9852	0,9804	0,9756	0,9709	0,9662	0,9615	0,9569	0,9524
2	0,9803	0,9707	0,9612	0,9518	0,9426	0,9335	0,9246	0,9157	0,9070
3	0,9706	0,9563	0,9423	0,9286	0,9151	0,9019	0,8890	0,8763	0,8638
4	0,9610	0,9422	0,9238	0,9060	0,8885	0,8714	0,8548	0,8386	0,8227
5	0,9515	0,9283	0,9057	0,8839	0,8626	0,8420	0,8219	0,8025	0,7835
6	0,9420	0,9145	0,8880	0,8623	0,8375	0,8135	0,7903	0,7679	0,7462
7	0,9327	0,9010	0,8706	0,8413	0,8131	0,7860	0,7599	0,7348	0,7107
8	0,9235	0,8877	0,8535	0,8207	0,7894	0,7594	0,7307	0,7032	0,6768
9	0,9143	0,8746	0,8368	0,8007	0,7664	0,7337	0,7026	0,6729	0,6446
10	0,9053	0,8617	0,8203	0,7812	0,7441	0,7089	0,6756	0,6439	0,6139
11	0,8963	0,8489	0,8043	0,7621	0,7224	0,6849	0,6496	0,6162	0,5847
12	0,8874	0,8364	0,7885	0,7436	0,7014	0,6618	0,6246	0,5897	0,5568
13	0,8787	0,8240	0,7730	0,7254	0,6810	0,6394	0,6006	0,5643	0,5303
14	0,8700	0,8118	0,7579	0,7077	0,6611	0,6178	0,5775	0,5400	0,5051
15	0,8613	0,7999	0,7430	0,6905	0,6419	0,5969	0,5553	0,5167	0,4810
16	0,8528	0,7880	0,7284	0,6736	0,6232	0,5767	0,5339	0,4945	0,4581
17	0,8444	0,7764	0,7142	0,6572	0,6050	0,5572	0,5134	0,4732	0,4363
18	0,8360	0,7649	0,7002	0,6412	0,5874	0,5384	0,4936	0,4528	0,4155
19	0,8277	0,7536	0,6864	0,6255	0,5703	0,5202	0,4746	0,4333	0,3957
20	0,8195	0,7425	0,6730	0,6103	0,5537	0,5026	0,4564	0,4146	0,3769
21	0,8114	0,7315	0,6598	0,5954	0,5375	0,4856	0,4388	0,3968	0,3589
22	0,8034	0,7207	0,6468	0,5809	0,5219	0,4692	0,4220	0,3797	0,3418
23	0,7954	0,7100	0,6342	0,5667	0,5067	0,4533	0,4057	0,3634	0,3256
24	0,7876	0,6995	0,6217	0,5529	0,4919	0,4380	0,3901	0,3477	0,3101
25	0,7798	0,6892	0,6095	0,5394	0,4776	0,4231	0,3751	0,3327	0,2953
26	0,7720	0,6790	0,5976	0,5262	0,4637	0,4088	0,3607	0,3184	0,2812
27	0,7644	0,6690	0,5859	0,5134	0,4502	0,3950	0,3468	0,3047	0,2678
28	0,7568	0,6591	0,5744	0,5009	0,4371	0,3817	0,3335	0,2916	0,2551
29	0,7493	0,6494	0,5631	0,4887	0,4243	0,3687	0,3207	0,2790	0,2429
30	0,7419	0,6398	0,5521	0,4767	0,4120	0,3563	0,3083	0,2670	0,2314
31	0,7346	0,6303	0,5412	0,4651	0,4000	0,3442	0,2965	0,2555	0,2204
32	0,7273	0,6210	0,5306	0,4538	0,3883	0,3326	0,2851	0,2445	0,2099
33	0,7201	0,6118	0,5202	0,4427	0,3770	0,3213	0,2741	0,2340	0,1999
34	0,7130	0,6028	0,5100	0,4319	0,3660	0,3105	0,2636	0,2239	0,1904
35	0,7059	0,5939	0,5000	0,4214	0,3554	0,3000	0,2534	0,2143	0,1813
36	0,6989	0,5851	0,4902	0,4111	0,3450	0,2898	0,2437	0,2050	0,1727
37	0,6920	0,5764	0,4806	0,4011	0,3350	0,2800	0,2343	0,1962	0,1644
38	0,6852	0,5679	0,4712	0,3913	0,3252	0,2706	0,2253	0,1878	0,1566
39	0,6784	0,5595	0,4619	0,3817	0,3158	0,2614	0,2166	0,1797	0,1491
40	0,6717	0,5513	0,4529	0,3724	0,3066	0,2526	0,2083	0,1719	0,1420
41	0,6650	0,5431	0,4440	0,3633	0,2976	0,2440	0,2003	0,1645	0,1353
42	0,6584	0,5351	0,4353	0,3545	0,2890	0,2358	0,1926	0,1574	0,1288
43	0,6519	0,5272	0,4268	0,3458	0,2805	0,2278	0,1852	0,1507	0,1227
44	0,6454	0,5194	0,4184	0,3374	0,2724	0,2201	0,1780	0,1442	0,1169
45	0,6391	0,5117	0,4102	0,3292	0,2644	0,2127	0,1712	0,1380	0,1113
46	0,6327	0,5042	0,4022	0,3211	0,2567	0,2055	0,1646	0,1320	0,1060
47	0,6265	0,4967	0,3943	0,3133	0,2493	0,1985	0,1583	0,1263	0,1009
48	0,6203	0,4894	0,3865	0,3057	0,2420	0,1918	0,1522	0,1209	0,0961
49	0,6141	0,4821	0,3790	0,2982	0,2350	0,1853	0,1463	0,1157	0,0916
50	0,6080	0,4750	0,3715	0,2909	0,2281	0,1791	0,1407	0,1107	0,0872

Nichtamtliche Fassung

Restnutzungs-dauer von ... Jahren	Zinssatz 1,0%	1,5%	2,0%	2,5%	3,0%	3,5%	4,0%	4,5%	5,0%
51	0,6020	0,4680	0,3642	0,2838	0,2215	0,1730	0,1353	0,1059	0,0831
52	0,5961	0,4611	0,3571	0,2769	0,2150	0,1671	0,1301	0,1014	0,0791
53	0,5902	0,4543	0,3501	0,2702	0,2088	0,1615	0,1251	0,0970	0,0753
54	0,5843	0,4475	0,3432	0,2636	0,2027	0,1560	0,1203	0,0928	0,0717
55	0,5785	0,4409	0,3365	0,2572	0,1968	0,1508	0,1157	0,0888	0,0683
56	0,5728	0,4344	0,3299	0,2509	0,1910	0,1457	0,1112	0,0850	0,0651
57	0,5671	0,4280	0,3234	0,2448	0,1855	0,1407	0,1069	0,0814	0,0620
58	0,5615	0,4217	0,3171	0,2388	0,1801	0,1360	0,1028	0,0778	0,0590
59	0,5560	0,4154	0,3109	0,2330	0,1748	0,1314	0,0989	0,0745	0,0562
60	0,5504	0,4093	0,3048	0,2273	0,1697	0,1269	0,0951	0,0713	0,0535
61	0,5450	0,4032	0,2988	0,2217	0,1648	0,1226	0,0914	0,0682	0,0510
62	0,5396	0,3973	0,2929	0,2163	0,1600	0,1185	0,0879	0,0653	0,0486
63	0,5343	0,3914	0,2872	0,2111	0,1553	0,1145	0,0845	0,0625	0,0462
64	0,5290	0,3856	0,2816	0,2059	0,1508	0,1106	0,0813	0,0598	0,0440
65	0,5237	0,3799	0,2761	0,2009	0,1464	0,1069	0,0781	0,0572	0,0419
66	0,5185	0,3743	0,2706	0,1960	0,1421	0,1033	0,0751	0,0547	0,0399
67	0,5134	0,3688	0,2653	0,1912	0,1380	0,0998	0,0722	0,0524	0,0380
68	0,5083	0,3633	0,2601	0,1865	0,1340	0,0964	0,0695	0,0501	0,0362
69	0,5033	0,3580	0,2550	0,1820	0,1301	0,0931	0,0668	0,0480	0,0345
70	0,4983	0,3527	0,2500	0,1776	0,1263	0,0900	0,0642	0,0459	0,0329
71	0,4934	0,3475	0,2451	0,1732	0,1226	0,0869	0,0617	0,0439	0,0313
72	0,4885	0,3423	0,2403	0,1690	0,1190	0,0840	0,0594	0,0420	0,0298
73	0,4837	0,3373	0,2356	0,1649	0,1156	0,0812	0,0571	0,0402	0,0284
74	0,4789	0,3323	0,2310	0,1609	0,1122	0,0784	0,0549	0,0385	0,0270
75	0,4741	0,3274	0,2265	0,1569	0,1089	0,0758	0,0528	0,0368	0,0258
76	0,4694	0,3225	0,2220	0,1531	0,1058	0,0732	0,0508	0,0353	0,0245
77	0,4648	0,3178	0,2177	0,1494	0,1027	0,0707	0,0488	0,0337	0,0234
78	0,4602	0,3131	0,2134	0,1457	0,0997	0,0683	0,0469	0,0323	0,0222
79	0,4556	0,3084	0,2092	0,1422	0,0968	0,0660	0,0451	0,0309	0,0212
80	0,4511	0,3039	0,2051	0,1387	0,0940	0,0638	0,0434	0,0296	0,0202
81	0,4467	0,2994	0,2011	0,1353	0,0912	0,0616	0,0417	0,0283	0,0192
82	0,4422	0,2950	0,1971	0,1320	0,0886	0,0596	0,0401	0,0271	0,0183
83	0,4379	0,2906	0,1933	0,1288	0,0860	0,0575	0,0386	0,0259	0,0174
84	0,4335	0,2863	0,1895	0,1257	0,0835	0,0556	0,0371	0,0248	0,0166
85	0,4292	0,2821	0,1858	0,1226	0,0811	0,0537	0,0357	0,0237	0,0158
86	0,4250	0,2779	0,1821	0,1196	0,0787	0,0519	0,0343	0,0227	0,0151
87	0,4208	0,2738	0,1786	0,1167	0,0764	0,0501	0,0330	0,0217	0,0143
88	0,4166	0,2698	0,1751	0,1138	0,0742	0,0484	0,0317	0,0208	0,0137
89	0,4125	0,2658	0,1716	0,1111	0,0720	0,0468	0,0305	0,0199	0,0130
90	0,4084	0,2619	0,1683	0,1084	0,0699	0,0452	0,0293	0,0190	0,0124
91	0,4043	0,2580	0,1650	0,1057	0,0679	0,0437	0,0282	0,0182	0,0118
92	0,4003	0,2542	0,1617	0,1031	0,0659	0,0422	0,0271	0,0174	0,0112
93	0,3964	0,2504	0,1586	0,1006	0,0640	0,0408	0,0261	0,0167	0,0107
94	0,3925	0,2467	0,1554	0,0982	0,0621	0,0394	0,0251	0,0160	0,0102
95	0,3886	0,2431	0,1524	0,0958	0,0603	0,0381	0,0241	0,0153	0,0097
96	0,3847	0,2395	0,1494	0,0934	0,0586	0,0368	0,0232	0,0146	0,0092
97	0,3809	0,2359	0,1465	0,0912	0,0569	0,0355	0,0223	0,0140	0,0088
98	0,3771	0,2324	0,1436	0,0889	0,0552	0,0343	0,0214	0,0134	0,0084
99	0,3734	0,2290	0,1408	0,0868	0,0536	0,0332	0,0206	0,0128	0,0080
100	0,3697	0,2256	0,1380	0,0846	0,0520	0,0321	0,0198	0,0123	0,0076

Nichtamtliche Fassung

Restnutzungs-dauer von ... Jahren	Zinssatz									
	5,5%	6%	6,5%	7%	7,5%	8%	8,5%	9%	9,5%	10%
1	0,9479	0,9434	0,9390	0,9346	0,9302	0,9259	0,9217	0,9174	0,9132	0,9091
2	0,8985	0,8900	0,8817	0,8734	0,8653	0,8573	0,8495	0,8417	0,8340	0,8264
3	0,8516	0,8396	0,8278	0,8163	0,8050	0,7938	0,7829	0,7722	0,7617	0,7513
4	0,8072	0,7921	0,7773	0,7629	0,7488	0,7350	0,7216	0,7084	0,6956	0,6830
5	0,7651	0,7473	0,7299	0,7130	0,6966	0,6806	0,6650	0,6499	0,6352	0,6209
6	0,7252	0,7050	0,6853	0,6663	0,6480	0,6302	0,6129	0,5963	0,5801	0,5645
7	0,6874	0,6651	0,6435	0,6227	0,6028	0,5835	0,5649	0,5470	0,5298	0,5132
8	0,6516	0,6274	0,6042	0,5820	0,5607	0,5403	0,5207	0,5019	0,4838	0,4665
9	0,6176	0,5919	0,5674	0,5439	0,5216	0,5002	0,4799	0,4604	0,4418	0,4241
10	0,5854	0,5584	0,5327	0,5083	0,4852	0,4632	0,4423	0,4224	0,4035	0,3855
11	0,5549	0,5268	0,5002	0,4751	0,4513	0,4289	0,4076	0,3875	0,3685	0,3505
12	0,5260	0,4970	0,4697	0,4440	0,4199	0,3971	0,3757	0,3555	0,3365	0,3186
13	0,4986	0,4688	0,4410	0,4150	0,3906	0,3677	0,3463	0,3262	0,3073	0,2897
14	0,4726	0,4423	0,4141	0,3878	0,3633	0,3405	0,3191	0,2992	0,2807	0,2633
15	0,4479	0,4173	0,3888	0,3624	0,3380	0,3152	0,2941	0,2745	0,2563	0,2394
16	0,4246	0,3936	0,3651	0,3387	0,3144	0,2919	0,2711	0,2519	0,2341	0,2176
17	0,4024	0,3714	0,3428	0,3166	0,2925	0,2703	0,2499	0,2311	0,2138	0,1978
18	0,3815	0,3503	0,3219	0,2959	0,2720	0,2502	0,2303	0,2120	0,1952	0,1799
19	0,3616	0,3305	0,3022	0,2765	0,2531	0,2317	0,2122	0,1945	0,1783	0,1635
20	0,3427	0,3118	0,2838	0,2584	0,2354	0,2145	0,1956	0,1784	0,1628	0,1486
21	0,3249	0,2942	0,2665	0,2415	0,2190	0,1987	0,1803	0,1637	0,1487	0,1351
22	0,3079	0,2775	0,2502	0,2257	0,2037	0,1839	0,1662	0,1502	0,1358	0,1228
23	0,2919	0,2618	0,2349	0,2109	0,1895	0,1703	0,1531	0,1378	0,1240	0,1117
24	0,2767	0,2470	0,2206	0,1971	0,1763	0,1577	0,1412	0,1264	0,1133	0,1015
25	0,2622	0,2330	0,2071	0,1842	0,1640	0,1460	0,1301	0,1160	0,1034	0,0923
26	0,2486	0,2198	0,1945	0,1722	0,1525	0,1352	0,1199	0,1064	0,0945	0,0839
27	0,2356	0,2074	0,1826	0,1609	0,1419	0,1252	0,1105	0,0976	0,0863	0,0763
28	0,2233	0,1956	0,1715	0,1504	0,1320	0,1159	0,1019	0,0895	0,0788	0,0693
29	0,2117	0,1846	0,1610	0,1406	0,1228	0,1073	0,0939	0,0822	0,0719	0,0630
30	0,2006	0,1741	0,1512	0,1314	0,1142	0,0994	0,0865	0,0754	0,0657	0,0573
31	0,1902	0,1643	0,1420	0,1228	0,1063	0,0920	0,0797	0,0691	0,0600	0,0521
32	0,1803	0,1550	0,1333	0,1147	0,0988	0,0852	0,0735	0,0634	0,0548	0,0474
33	0,1709	0,1462	0,1252	0,1072	0,0919	0,0789	0,0677	0,0582	0,0500	0,0431
34	0,1620	0,1379	0,1175	0,1002	0,0855	0,0730	0,0624	0,0534	0,0457	0,0391
35	0,1535	0,1301	0,1103	0,0937	0,0796	0,0676	0,0575	0,0490	0,0417	0,0356
36	0,1455	0,1227	0,1036	0,0875	0,0740	0,0626	0,0530	0,0449	0,0381	0,0323
37	0,1379	0,1158	0,0973	0,0818	0,0688	0,0580	0,0489	0,0412	0,0348	0,0294
38	0,1307	0,1092	0,0914	0,0765	0,0640	0,0537	0,0450	0,0378	0,0318	0,0267
39	0,1239	0,1031	0,0858	0,0715	0,0596	0,0497	0,0415	0,0347	0,0290	0,0243
40	0,1175	0,0972	0,0805	0,0668	0,0554	0,0460	0,0383	0,0318	0,0265	0,0221
41	0,1113	0,0917	0,0756	0,0624	0,0516	0,0426	0,0353	0,0292	0,0242	0,0201
42	0,1055	0,0865	0,0710	0,0583	0,0480	0,0395	0,0325	0,0268	0,0221	0,0183
43	0,1000	0,0816	0,0667	0,0545	0,0446	0,0365	0,0300	0,0246	0,0202	0,0166
44	0,0948	0,0770	0,0626	0,0509	0,0415	0,0338	0,0276	0,0226	0,0184	0,0151
45	0,0899	0,0727	0,0588	0,0476	0,0386	0,0313	0,0254	0,0207	0,0168	0,0137
46	0,0852	0,0685	0,0552	0,0445	0,0359	0,0290	0,0235	0,0190	0,0154	0,0125
47	0,0807	0,0647	0,0518	0,0416	0,0334	0,0269	0,0216	0,0174	0,0140	0,0113
48	0,0765	0,0610	0,0487	0,0389	0,0311	0,0249	0,0199	0,0160	0,0128	0,0103
49	0,0725	0,0575	0,0457	0,0363	0,0289	0,0230	0,0184	0,0147	0,0117	0,0094
50	0,0688	0,0543	0,0429	0,0339	0,0269	0,0213	0,0169	0,0134	0,0107	0,0085

Nichtamtliche Fassung

Restnutzungs-dauer von ... Jahren	Zinssatz 5,5%	6%	6,5%	7%	7,5%	8%	8,5%	9%	9,5%	10%
51	0,0652	0,0512	0,0403	0,0317	0,0250	0,0197	0,0156	0,0123	0,0098	0,0077
52	0,0618	0,0483	0,0378	0,0297	0,0233	0,0183	0,0144	0,0113	0,0089	0,0070
53	0,0586	0,0456	0,0355	0,0277	0,0216	0,0169	0,0133	0,0104	0,0081	0,0064
54	0,0555	0,0430	0,0334	0,0259	0,0201	0,0157	0,0122	0,0095	0,0074	0,0058
55	0,0526	0,0406	0,0313	0,0242	0,0187	0,0145	0,0113	0,0087	0,0068	0,0053
56	0,0499	0,0383	0,0294	0,0226	0,0174	0,0134	0,0104	0,0080	0,0062	0,0048
57	0,0473	0,0361	0,0276	0,0211	0,0162	0,0124	0,0096	0,0074	0,0057	0,0044
58	0,0448	0,0341	0,0259	0,0198	0,0151	0,0115	0,0088	0,0067	0,0052	0,0040
59	0,0425	0,0321	0,0243	0,0185	0,0140	0,0107	0,0081	0,0062	0,0047	0,0036
60	0,0403	0,0303	0,0229	0,0173	0,0130	0,0099	0,0075	0,0057	0,0043	0,0033
61	0,0382	0,0286	0,0215	0,0161	0,0121	0,0091	0,0069	0,0052	0,0039	0,0030
62	0,0362	0,0270	0,0202	0,0151	0,0113	0,0085	0,0064	0,0048	0,0036	0,0027
63	0,0343	0,0255	0,0189	0,0141	0,0105	0,0078	0,0059	0,0044	0,0033	0,0025
64	0,0325	0,0240	0,0178	0,0132	0,0098	0,0073	0,0054	0,0040	0,0030	0,0022
65	0,0308	0,0227	0,0167	0,0123	0,0091	0,0067	0,0050	0,0037	0,0027	0,0020
66	0,0292	0,0214	0,0157	0,0115	0,0085	0,0062	0,0046	0,0034	0,0025	0,0019
67	0,0277	0,0202	0,0147	0,0107	0,0079	0,0058	0,0042	0,0031	0,0023	0,0017
68	0,0262	0,0190	0,0138	0,0100	0,0073	0,0053	0,0039	0,0029	0,0021	0,0015
69	0,0249	0,0179	0,0130	0,0094	0,0068	0,0049	0,0036	0,0026	0,0019	0,0014
70	0,0236	0,0169	0,0122	0,0088	0,0063	0,0046	0,0033	0,0024	0,0017	0,0013
71	0,0223	0,0160	0,0114	0,0082	0,0059	0,0042	0,0031	0,0022	0,0016	0,0012
72	0,0212	0,0151	0,0107	0,0077	0,0055	0,0039	0,0028	0,0020	0,0015	0,0010
73	0,0201	0,0142	0,0101	0,0072	0,0051	0,0036	0,0026	0,0019	0,0013	0,0010
74	0,0190	0,0134	0,0095	0,0067	0,0047	0,0034	0,0024	0,0017	0,0012	0,0009
75	0,0180	0,0126	0,0089	0,0063	0,0044	0,0031	0,0022	0,0016	0,0011	0,0008
76	0,0171	0,0119	0,0083	0,0058	0,0041	0,0029	0,0020	0,0014	0,0010	0,0007
77	0,0162	0,0113	0,0078	0,0055	0,0038	0,0027	0,0019	0,0013	0,0009	0,0006
78	0,0154	0,0106	0,0074	0,0051	0,0035	0,0025	0,0017	0,0012	0,0008	0,0006
79	0,0146	0,0100	0,0069	0,0048	0,0033	0,0023	0,0016	0,0011	0,0008	0,0005
80	0,0138	0,0095	0,0065	0,0045	0,0031	0,0021	0,0015	0,0010	0,0007	0,0005
81	0,0131	0,0089	0,0061	0,0042	0,0029	0,0020	0,0013	0,0009	0,0006	0,0004
82	0,0124	0,0084	0,0057	0,0039	0,0027	0,0018	0,0012	0,0009	0,0006	0,0004
83	0,0118	0,0079	0,0054	0,0036	0,0025	0,0017	0,0011	0,0008	0,0005	0,0004
84	0,0111	0,0075	0,0050	0,0034	0,0023	0,0016	0,0011	0,0007	0,0005	0,0003
85	0,0106	0,0071	0,0047	0,0032	0,0021	0,0014	0,0010	0,0007	0,0004	0,0003
86	0,0100	0,0067	0,0044	0,0030	0,0020	0,0013	0,0009	0,0006	0,0004	0,0003
87	0,0095	0,0063	0,0042	0,0028	0,0019	0,0012	0,0008	0,0006	0,0004	0,0003
88	0,0090	0,0059	0,0039	0,0026	0,0017	0,0011	0,0008	0,0005	0,0003	0,0002
89	0,0085	0,0056	0,0037	0,0024	0,0016	0,0011	0,0007	0,0005	0,0003	0,0002
90	0,0081	0,0053	0,0035	0,0023	0,0015	0,0010	0,0006	0,0004	0,0003	0,0002
91	0,0077	0,0050	0,0032	0,0021	0,0014	0,0009	0,0006	0,0004	0,0003	0,0002
92	0,0073	0,0047	0,0030	0,0020	0,0013	0,0008	0,0006	0,0004	0,0002	0,0002
93	0,0069	0,0044	0,0029	0,0019	0,0012	0,0008	0,0005	0,0003	0,0002	0,0001
94	0,0065	0,0042	0,0027	0,0017	0,0011	0,0007	0,0005	0,0003	0,0002	0,0001
95	0,0062	0,0039	0,0025	0,0016	0,0010	0,0007	0,0004	0,0003	0,0002	0,0001
96	0,0059	0,0037	0,0024	0,0015	0,0010	0,0006	0,0004	0,0003	0,0002	0,0001
97	0,0056	0,0035	0,0022	0,0014	0,0009	0,0006	0,0004	0,0002	0,0002	0,0001
98	0,0053	0,0033	0,0021	0,0013	0,0008	0,0005	0,0003	0,0002	0,0001	0,0001
99	0,0050	0,0031	0,0020	0,0012	0,0008	0,0005	0,0003	0,0002	0,0001	0,0001
100	0,0047	0,0029	0,0018	0,0012	0,0007	0,0005	0,0003	0,0002	0,0001	0,0001

Berechnungsvorschrift für die der Tabelle nicht zu entnehmenden Barwertfaktoren für die Abzinsung

p=Liegenschaftszinssatz

n=Restnutzungsdauer

Abzinsungsfaktor = $q^{-n} = \frac{1}{q^{n}}$ $\qquad q = 1 + \frac{p}{100}$

Richtlinien für die Ermittlung der Verkehrswerte (Marktwerte) von Grundstücken (Wertermittlungsrichtlinien – WertR 2006) – Auszug

INHALTSVERZEICHNIS

ERSTER TEIL

ALLGEMEINE RICHTLINIEN

Zweiter Teil

Zusätzliche Richtlinien für Teilbereiche

ANLAGEN ZUM ERSTEN TEIL

ANLAGEN ZUM ZWEITEN TEIL

Erster Teil

Allgemeine Richtlinien

1 Vorbemerkung

Diese Richtlinien treten an die Stelle der Richtlinien vom 19. Juli 2002 (BAnz. Nr. 238a vom 20. Dezember 2002) des Bundesministeriums für Verkehr, Bau- und Wohnungswesen. Sie enthalten in Ergänzung der Wertermittlungsverordnung (WertV) vom 6. Dezember 1988 (BGBl I S. 2209), zuletzt geändert durch Artikel 3 des Gesetzes vom 18. August 1997 (BGBl. I S. 2081), Hinweise für die Ermittlung des Verkehrswerts von unbebauten und bebauten Grundstücken sowie von Rechten an Grundstücken. Ihre Anwendung soll eine objektive Ermittlung des Verkehrswerts von Grundstücken nach einheitlichen und marktgerechten Grundsätzen und Verfahren sicherstellen.

Die Richtlinien sind verbindlich, soweit ihre Anwendung angeordnet wird.

Bei land- oder forstwirtschaftlichen Grundstücken sind ergänzende bzw. abweichende Bestimmungen zu beachten, z.B. die Waldermittlungsrichtlinien - WaldR 2000 vom 12. Juli 2000 (BAnz. Nr. 168 vom 6. September 2000) und die Entschädigungsrichtlinien Landwirtschaft - LandR 78 - vom 28. Juli 1978 (BAnz Nr. 181a vom 26. September 1978).

1.1 Gesetzliche Regelungen und andere Vorschriften

Als Grundlage für die Wertermittlung von Grundstücken sind insbesondere folgende Gesetze und Vorschriften in ihrer jeweils geltenden Fassung von besonderer Bedeutung:

- Bundeshaushaltsordnung (BHO)
- Baugesetzbuch (BauGB)
- Wohnraumförderungsgesetz (WoFG)
- Baunutzungsverordnung (BauNVO)
- Verordnung über die Aufstellung von Betriebskosten (BetrKV)
- Verordnung zur Berechnung der Wohnfläche (WoFlV)
- Zweite Berechnungsverordnung (II. BV)
- Bundeskleingartengesetz (BKleingG)
- Bundes-Bodenschutzgesetz (BBodSchG)

In den neuen Bundesländern sind darüber hinaus die besonderen vermögensrechtlichen Gesetze und Verordnungen zu beachten, insbesondere:

- Sachenrechtsbereinigungsgesetz (SachenRBerG)
- Schuldrechtsanpassungsgesetz (SchuldRAnpG)

- Grundstücksrechtsbereinigungsgesetz (GrundRBerG)
- Nutzungsentgeltverordnung (NutzEV)
- Verkehrsflächenbereinigungsgesetz (VerkFlBerG)

Weiterhin sind insbesondere folgende Normen zu beachten:

- DIN 276 Kosten von Hochbauten
- DIN 277 Grundflächen und Rauminhalte von Bauwerken im Hochbau

1.2 Gutachtenerstellung und Verwendung der Anlagen 1 und 2

Die Anlagen 1 und 2 dieser Richtlinien können insbesondere bei einfachen Fällen der Wertermittlung und bei Massenbewertungen Anwendung finden.

Die nachstehenden Ausführungen folgen der Systematik dieser Anlagen.
Für die Gutachtenerstellung ist grundsätzlich eine Ortsbesichtigung vorzunehmen.
Die Ergebnisse der Wertermittlung sind zusammenfassend darzustellen.

1.3 Definition des Verkehrswerts (Marktwerts)

Nach § 194 BauGB wird der Verkehrswert (Marktwert) von Grundstücken durch den Preis bestimmt, der in dem Zeitpunkt, auf den sich die Ermittlung bezieht (Wertermittlungsstichtag), im gewöhnlichen Geschäftsverkehr nach den rechtlichen Gegebenheiten und tatsächlichen Eigenschaften, der sonstigen Beschaffenheit und der Lage des Grundstücks oder des sonstigen Gegenstands der Wertermittlung ohne Rücksicht auf ungewöhnliche oder persönliche Verhältnisse zu erzielen wäre.

1.4 Gegenstand der Wertermittlung

Nach § 2 WertV können Gegenstand der Wertermittlung das Grundstück oder ein Grundstücksteil einschließlich seiner Bestandteile, wie Gebäude, Außenanlagen und sonstige Anlagen sowie das Zubehör sein. Gegenstand der Wertermittlung können auch besondere Betriebseinrichtungen sein.

Bestandteile eines Grundstücks sind insbesondere Rechte, die mit dem Eigentum an einem Grundstück verbunden sind, seien sie privatrechtlicher Art, wie Dienstbarkeiten oder öffentlich-rechtlicher Art, wie Baulasten.

Auch Belastungen und ihr wertmindernder Einfluss können Gegenstand der Wertermittlung sein.

Einzelne Bestandteile von Grundstücken können auch selbständig Gegenstand der Wertermittlung sein.

1.5 Grundlagen der Wertermittlung

1.5.1 Stichtag für die allgemeinen Wertverhältnisse und den maßgeblichen Grundstückszustand (Nr. 0.4 der Anlage 1 bzw. Nr. 0.7 der Anlage 2)

Nach § 3 WertV sind zur Ermittlung des Verkehrswerts eines Grundstücks

- die allgemeinen Wertverhältnisse auf dem Grundstücksmarkt in dem Zeitpunkt zu Grunde zu legen, auf den sich die Wertermittlung bezieht (Wertermittlungsstichtag) und

- der maßgebliche, der Wertermittlung zu Grunde liegende Zustand des Grundstücks festzustellen und zu beschreiben.

In den meisten Wertermittlungsfällen sind der Zustand des Grundstücks und die allgemeinen Wertverhältnisse am Grundstücksmarkt auf denselben Zeitpunkt (Wertermittlungsstichtag) zu beziehen, es sei denn, dass aus rechtlichen oder sonstigen Gründen der Zustand des Grundstücks zu einem anderen Zeitpunkt (Qualitätsstichtag) maßgebend ist.

Insbesondere bei Wertermittlungen zur Feststellung von Enteignungsentschädigungen ist häufig vom Zustand des Grundstücks in einem zurückliegenden Zeitpunkt auszugehen, während die Wertverhältnisse zum aktuellen Wertermittlungsstichtag zu Grunde zu legen sind. Von Bedeutung ist dies auch im Rahmen von Wertermittlungen bei Umlegungsverfahren, sowie Entwicklungs- und Sanierungsverfahren.

1.5.2 Zustand – Allgemeines

Nach § 3 Abs. 2 WertV bestimmt sich der Zustand eines Grundstücks nach der Gesamtheit der den Verkehrswert beeinflussenden Umstände, insbesondere den rechtlichen Gegebenheiten und tatsächlichen Eigenschaften, der sonstigen Beschaffenheit und der Lage des Grundstücks. Hierzu gehören insbesondere der Entwicklungszustand (§ 4 WertV), die Art und das Maß der baulichen Nutzung, die wertbeeinflussenden Rechte und Belastungen, der beitrags- und abgabenrechtliche Zustand, die Wartezeit bis zu einer baulichen oder sonstigen Nutzung, die Bodenbeschaffenheit, die Eigenschaft des Grundstücks und die Lagemerkmale (§ 5 WertV).

Die künftige Nutzbarkeit des Grundstücks auf Grund absehbarer Änderung ist zu berücksichtigen, sofern dies nicht rechtlich auszuschließen ist (vgl. Nr. 3.1.4.1).

Der Entwicklungszustand bestimmt sich insbesondere durch den planungsrechtlichen Zustand eines Grundstücks und ist bei bebauten und unbebauten Grundstücken gleichermaßen von Bedeutung.

In § 4 WertV werden folgende Entwicklungszustände definiert:

- Flächen der Land- oder Forstwirtschaft,

- Bauerwartungsland,

- Rohbauland,

- Baureifes Land.

1.5.3 Allgemeine Wertverhältnisse

Nach § 3 Abs. 3 WertV bestimmen sich die allgemeinen Wertverhältnisse auf dem Grundstücksmarkt nach der Gesamtheit der am Wertermittlungsstichtag für die Preisbildung von Grundstücken im gewöhnlichen Geschäftsverkehr für Angebot und Nachfrage maßgebenden Umstände, wie die allgemeine Wirtschaftssituation, der Kapitalmarkt und die Entwicklungen am Ort (Marktlage).

Es handelt sich bei den allgemeinen Wertverhältnissen um eine Vielzahl von Umständen, die zum Teil ganz allgemein und überall vorliegen (z.B. Entwicklung des Zinsniveaus) oder nur örtlich anzutreffen sind sowie solche, die nur Grundstücksmärkte bestimmter Grundstücksarten betreffen.

Die Vergleichspreise und sonstigen Daten der Wertermittlung sind möglichst auf der Grundlage geeigneter Indexreihen und Umrechnungskoeffizienten an die maßgeblichen allgemeinen Wertverhältnisse auf dem Grundstücksmarkt anzupassen.

1.5.4 Ungewöhnliche oder persönliche Verhältnisse

Nach § 6 WertV dürfen zur Wertermittlung und zur Ableitung erforderlicher Daten für die Wertermittlung grundsätzlich nur Daten herangezogen werden, die nicht durch ungewöhnliche oder persönliche Verhältnisse beeinflusst worden sind, es sei denn, dass die Auswirkungen auf die Kaufpreise und die anderen Daten sicher erfasst werden können.

Kriterien für eine mögliche Beeinflussung der Kaufpreise durch ungewöhnliche oder persönliche Verhältnisse enthält § 6 Abs. 2 und 3 WertV. Entscheidender Anhaltspunkt für das Vorliegen einer solchen Beeinflussung des Kaufpreises und anderer Daten der Wertermittlung ist eine erhebliche Abweichung von vergleichbaren Daten.

Die Höhe dieser „erheblichen" Abweichungen ist nicht fest definierbar, sondern abhängig von der Homogenität bzw. Heterogenität des jeweiligen Grundstücksmarkts.

Stammen die Vergleichsdaten aus Auskünften nach § 195 Abs. 3 BauGB oder Veröffentlichungen von Gutachterausschüssen für Grundstückswerte, so kann in der Regel davon ausgegangen werden, dass diese Daten von ungewöhnlichen oder persönlichen Verhältnissen nicht beeinflusst oder nach § 6 Abs. 1 Satz 2 WertV bereinigt worden sind.

1.5.5 Allgemeines zu den Wertermittlungsverfahren

Der Verkehrswert ist mit Hilfe geeigneter Verfahren zu ermitteln. Neben den in § 7 WertV genannten Verfahren (Vergleichs-, Ertrags- und Sachwertverfahren) können auch andere Wertermittlungsverfahren angewandt werden, wenn diese zu sachgerechten Ergebnissen führen und das Wertbild nicht verzerren.

Das Vergleichswertverfahren wird angewandt, wenn sich der Grundstücksmarkt an Vergleichspreisen orientiert. Es ist das Regelverfahren für die Ermittlung des Bodenwerts unbebauter sowie bebauter Grundstücke.

Das Ertragswertverfahren ist vor allem für Verkehrswertermittlungen von Grundstücken heranzuziehen, die im gewöhnlichen Geschäftsverkehr im Hinblick auf ihre Rentierlichkeit gehandelt werden (z.B. Mietwohnhäuser, Gewerbeimmobilien, Sonderimmobilien).

Das Sachwertverfahren steht im Vordergrund, wenn im gewöhnlichen Geschäftsverkehr der verkörperte Sachwert und nicht die Erzielung von Erträgen für die Preisbildung ausschlaggebend ist, insbesondere bei eigengenutzten Ein- und Zweifamilienhäusern.

Insbesondere bei Anwendung des Sach- oder Ertragswertverfahrens führen die Verfahren nicht unmittelbar zum Verkehrswert, sondern lediglich zum Ertrags- oder Sachwert.

Der Verkehrswert ist aus dem Ergebnis oder den Ergebnissen der angewandten Verfahren unter Berücksichtigung der Lage auf dem Grundstücksmarkt abzuleiten. Liegen aus mehreren angewandten Verfahren verschiedene Ergebnisse vor, so sind diese nach § 7 WertV bei der Bemessung des Verkehrswerts entsprechend ihrer Aussagefähigkeit unter Beachtung der Lage auf dem Grundstücksmarkt zu würdigen.

Zu weiteren Aussagen zu den einzelnen Wertermittlungsverfahren und deren Anwendung vgl. unter Nr. 2 (Wertermittlung unbebauter Grundstücke) und unter Nr. 3 (Wertermittlung bebauter Grundstücke).

2 Wertermittlung unbebauter Grundstücke (Anlage 1)

2.1 Allgemeine Angaben (Nr. 0 der Anlage 1)

Die allgemeinen Angaben über das Grundstück (Nr. 0.1 der Anlage 1) sind für die durchzuführende Wertermittlung erforderlich.

Zur Darlegung des Zwecks des Gutachtens gehört auch die Wiedergabe des Auftrags ggf. einschließlich einer dem Gutachtenauftrag zu Grunde gelegten Auslegung sowie deren Begründung und sonstige sachdienliche Hinweise.

Die herangezogenen Unterlagen sind aufzuführen, Erkundigungen und Informationen mit Angabe der Ansprechpartner darzulegen.

Die Größe der Grundstücksflächen (Nr. 0.1.5 der Anlage 1) ist dem Grundbuch (Nr. 0.1.3 der Anlage 1) oder den Unterlagen der Vermessungs- bzw. der Katasterämter zu entnehmen (Nr. 0.1.4 der Anlage 1). Die Flächen sind grundsätzlich in Quadratmeter (m^2) anzugeben.

Grundstücksbezogene Rechte und Belastungen (Nr. 0.2 der Anlage 1) sind u.a. dem Grundbuch, dem Baulasten- und dem Denkmalschutzverzeichnis zu entnehmen. Altlastenverzeichnisse sind ggf. einzusehen.

Von einer Wiedergabe allgemeiner Wertermittlungsvorschriften ist Abstand zu nehmen.

2.2 Grund- und Bodenbeschreibung (Nr. 1.0 der Anlage 1)

Aus der Beschreibung des Grund und Bodens müssen die allgemeinen und die besonderen Merkmale des Grundstücks zu erkennen sein.

Das Gebiet, in dem das Grundstück liegt, ist mit seiner tatsächlichen und rechtlich zulässigen Bebauung (Art und Maß der baulichen Nutzung, Bauweise), seiner Infrastruktur, insbesondere seiner Verkehrserschließung sowie Ver- und Entsorgung und ggf. seiner Immissionsbelastung zu beschreiben.

In den im Zusammenhang bebauten Ortsteilen nach § 34 BauGB sind Art und Maß der baulichen Nutzung nach Maßgabe dieser Vorschrift unter besonderer Beachtung der das Gebiet prägenden Bebauung festzustellen.

Zur Feststellung und Beschreibung sind entsprechende Informationen bei den Planungs-, Bauaufsichts- und sonstigen kommunalen Ämtern einzuholen.

Die für die Verkehrswertermittlung maßgeblichen planerischen Grundlagen (Regional- und Landesplanung, Bebauungsplan, Flächennutzungsplan, Rahmenplan, Entwicklungsplan und dgl.) sind unter Angabe ihrer formellen Bezeichnung und des Zeitpunkts ihres In-Kraft-Tretens chronologisch darzustellen. Bei laufenden Planverfahren sind der konkrete Planungsstand sowie der zu erwartende Abschluss des Planverfahrens darzulegen. Vorhandene Planungsunterlagen sind (ggf. im Entwurf) dem Gutachten in Kopie beizufügen.

Der Wertermittlung zu Grunde gelegte mündliche Auskünfte sind hinsichtlich ihrer Verbindlichkeit zu würdigen; für Rückfragen sind die jeweiligen Ansprechpartner mit Angabe der Telefonnummer zu vermerken.

Sofern am Wertermittlungsstichtag eine Änderung der derzeitigen Nutzbarkeit in qualifizierbarer Weise absehbar ist, ist diese zusammen mit ihren Realisierungschancen eingehend darzulegen.

Bei land- oder forstwirtschaftlich genutzten oder nutzbaren Grundstücken ist eine Bodenbeschreibung vorzunehmen und die Bonität (insbesondere die Ertragsmesszahl) anzugeben. Auf Besonderheiten oder Nutzungsbeschränkungen ist hinzuweisen.

2.2.1 Entwicklungszustand (Nr. 1.0.1 der Anlage 1)

Der Entwicklungszustand richtet sich insbesondere nach den planungsrechtlichen Vorgaben (z.B. Flächennutzungsplan, Bebauungsplan, § 34 BauGB). Zu erwartende Änderungen der planungsrechtlichen Vorgaben können sich auf den gegebenen planungsrechtlichen Entwicklungszustand am Wertermittlungsstichtag in der Regel nur auswirken, wenn sich die Erwartung auf konkrete Anhaltspunkte (z.B. ein entsprechendes Verhalten der Gemeinde) gründet. Hierbei ist die Wartezeit zu berücksichtigen.

Die Definitionen der Entwicklungszustände (§ 4 WertV) beziehen sich auf unbebaute Grundstücke und Grundstücksteile.

Bei der Wertermittlung bebauter Grundstücke ist vom Entwicklungszustand „baureifes Land" auszugehen und nach den Gegebenheiten des Einzelfalles zu prüfen, ob nach den zum Wertermittlungsstichtag maßgebenden rechtlichen Umständen die bauliche Nutzung auf Dauer oder nur vorübergehend (z.B. auf Grund des Bestandsschutzes einer vorhandenen baulichen Anlage) gewährleistet ist.

Der Entwicklungszustand „baureifes Land" ist auch zu Grunde zu legen, wenn eine bauliche Nutzung nach § 35 Abs. 1 BauGB im Außenbereich privilegiert ist.

Auch bei Brachflächen ist die planungsrechtlich zulässige Nutzung zu Grunde zu legen.

2.2.1.1 Land- oder forstwirtschaftliche Flächen (§ 4 Abs. 1 WertV)

Es ist zu unterscheiden zwischen:

- den reinen land- oder forstwirtschaftlichen Flächen (Nr. 1 der Vorschrift), von denen anzunehmen ist, dass sie nach ihren Eigenschaften, der sonstigen Beschaffenheit und Lage, nach ihren Verwertungsmöglichkeiten oder den sonstigen Umständen in absehbarer Zeit nur land- oder forstwirtschaftlichen Zwecken dienen werden; sie werden auch als „reines Agrarland" bezeichnet, dem der Begriff „innerlandwirtschaftlicher" Verkehrswert zugeordnet wird und

- den besonderen Flächen der Land- oder Forstwirtschaft (Nr. 2 der Vorschrift) die dadurch geprägt sind, dass sie über ihre land- oder forstwirtschaftliche Nutzbarkeit hinaus mit ihren den Wert im Einzelfall beeinflussenden Vor- und Nachteilen nach objektiven Gegebenheiten auch für anderweitige Nutzungen oder Funktionen in Betracht kommen, aber nicht die Qualität von Bauerwartungsland oder Rohbauland aufweisen.

Die besondere Eignung der Flächen kann sich aus der Nähe zu städtebaulich genutzten oder zur städtebaulichen Nutzung anstehenden Flächen (Ausstrahlungsbereich) oder aus der besonderen Anziehungskraft der Umgebung, insbesondere in einer landschaftlich schönen Gegend mit guten Verkehrsanbindungen, ergeben. Darüber hinaus hängt die Eignung des Grundstücks zu einer anderweitigen Nutzung auch von der besonderen Beschaffenheit des Grundstücks, wie Geländeform oder Besonnung, ab. Der Wert derartiger Flächen kann daher über dem Wert von ausschließlich land- oder forstwirtschaftlichen Flächen (reine Agrarlandflächen) liegen, wenn im gewöhnlichen Geschäftsverkehr eine Nachfrage hinsichtlich solcher Flächen und solcher Nutzungen besteht.

Diese Flächen werden auch als „begünstigtes" Agrarland bezeichnet, dem der Begriff „außerlandwirtschaftlicher" Verkehrswert zugeordnet wird.

Allerdings kann die besondere Funktionsgebundenheit oder eine nur geringe Nachfrage den Wert auch negativ beeinflussen. So kann z.B. ein Waldgebiet, das in besonderem Maße für Erholungszwecke in Anspruch genommen wird, hierdurch so beeinträchtigt werden, dass sein Wert unter den Wert für land- oder forstwirtschaftlich genutzte Flächen absinkt.

Auch Brachflächen im Außenbereich oder die zur Reduzierung der landwirtschaftlichen Überproduktion stillgelegten landwirtschaftlichen Anbauflächen sind Flächen der Land- oder Forstwirtschaft. Dabei kann es sich auch um eine eingeschränkte landwirtschaftliche Nutzung handeln, z.B. bei Düngungsbeschränkungen in Wasserschutzzonen.

Es kommt demnach nicht auf die ausgeübte Nutzung an, sondern auf die nach allgemeiner Verkehrsanschauung und planungsrechtlicher Festsetzung mögliche Nutzung. Subjektive Nutzungsabsichten bleiben außer Betracht.

2.2.1.2 Bauerwartungsland (§ 4 Abs. 2 WertV)

Bauerwartungsland sind Flächen, die nach ihrer Eigenschaft, ihrer sonstigen Beschaffenheit und Lage eine bauliche Nutzung in absehbarer Zeit tatsächlich erwarten lassen.

Die Bauerwartung kann sich auf eine entsprechende Darstellung der Flächen im Flächennutzungsplan oder auch auf ein entsprechendes Verhalten der Gemeinde oder anderer öffentlicher Planungsträger gründen. Diesbezüglich ist auch die Eignung der Flächen für eine bauliche Nutzung unter Berücksichtigung der allgemeinen städtebaulichen Entwicklung des Gemeindegebiets von Bedeutung. Dies kann beispielsweise eine günstige Verkehrslage (unmittelbare Stadtnähe) sein; umgekehrt können naturbedingte, planungsrechtliche oder in absehbarer Zeit nicht auszuräumende Hindernisse für eine bauliche Nutzung der Bauerwartung entgegenstehen. Neben der tatsächlichen Eignung für eine bauliche Nutzung muss darüber hinaus in absehbarer Zeit mit einer Bebauung gerechnet werden können.

Kaufpreise, die sich aus einer spekulativen Erwartung gebildet haben, bleiben unberücksichtigt.

2.2.1.3 Rohbauland (§ 4 Abs. 3 WertV)

Rohbauland sind Flächen, die nach den §§ 30, 33 und 34 des Baugesetzbuchs für eine bauliche Nutzung bestimmt sind, deren Erschließung aber noch nicht gesichert ist oder die nach Lage, Form oder Größe für eine bauliche Nutzung unzweckmäßig gestaltet sind.

Art und Umfang des jeweiligen Erschließungs- bzw. Bodenordnungsbedarfs ist zu ermitteln. Der Zeitraum bis zur Baureifmachung ist sorgfältig zu bestimmen.

2.2.1.4 Baureifes Land (§ 4 Abs. 4 WertV)

Baureifes Land sind Flächen, die nach öffentlich-rechtlichen Vorschriften baulich nutzbar sind. Hierzu müssen die rechtlichen Voraussetzungen, also vor allem aus dem

- Baugesetzbuch,
- Bauordnungsrecht,
- Umweltrecht

gegeben sein. Rechtsvorschriften, die die Bebaubarkeit nur für einen bestimmten Zeitraum aussetzen, berühren die Einstufung des Grundstücks in die einzelnen Entwicklungsstufen nach § 4 WertV nicht, müssen aber bei der Wertermittlung berücksichtigt werden (vgl. Nr. 2.2.5 Wartezeiten).

2.2.2 Art und Maß der baulichen Nutzung (Nr. 1.0.2 der Anlage 1)

Art und Maß der baulichen Nutzung ergeben sich in der Regel:

a) aus den für die städtebauliche Zulässigkeit von Vorhaben maßgeblichen Bebauungsplänen (§§ 30, 33 BauGB) oder

b) aus den Bestimmungen des § 34 BauGB über die im Zusammenhang bebauten Ortsteile oder

c) gegebenenfalls aus dem Flächennutzungsplan

unter Berücksichtigung der sonstigen öffentlich-rechtlichen und privatrechtlichen Vorschriften.

Im Flächennutzungsplan (§ 5 BauGB) ist die allgemeine Art der baulichen Nutzungsmöglichkeit (§ 1 Abs. 1 BauNVO) dargestellt.

Es wird unterschieden nach:

- Wohnbauflächen,
- gemischte Bauflächen,
- gewerbliche Bauflächen,
- Sonderbauflächen.

In einzelnen Fällen enthält bereits der Flächennutzungsplan Angaben über Geschossflächenzahl, die Baumassenzahl oder die Höhe der baulichen Anlagen (§ 16 Abs. 1 BauNVO).

Im Bebauungsplan ist die besondere Art der baulichen Nutzungsmöglichkeit (§ 1 Abs. 2 BauNVO) festgesetzt:

- Wohnbauflächen
  Kleinsiedlungsgebiete, reine Wohngebiete, allgemeine Wohngebiete, besondere Wohngebiete;

- Gemischte Bauflächen
  Dorfgebiete, Mischgebiete, Kerngebiete;

- Gewerbliche Bauflächen
  Gewerbegebiete, Industriegebiete;

- Sonderbauflächen
  Sondergebiete, die der Erholung dienen und sonstige Sondergebiete.

Das zulässige Maß der baulichen Nutzung wird im Bebauungsplan bestimmt durch Festsetzung:

- der Grundflächenzahl oder der Größe der Grundfläche der baulichen Anlagen,

- der Geschossflächenzahl oder der Größe der Geschossfläche, der Baumassenzahl oder der Baumasse,

- der Zahl der Vollgeschosse,

- der Höhe der baulichen Anlagen.

Im Geltungsbereich eines vorhabenbezogenen oder eines qualifizierten Bebauungsplans ist ein Vorhaben zulässig, wenn es dem Bebauungsplan nicht widerspricht und die Erschließung gesichert ist.

Während der Aufstellung eines Bebauungsplans bestimmt sich Art und Maß der baulichen Nutzung nach Maßgabe des § 33 BauGB.

Im Geltungsbereich eines Bebauungsplans, der die Voraussetzungen des § 30 Abs. 1 BauGB nicht erfüllt (einfacher Bebauungsplan im Sinne des § 30 Abs. 3 BauGB), richtet sich die Zulässigkeit von Vorhaben im Übrigen nach §§ 34 und 35 BauGB.

Art und Maß der zulässigen Bebauung ergeben sich innerhalb der im Zusammenhang bebauten Ortsteile aus der vorhandenen Bebauung (§ 34 BauGB).

Bei Rohbauland und baureifem Land ist in jedem Einzelfall zu prüfen, welches Maß der baulichen Nutzung tatsächlich realisierbar ist (Landesbauordnung, Nachbarrecht, Nachbarschaftsbebauung, Wirtschaftlichkeit).

Art und Maß der baulichen Nutzung kann im Zweifelsfall durch eine Bauvoranfrage geklärt werden.

2.2.3 Grundstücksbezogene Rechte und Belastungen (Nr. 1.0.3 der Anlage 1)

Grundstücksbezogene Rechte und Belastungen sind zu berücksichtigen, soweit sie wertbeeinflussend sind. Rechte und Belastungen können privatrechtlicher und öffentlich-rechtlicher Art sein.

Privatrechtliche Rechte und Lasten sind insbesondere dinglich gesicherte Nutzungsrechte, Erbbaurechte sowie langfristige Miet- und Pachtverträge.

Rechte und Lasten des öffentlichen Rechts können sich unter anderem aus dem Planungs-, Bauordnungs- und Abgabenrecht sowie aus dem Denkmal-, Natur- und Gewässerschutzrecht ergeben.

Hypotheken und Grundschulden sind keine den Verkehrswert beeinflussenden Rechte und Belastungen. Sie beeinflussen regelmäßig nur die Höhe des Kaufpreises, und zwar je nachdem, ob dem Käufer das Grundstück belastet oder lastenfrei übertragen werden soll. Anders verhält es sich mit Leibrenten. Sie können den Verkehrswert eines Grundstücks beeinflussen. Verkehrswertbeeinflussend kann dabei der Umstand sein, dass ein Grundstück, das mit einer Leibrente belastet ist, im Gegensatz zu mit Grundpfandrechten belasteten Grundstücken gegen den Willen des Berechtigten nicht enthaftet werden kann. Dieser Umstand wird am Markt häufig als wertmindernd betrachtet.

2.2.4 Beitrags- und abgabenrechtlicher Zustand, insbesondere Erschließungszustand (Nr. 1.0.4 der Anlage 1)

Der tatsächlich gegebene Erschließungszustand ist nach Art und Umfang zu beschreiben, die noch fehlenden Erschließungsmaßnahmen sind aufzuführen, soweit dies für die Wertermittlung erforderlich ist. Hierzu gehört auch die Benennung von evtl. für Straßenzwecke abzutretenden Grundstücksflächen. Erschließungsanlagen sind Anlagen nach § 127 BauGB.

Der Erschließungsbeitrag nach dem BauGB bemisst sich nach dem Erschließungsaufwand für Erschließungsanlagen, insbesondere dem Wert der für die Erschließungsanlagen in Anspruch genommenen Flächen, den Kosten des Straßenbaus, der Straßenentwässerung und Straßenbeleuchtung.

Weiterhin sind die üblichen Kosten für Maßnahmen der Ver- und Entsorgung (Kommunalabgaben), sonstige Belastungen wie Kostenerstattungsbeträge (§ 135a BauGB), Ausgleichsbeträge (§ 154 und §166 Abs. 3 Nr. 2 Satz 2 BauGB), Ausgleichsleistungen in der Umlegung und Stellplatzabgaben zu berücksichtigen.

Bei erschlossenen Grundstücken ist zu prüfen, ob und welche öffentlich-rechtlichen Beiträge und nicht-steuerlichen Abgaben für das Grundstück noch zu entrichten sind.

2.2.5 Wartezeit (Nr. 1.0.5 der Anlage 1)

Die Wartezeit bis zu einer am Wertermittlungsstichtag noch nicht realisierbaren baulichen oder sonstigen Nutzung eines Grundstücks richtet sich nach der voraussichtlichen Dauer bis zum Eintritt der rechtlichen und tatsächlichen Voraussetzungen, die für die Zulässigkeit der Nutzung erforderlich sind (z.B. bei Rohbauland).

Eine Wartezeit kann auch bei baureifen Grundstücken zu berücksichtigen sein, wenn z.B. eine Veränderungssperre einer sofortigen Bebauung entgegensteht. Die Wartezeit ist möglichst wirklichkeitsnah zu bestimmen; z.B. die Zeit bis zum In-Kraft-Treten eines Bebauungsplans bzw. bis zur Bebaubarkeit nach § 33 BauGB, bis zum Abschluss einer eventuell erforderlichen Umlegung, die Zeit bis zur Sicherung der Erschließung oder bis zum Ende der Veränderungssperre.

2.2.6 Bodenbeschaffenheit und tatsächliche Eigenschaften (Nr. 1.0.6 der Anlage 1)

Die Bodenbeschaffenheit, die Grundstücksgestalt und die sonstigen tatsächlichen Eigenschaften des Grundstücks, z.B. das Vorhandensein von Aufwuchs, können wertbeeinflussend sein. Grundstücksgröße, Zuschnitt und Topographie sind für die wirtschaftliche Nutzungsmöglichkeit (z.B. Erfordernis und Umfang einer inneren Erschließung) von Bedeutung und deshalb festzustellen. Die Bodenbeschaffenheit kann im Falle der Bebauung zu erhöhten Baukosten (z.B. Gründungsmehrkosten) führen und damit den Bodenwert beeinflussen. Hierbei sind insbesondere zu berücksichtigen: Oberflächenbeschaffenheit, Wasserläufe, Eignung als Baugrund (z.B. aufgeschüttetes Gelände), Grundwasserstand und Wasseradern.

Auf Bodenverunreinigungen (vgl. Nr. 2.3.4.6) einschließlich des Verdachts auf Bodenverunreinigungen und sonstige Belastungen ist hinzuweisen, auch wenn sie im Wertermittlungsverfahren bereits ohne besondere Hervorhebung berücksichtigt wurden.

Bodenschätze (z.B. Kies, Ton und Sand) sind gesondert anzugeben.

Zu den tatsächlichen Eigenschaften gehören auch Umwelteinflüsse. In Betracht kommen Staub-, Geräusch- und Geruchsimmissionen, Ablagerungen und sonstige Umweltbelastungen.

Die RBBau in der jeweils gültigen Fassung ist zu beachten (vgl. Anlage 2c).

2.2.7 LAGE (NR. 1.0.7 DER ANLAGE 1)

Zu berücksichtigen ist u.a. die Lage als Ortslage (Kleinstadt, Stadtkern, Stadtrand), die Lage des Grundstücks als Geschäftslage und Wohnlage, Eckgrundstück, die Himmelsrichtung, Nachbarschaftslage und Verkehrsanbindung sowie Umwelteinflüsse, soweit sie nicht bereits unter Nr. 2.2.6 miterfasst worden sind.

2.3 ERMITTLUNG DES BODENWERTS (NR. 1.1 DER ANLAGE 1)

2.3.1 GRUNDLAGEN (NR. 1.1.1 DER ANLAGE 1)

Grundlage der Bodenwertermittlung ist die Beschreibung des Grund und Bodens (Nr. 1.0 der Anlage 1).

Der Bodenwert ist grundsätzlich nach dem Vergleichswertverfahren zu ermitteln. Die Ausführungen unter Nr. 1.5 sind zu beachten.

Zur Ermittlung des Bodenwerts kann von der Möglichkeit Gebrauch gemacht werden, Vergleichspreise durch Auskünfte aus der Kaufpreissammlung des Gutachterausschusses für Grundstückswerte (§ 195 BauGB) einzuholen. Des Weiteren sind die vom Gutachterausschuss ermittelten Bodenrichtwerte (§ 196 BauGB) heranzuziehen.

Die Grundstücksmarktlage findet bei Anwendung des Vergleichswertverfahrens (§§ 13, 14 WertV) vor allem durch die herangezogenen Vergleichspreise bzw. Bodenrichtwerte Eingang in die Wertermittlung. Des Weiteren müssen auch die zur Berücksichtigung von Abweichungen im Sinne von § 14 WertV anzubringenden Zu- oder Abschläge durch die Lage auf dem Grundstücksmarkt begründet sein.

Stehen derartige Vergleichspreise und Bodenrichtwerte aus dem Gebiet, in dem das zu wertende Grundstück liegt, nicht zur Verfügung, kann auch auf Daten vergleichbarer Grundstücke in anderen Gebieten oder anderen Gemeinden zurückgegriffen werden, sofern die örtlichen Verhältnisse und die Marktlage vergleichbar sind (§ 13 Abs. 1 Satz 2 WertV).

Vergleichspreise und Bodenrichtwerte sind auf einen mit dem zu wertenden Grundstück vergleichbaren Entwicklungszustand zu beziehen.

Alle wertbeeinflussenden Merkmale, insbesondere Lage, Form und Größe, beitrags- und abgabenrechtlicher Zustand, Rechte und Belastungen, Beschaffenheit des Baugrunds, Immissionen, Aufwuchs und Einfriedungen sind zu berücksichtigen.

Unterschiede in den wirtschaftlichen, strukturellen und besonderen Verhältnissen sind durch marktkonforme Zu- bzw. Abschläge oder mit Hilfe anderer geeigneter Verfahren zu berücksichtigen und nachvollziehbar zu begründen.

Eine Ermittlung des Bodenwerts für Bauerwartungs- bzw. Rohbauland auf der Grundlage des Bodenwerts ansonsten vergleichbarer baureifer Grundstücke kann unter Abzug der kalkulierten Kosten der Baureifmachung und unter Berücksichtigung der Wartezeit ergänzend in Betracht kommen, wenn das Ergebnis nicht überproportional vom Ausgangswert abweicht.

2.3.2 VERGLEICHSPREISE (NR. 1.1.1.1 DER ANLAGE 1)

Für die Anwendung des Vergleichswertverfahrens bedarf es einer ausreichenden Anzahl von Kaufpreisen, die mit dem zu wertenden Grundstück soweit übereinstimmen, dass die Abweichungen in angemessener Weise berücksichtigt werden können.

Eine hinreichende Übereinstimmung der Zustandsmerkmale der Vergleichsgrundstücke mit denen des zu wertenden Grundstücks liegt vor, wenn die Vergleichsgrundstücke hinsichtlich ihrer Lage, Art und Maß der baulichen Nutzung, Bodenbeschaffenheit, Größe, Grundstücksgestalt und Erschließungszustand geeignet sind, die Abweichungen nicht überproportional ausfallen und in sachgerechter Weise berücksichtigt werden können.

Soweit Kaufpreise aus diesem Grund nicht herangezogen werden, sind sie nachrichtlich anzugeben.

2.3.3 BODENRICHTWERTE (NR. 1.1.1.2 DER ANLAGE 1)

Bodenrichtwerte sind durchschnittliche Lagewerte des Grund und Bodens für Gebiete mit im Wesentlichen gleichen Lage- und Nutzungsverhältnissen. Bodenrichtwerte sind nach § 196 BauGB von den Gutachterausschüssen für Grundstückswerte aus den Kaufpreissammlungen regelmäßig zu ermitteln und zu veröffentlichen. Jedermann kann Auskünfte über die Bodenrichtwerte verlangen.

Geeignete Bodenrichtwerte können nach § 13 Abs. 2 WertV neben oder anstelle von Vergleichspreisen zur Ermittlung von Bodenwerten herangezogen werden. Bodenrichtwerte sind geeignet, wenn sie entsprechend den örtlichen Verhältnissen unter Berücksichtigung der Lage und des Entwicklungszustands gegliedert und nach Art und Maß der baulichen Nutzung, des Erschließungszustands und der jeweils vorherrschenden Grundstücksgestalt hinreichend bestimmt sind.

Bei der Heranziehung von Bodenrichtwerten sind diese lagemäßig darzustellen und zu würdigen, insbesondere sind die Abweichungen des Grundstücks vom Bodenrichtwertgrundstück darzustellen und zu berücksichtigen.

2.3.4 BERÜCKSICHTIGUNG VON ABWEICHUNGEN (NR. 1.1.2 DER ANLAGE 1)

2.3.4.1 ALLGEMEINES

Unterschiede in den wertbeeinflussenden Merkmalen des Vergleichsgrundstücks bzw. des Bodenrichtwertgrundstücks von denen des zu wertenden Grundstücks sind durch Zu- oder Abschläge oder in anderer geeigneter Weise zu berücksichtigen.

Unterschiede können sich insbesondere hinsichtlich der Grundstücksgröße und -gestalt, der Bodenbeschaffenheit (z.B. Bodengüte, Eignung als Baugrund, Vorhandensein von Bodenschätzen und Bodenverunreinigungen), der Lage und der Umwelteinflüsse ergeben.

Bei der Berücksichtigung unterschiedlicher Zustandsmerkmale ist darauf zu achten, dass die Zu- und Abschläge einheitlich entweder in absoluter Höhe oder als Relativbeträge angesetzt werden.

Werden Absolut- und Relativbeträge verwendet, ist auf die Verwendung in der richtigen Reihenfolge zu achten.

Die Zu- und Abschläge sind zu begründen.

Zur Berücksichtigung der Abweichungen werden die herangezogenen Vergleichspreise und Bodenrichtwerte zunächst auf den Wertermittlungsstichtag und die Zustandsmerkmale des zu wertenden Grundstücks umgerechnet.

Soweit Preise von Vergleichsgrundstücken herangezogen werden, die aus zurückliegenden Jahren stammen, sind sie mit Hilfe der von den örtlichen Gutachterausschüssen für Grundstückswerte abgeleiteten und veröffentlichten Bodenpreisindexreihen (§ 9 WertV) auf den Wertermittlungsstichtag umzurechnen.

Unterschiede in den Zustandsmerkmalen sind möglichst mit Hilfe von Umrechnungskoeffizienten oder anderen geeigneten Verfahren auf die Eigenschaften des Wertermittlungsobjekts umzurechnen.

Kaufpreise von Vergleichsgrundstücken, die von ungewöhnlichen oder persönlichen Verhältnissen beeinflusst sind, dürfen nur dann zur Wertermittlung herangezogen werden, wenn deren Auswirkungen sicher erfasst werden können (vgl. Nr. 1.5.4.).

2.3.4.2 Wertverhältnis von gleichartigen Grundstücken bei unterschiedlichem Maß der baulichen Nutzung (Geschossflächenzahl zu Geschossflächenzahl - GFZ : GFZ)

Bei Abweichung des Maßes der zulässigen baulichen Nutzbarkeit des Vergleichsgrundstücks bzw. des Bodenrichtwertgrundstücks gegenüber dem zu wertenden Grundstück ist entsprechend der jeweiligen Marktlage der dadurch bedingte Wertunterschied möglichst mit Hilfe von Umrechnungskoeffizienten (§ 10 WertV) auf der Grundlage der zulässigen oder der realisierbaren Geschossflächenzahl festzustellen.

Hierzu kann auf die in Anlage 11 benannten Umrechnungskoeffizienten zurückgegriffen werden, wenn keine Umrechnungskoeffizienten des örtlichen Gutachterausschusses für Grundstückswerte vorliegen und auf brauchbare Umrechnungskoeffizienten aus vergleichbaren Gebieten nicht zurückgegriffen werden kann.

Die angegebenen Umrechnungskoeffizienten stellen Mittelwerte eines ausgewogenen Marktes dar und sind für Wohnbauland abgeleitet worden. Sie beziehen sich auf Grundstücke im erschließungsbeitragsfreien (ebf) Zustand. Bei gewerblichen Grundstücken ist eine lineare Berücksichtigung erfahrungsgemäß sachgerecht.

Bei einer höherer GFZ als 2,4, ist zu beachten, dass die Bodenwerterhöhung geringer ausfällt als die sich aus der Tabelle (bis zu einer GFZ 2,4) ergebende Bodenwerterhöhung.

In Geschäftslagen kann die Abhängigkeit des Bodenwerts von den höherwertig genutzten Flächen (ebenerdige Läden) erheblich größer sein als die Abhängigkeit von der GFZ. In diesen Fällen ist eine eingehende Prüfung hinsichtlich der den Bodenwert bestimmenden Wertmerkmale erforderlich.

Bei der Bemessung des Maßes der baulichen Nutzung ist insbesondere zu beachten:

a) Wird im gewöhnlichen Geschäftsverkehr bei der Kaufpreisbemessung üblicherweise ein vom höchstzulässigen Maß der baulichen Nutzung abweichendes Maß der baulichen Nutzung (lagetypische Nutzung) zu Grunde gelegt, so ist dieses lageübliche Maß der baulichen Nutzung sowohl für die Qualifizierung des zu wertenden Grundstücks als auch für die Qualifizierung des Vergleichsgrundstücks zu Grunde zu legen (§ 5 Abs. 1 WertV).

b) Soweit die tatsächlich ausgeübte Nutzung von der rechtlich zulässigen Nutzung abweicht und weder durch An- bzw. Aufbauten angeglichen werden kann, ist dies unter Beachtung der Restnutzungsdauer angemessen zu berücksichtigen.

2.3.4.3 FORM UND GRÖßE DER GRUNDSTÜCKE

Bei ungewöhnlich großen bzw. kleinen Flächen und bei unzweckmäßig geschnittenen Grundstücken können Größe und Gestalt den Bodenwert beeinflussen. Dies ist durch Zu- und Abschläge zu berücksichtigen, soweit dieser Umstand nicht durch eine wertmäßige Aufteilung eines Grundstücks nach Vorder- und Hinterland oder in anderer Weise berücksichtigt wird.

2.3.4.4 BEITRAGS- UND ABGABENRECHTLICHER ZUSTAND

Für die Auswirkung des beitrags- und abgabenrechtlichen Zustands des Grundstücks gilt Folgendes (vgl. Nr. 2.2.4):

- Zu- oder Abschläge auf den Vergleichspreis bedarf es, wenn der Erschließungszustand oder die beitrags- und abgabenrechtliche Situation des Grundstücks von dem Zustand des Vergleichsgrundstücks abweicht.

- Die Zu- oder Abschläge werden in der Regel nach der Höhe des Beitrags bzw. der Abgabe (z.B. Erschließungsbeitrag) ggf. unter Berücksichtigung der Wartezeit bemessen.

2.3.4.5 BODENSCHÄTZE

Eine gesonderte Wertermittlung vorhandener Bodenschätze (z.B. Kies, Sand und Ton) ist - erforderlichenfalls durch besondere Sachverständige - vorzunehmen, wenn der Verkehrswert des Grundstücks dadurch beeinflusst wird, z.B. wenn der Abbau in absehbarer Zeit in rentabler Form zulässig und zu erwarten ist.

2.3.4.6 BODENVERUNREINIGUNGEN (KONTAMINATION)

Unter dem Begriff „Bodenverunreinigungen“ wird in Anlehnung an das BBodSchG unterschieden in:

- schädliche Bodenveränderungen,
  d.h. Beeinträchtigungen der Bodenfunktion, die geeignet sind, Gefahren, erhebliche Nachteile oder erhebliche Belästigungen für den Einzelnen oder die Allgemeinheit herbeizuführen (§ 2 Abs. 3 BBodschG);

- Verdachtsflächen,
  d.h. Grundstücke, bei denen der Verdacht schädlicher Bodenveränderungen besteht (§ 2 Abs. 4 BBodSchG);

- Altlasten, d.h.
  1. Altablagerungen - stillgelegte Abfallbeseitigungsanlagen sowie sonstige Grundstücke, auf denen Abfälle behandelt, gelagert oder abgelagert worden sind und
  2. Altstandorte - Grundstücke stillgelegter Anlagen und sonstige Grundstücke, auf denen mit umweltgefährdenden Stoffen umgegangen worden ist, ausgenommen Anlagen, deren Stilllegung einer Genehmigung nach dem Atomgesetz bedarf (§ 2 Abs. 5 BBodSchG);

- altlastenverdächtige Fläche,
  d.h. Altablagerungen und Standorte, bei denen der Verdacht schädlicher Bodenveränderungen oder sonstiger Gefahren für den einzelnen oder die Allgemeinheit besteht (§ 2 Abs. 6 BBodSchG).

Die Wertminderung von entsprechenden Grundstücken kann in Anlehnung an die Kosten ermittelt werden, die für Sanierung, Sicherungsmaßnahmen, Bodenuntersuchungen oder andere geeignete Maßnahmen zur Gefahrenabwehr erforderlich sind.

Dabei hat sich die Sanierung an der baurechtlich zulässigen Nutzung des Grundstücks zu orientieren (§ 4 Abs. 3 BBodSchG). Fehlt diese, ist die nach öffentlich –rechtlichen Vorschriften zu erwartende zulässige Nutzung zu Grunde zu legen.

Die Kosten zur Herrichtung für den vorgesehenen Zweck, die auch ohne den Verdacht einer Bodenverunreinigung oder ohne eine Sanierung der kontaminierten Flächen angefallen wären, sind gegen zu rechnen (ersparte Aufwendungen).

Die „Arbeitshilfen Boden und Grundwasserschutz zur Planung und Ausführung der Sanierung von schädlichen Bodenveränderungen und Grundwasserverunreinigungen" des Bundesministeriums für Verkehr, Bau und Stadtentwicklung sind zu berücksichtigen.[1]

2.3.5 Auswirkungen grundstücksbezogener Rechte und Belastungen (Nr. 1.1.3 der Anlage 1)

Hinsichtlich der Ermittlung des Werts von Rechten und Belastungen (vgl. Nr. 2.2.3) wird auf Nr. 4 des Zweiten Teils verwiesen.

2.4 Bodenwert - Verkehrswert (Nr. 1.1.6 der Anlage 1)

Die Entwicklung des örtlichen Grundstücksmarkts ist sorgfältig zu beobachten und zu berücksichtigen (Nr. 1.1.4 der Anlage 1). Nach dem alle angegebenen wertbeeinflussenden Umstände bei der Ermittlung des Bodenwerts angemessen berücksichtigt worden sind, ist aus dem sich so ergebenden Bodenwert der Verkehrswert abzuleiten.

3 Wertermittlung bebauter Grundstücke (Anlage 2)

3.1 Wahl des Wertermittlungsverfahrens

Der Verkehrswert ist mit Hilfe geeigneter Verfahren zu ermitteln.

---

[1] www.bmvbs.de... Bauwesen ... Arbeitshilfen, Leitfäden, Richtlinien... Altlasten

Nach § 7 Abs. 2 WertV sind die Verfahren nach der Art des Gegenstands der Wertermittlung unter Berücksichtigung der im gewöhnlichen Geschäftsverkehr bestehenden Gepflogenheiten zu wählen; die Wahl ist zu begründen.

Steht für das danach zu wählende Wertermittlungsverfahren im Einzelfall keine ausreichende Datengrundlage zur Verfügung, kann auch auf ein anderes Verfahren ausgewichen werden.

Soweit die Anwendung eines weiteren Verfahrens (ggf. zur Unterstützung) sachgerecht ist, soll davon Gebrauch gemacht werden, wenn aussagekräftige Ausgangsdaten vorliegen, die die allgemeinen Verhältnisse auf dem Grundstücksmarkt widerspiegeln.

Bei bebauten Grundstücken ist für die Wahl des Wertermittlungsverfahrens und für die grundlegenden Daten der Wertermittlung die künftige Nutzung des Grundstücks maßgebend, die im Rahmen der rechtlich zulässigen Nutzung unter wirtschaftlicher Betrachtungsweise, insbesondere unter vernünftiger Berücksichtigung der Eignung des vorhandenen Bestands, üblicherweise realisiert wird (vgl. Nr. 3.1.4.1 und Nr. 5.1.2).

Die künftige Nutzung ist auf der Grundlage der Bauleitplanung und anderer rechtlicher und tatsächlicher Gegebenheiten festzustellen, die ohne spekulative Erwartungen Anhaltspunkte für die künftige Nutzbarkeit geben (Bauvoranfragen, von der Gemeinde beschlossene sonstige städtebauliche Planungen, Investitionsplanungen, allgemeine städtebauliche Entwicklung, Siedlungsstruktur sowie mit der Gemeinde abgestimmte Nutzungskonzepte).

3.1.1 Vergleichswertverfahren

Das Vergleichswertverfahren kommt bei der Verkehrswertermittlung von bebauten Grundstücken in erster Linie nur bei Grundstücken in Betracht, die mit weitgehend gleichartigen Gebäuden, insbesondere Wohngebäuden, bebaut sind und bei denen sich der Grundstücksmarkt an Vergleichspreisen orientiert. Zu nennen sind insbesondere Einfamilien-Reihenhäuser, Eigentumswohnungen, einfache freistehende Eigenheime (Siedlungshäuser) und Garagen.

Bei Anwendung des Vergleichswertverfahrens sind Kaufpreise solcher Grundstücke heranzuziehen, die hinsichtlich der ihren Wert beeinflussenden Merkmale (§§ 4, 5 WertV) mit dem Grundstück hinreichend übereinstimmen (Vergleichsgrundstücke). Auskünfte aus der Kaufpreissammlung der örtlichen Gutachterausschüsse nach § 195 BauGB sind als Vergleichsdaten ebenfalls geeignet.

Voraussetzung für die Anwendung des Vergleichswertverfahrens ist in der Regel eine genügende Zahl geeigneter Vergleichsgrundstücke. Eine Vergleichbarkeit ist auch gegeben, wenn sie mit Hilfe von Indexreihen (§ 9 WertV), Umrechnungskoeffizienten (§ 10 WertV) oder Vergleichsfaktoren für bebaute Grundstücke (§ 12 WertV) aufgezeigt werden kann. Dabei soll auf die Daten der örtlichen Gutachterausschüsse für Grundstückswerte zurückgegriffen werden.

3.1.2 Ertragswertverfahren

3.1.2.1 Allgemeines

Das Ertragswertverfahren kommt insbesondere bei Grundstücken in Betracht, bei denen der nachhaltig erzielbare Ertrag für die Werteinschätzung am Markt im Vordergrund steht, z.B. bei Miet- und Geschäftsgrundstücken und gemischtgenutzten Grundstücken im Sinne des § 75 Bewertungsgesetz (BewG).

- Mietwohngrundstücke sind Grundstücke, die zu mehr als 80 v.H., berechnet nach der Jahresrohmiete, Wohnzwecken dienen.

- Geschäftsgrundstücke sind Grundstücke, die zu mehr als 80 v.H., berechnet nach der Jahresrohmiete, eigenen oder fremden gewerblichen, freiberuflichen oder öffentlichen Zwecken dienen.

- Gemischtgenutzte Grundstücke sind Grundstücke, die teils Wohnzwecken, teils eigenen oder fremden gewerblichen oder öffentlichen Zwecken dienen und nicht Mietwohngrundstücke, Geschäftsgrundstücke, Einfamilienhäuser oder Zweifamilienhäuser sind.

Bei Anwendung des Ertragswertverfahrens (§§ 15 ff. WertV) findet die Lage auf dem Grundstücksmarkt insbesondere dadurch Berücksichtigung, dass die Ertragsverhältnisse (§ 16 WertV), der Liegenschaftszinssatz (§ 11 WertV), die Bewirtschaftungskosten (§ 18 WertV) und die sonstigen wertbeeinflussenden Umstände (§ 19 WertV) in einer ihr angemessenen Größe angesetzt werden.

Weil die genannten Größen bei sachgerechter Anwendung des Ertragswertverfahrens aus den grundstücksbezogenen Daten vergleichbarer Grundstücke, d.h. also "marktorientiert", in die Wertermittlung eingeführt werden, kann das Verfahren ebenfalls als ein vergleichendes Verfahren bezeichnet werden.

Bei abgängiger Bausubstanz steht möglicherweise das Liquidationswertverfahren (§ 20 Abs. 1 und 2 WertV) im Vordergrund.

3.1.2.2 Ertragswertverfahren bei Gemeinbedarfsgrundstücken

Auch bei Grundstücken, die öffentlichen Zwecken vorbehalten bleiben sollen (vgl. Nr. 5.1.1) ist das Ertragswertverfahren insbesondere geeignet, wenn für die öffentliche Hand alternativ eine Anmietung in Betracht kommen würde.

Dabei ist von der Ertragssituation vergleichbarer baulicher Anlagen auszugehen z.B.:

- für Verwaltungsgebäude: Erträge einer Büronutzung vergleichbarer Qualität,

- für Kinderheime, Kindergärten, Freizeitzentren, Kindererholungsheime: vergleichbare privatwirtschaftliche Einrichtungen,

- für Schulen: Erträge aus vergleichbaren oder anderen dafür in Betracht kommenden gewerblich genutzten Objekten.

Steht danach die Anwendung des Ertragswertverfahrens im Vordergrund, kann es gleichwohl geboten sein, das Sachwertverfahren unterstützend heranzuziehen. Dabei muss insbesondere eine eingeschränkte wirtschaftliche Nutzbarkeit der baulichen Anlage z.B. durch eine wirtschaftliche Überalterung nach § 25 WertV berücksichtigt werden; dies gilt insbesondere bei der Umnutzung ehemaliger Gemeinbedarfsanlagen, z.B. bei militärisch genutzten baulichen Anlagen für privatwirtschaftliche Zwecke (z.B. Wohnen, Gewerbe, Industrie; vgl. Nr. 5.1.2).

3.1.3 Sachwertverfahren

Das Sachwertverfahren ist in der Regel bei Grundstücken anzuwenden, bei denen es für die Werteinschätzung am Markt nicht in erster Linie auf den Ertrag ankommt, sondern die Herstellungskosten im gewöhnlichen Geschäftsverkehr wertbestimmend sind.

Dies gilt überwiegend bei individuell gestalteten Ein- und Zweifamilienhausgrundstücken, besonders dann, wenn sie eigengenutzt sind.

Das Sachwertverfahren kann auch zur Abstützung der Wertermittlung von Neubauten, die als Ertragswertobjekte gelten, in Betracht kommen, da nicht zu erwarten ist, dass ein Investor Kosten aufbringt, die nicht durch die Rentierlichkeit des Objekts gedeckt werden.

Weiterhin kann das Sachwertverfahren auch bei älteren instandsetzungsbedürftigen Objekten, die eines hohen Kosteneinsatzes für Modernisierung, Instandsetzung bzw. Umstrukturierung bedürfen, zur Anwendung kommen, wenn das Sachwertverfahren zu einem Restwert führt, um den sich die Aufwendungen für eine Neubebauung des Grundstücks vermindern.

In allen Fällen ist zu beachten, inwieweit die Gebäude und Einrichtungen wirtschaftlich überaltert sind, sie der technischen oder der strukturellen Entwicklung nicht mehr entsprechen und eine Nutzungsmöglichkeit und deshalb eine Nachfrage nicht mehr oder nur noch vermindert gegeben ist (vgl. Nr. 3.6.1.1.9.1).

Bei Anwendung des Sachwertverfahrens (§§ 21 ff. WertV) sind insbesondere die Herstellungskosten (§ 22 WertV), die Wertminderung wegen Alters (§ 23 WertV) sowie Baumängel und Bauschäden (§ 24 WertV) unter Berücksichtigung der sonstigen wertbeeinflussenden Umstände zu ermitteln.

3.1.4 Wahl des Verfahrens für Sonderfälle

3.1.4.1 Grundstücke mit Entwicklungspotenzial

Bei der Wertermittlung von Grundstücken mit verschiedenen Möglichkeiten ihrer Entwicklung kann es insbesondere bei unsicherer Abschätzung der künftigen Entwicklung sinnvoll sein, auf der Grundlage der sich aus den verschiedenen möglichen Nutzungsvarianten ergebenden Ausgangsdaten mehrere Varianten durchzurechnen. Die so erhaltenen Verfahrensergebnisse sind zu würdigen.

In der Regel ist der Verkehrswert aus der Alternative abzuleiten, die wegen ihrer besonders vorteilhaften wirtschaftlichen Ertragsfähigkeit im gewöhnlichen Geschäftsverkehr zur Realisierung ansteht.

Dabei ist zu beachten, dass nur solche künftigen Nutzungsvarianten berücksichtigt werden, die aus rechtlichen oder tatsächlichen Gründen ohne spekulative Elemente erwartet werden können. Weiterhin müssen die Nutzungsmöglichkeiten den gewöhnlichen Gepflogenheiten des Grundstücksverkehrs bezüglich der Verwertungsmöglichkeit des Objekts entsprechen. Persönliche Nutzungsabsichten des Erwerbers bleiben außer Betracht.

3.1.4.2 Liquidationswertverfahren

Wenn bei Verminderung des Reinertrags um den Verzinsungsbetrag des Bodenwerts (vgl. Nr. 3.5.5) kein Anteil für die Berechnung des Werts der baulichen Anlagen verbleibt, soll als Ertragswert des Grundstücks grundsätzlich nur der Bodenwert angesetzt werden.

- Kann in derartigen Fällen das Objekt sofort freigelegt werden, bemisst sich der Verkehrswert nach dem Bodenwert abzüglich der gewöhnlichen Freilegungskosten ggf. unter Anrechnung von Verwertungserlösen (§ 20 Abs. 1 WertV).

- Kann das Objekt erst in absehbarer Zeit freigelegt werden (§ 20 Abs. 2 WertV), so bemisst sich der Verkehrswert nach dem um die Freilegungskosten verminderten und über die Restnutzungsdauer der abgängigen Bausubstanz diskontierten Bodenwert zuzüglich des Barwerts der in dieser Zeit anfallenden Reinerträge.

Bei abbruchreifen Gebäuden sind die Abbruchkosten und ggf. der Erlös aus der Materialverwertung anzugeben.

Zur Anwendung des Ertragswertverfahrens bei kurzer Restnutzungsdauer der baulichen Anlagen vgl. Nr. 3.5.5.

3.2 Allgemeine Angaben (Nr. 0 der Anlage 2)

Zu den in Anlage 2 unter Nr. 0 einzusetzenden "Allgemeinen Angaben" wird auf die Ausführungen unter Nr. 2 dieser Richtlinien "Wertermittlung unbebauter Grundstücke" verwiesen.

Zusätzlich ist zu beachten:

Der Erwerbspreis oder die Gestehungskosten (Anlage 2 Nr. 0.4) können ggf. bei An- bzw. Verkauf als Anhalt dienen. Sie sind ohne bzw. mit Aufgliederung gemäß Anlage 2 Nr. 0.4 anzugeben. Ungewöhnliche Kosten sind nicht zu berücksichtigen. Die Gestehungskosten sind die Gesamtkosten gemäß DIN 276, d.h. insbesondere die Kosten des Grundstücks, des Bauwerks und der Außenanlagen. Zu den Grunderwerbsnebenkosten zählen alle durch den Erwerb des Grundstücks verursachten Nebenkosten.

Die bei Nr. 0.8 der Anlage 2 "Rohertrag und Bewirtschaftungskosten" zu beachtenden Gesichtspunkte sind Nr. 3.5 dieser Richtlinien zu entnehmen.

3.3 Wertermittlung (Nr. 1 der Anlage 2)

3.3.1 Grund- und Bodenbeschreibung (Nr. 1.0.1 der Anlage 2)

Es gelten die Ausführungen unter Nr. 2.2 zur Wertermittlung unbebauter Grundstücke. Eine Aufteilung in überbaute und nicht überbaute Flächen ist nicht vorzunehmen.

Es ist zwischen rechtlich zulässiger und tatsächlich vorhandener baulicher Nutzung zu unterscheiden.

3.3.2 Baubeschreibung (Nr. 1.0.2 der Anlage 2)

Die Stichworte (Nr. 1.0.2.1 bis 1.0.2.10 der Anlage 2) dienen als Anhaltspunkte. Jede bauliche Anlage ist getrennt zu beschreiben, kurze Angaben genügen. Ausführliche Beschreibungen sind zu vermeiden. Die zu den Außenanlagen (Nr. 1.0.2.5 der Anlage 2) und den besonderen Betriebseinrichtungen (Nr. 1.0.2.6 der Anlage 2) zählenden Anlagen sind der DIN 276 zu entnehmen. Zu Baumängeln und Bauschäden (Nr. 1.0.2.9 der Anlage 2) vgl. Nr. 3.6.1.1.8. Falls erforderlich, sind Einlegeblätter zu verwenden (Anlage 2 a). Die Baubeschreibung ist durch Lichtbilder zu belegen.

Neben den unter Nr. 2.2.6 genannten Zustandsmerkmalen kommt es bei bebauten Grundstücken auf den Zustand der baulichen Anlagen, sowie auf deren Restnutzungsdauer, Alter, Bauweise, Gestaltung, Größe, Ausstattung und Ertrag an.

Es ist auf die vollständige Wiedergabe des Gebäudebestandes zu achten, vorhandene Karten sind ggf. entsprechend zu ergänzen.

3.3.3 BODENWERT (NR. 1.1 DER ANLAGE 2)

Die Ausführungen unter Nr. 1.5 „Grundlagen der Wertermittlung" und Nr. 2 „Wertermittlung unbebauter Grundstücke" gelten sinngemäß.

3.4 VERGLEICHSWERT (NR. 1.2 DER ANLAGE 2)

Der Vergleichswert bebauter Grundstücke umfasst den Bodenwert und den Wert der baulichen und sonstigen Anlagen. Dabei handelt es sich aber nicht um einen zusammengesetzten Wert aus den genannten Werten, sondern um einen einheitlichen Grundstückswert, der das Grundstück mit allen seinen Bestandteilen als wirtschaftliche Einheit erfasst.

Der Verkehrswert bebauter Grundstücke kann durch Preisvergleich mit Hilfe von Vergleichsfaktoren (Ertrags- und Gebäudefaktoren) abgeleitet werden. Dazu können die von den örtlichen Gutachterausschüssen für Grundstückswerte abgeleiteten Vergleichsfaktoren herangezogen werden.

Die Vergleichsfaktoren sind zur Verkehrswertermittlung geeignet, wenn sie entsprechend ihrer Ableitung nach Lage, Art und Maß der baulichen Nutzung, Größe des Grundstücks und Restnutzungsdauer einen Vergleich mit dem zu wertenden Grundstück ermöglichen.

Der Vergleichswert ist in der Regel als Verkehrswert anzusehen. Zu- oder Abschläge können insbesondere wegen Baumängeln und Bauschäden sowie wegen besonderer Einrichtungen und Ausstattungen oder einem über- oder unterdurchschnittlichen Unterhaltungszustand erforderlich werden, wenn diese Kriterien den Verkehrswert beeinflussen und von den Gegebenheiten der Vergleichsobjekte abweichen.

3.5 ERTRAGSWERT (NR. 1.3 DER ANLAGE 2)

Der Ertragswert umfasst den Bodenwert und den Wert der baulichen und sonstigen Anlagen (§ 15 WertV).

Der Ertragswert kann ermittelt werden (vgl. Nr. 3.5.5):

a) unter Aufspaltung in einen Boden- und Gebäudewertanteil (umfassendes Ertragswertverfahren) nach Maßgabe der Anlage 2 oder

b) ohne Aufspaltung in einen Boden- und Gebäudewertanteil (vereinfachtes Ertragswertverfahren).

Generell ist der Bodenwert im Vergleichswertverfahren zu ermitteln. Die Ausführungen unter Nr. 2.3 für die Wertermittlung unbebauter Grundstücke gelten sinngemäß.

Bei Anwendung des **umfassenden Ertragswertverfahrens** (vgl. a) ist der Ertragswert der baulichen Anlagen der um den Verzinsungsbetrag des Bodenwerts (Bodenwertverzinsungsbetrag; vgl. Nr. 3.5.5) verminderte und sodann unter Berücksichtigung der Restnutzungsdauer der baulichen Anlagen kapitalisierte, nachhaltig erzielbare Reinertrag des Grundstücks (§ 16 WertV). Der Reinertrag ist der Rohertrag des Grundstücks (§ 17 WertV) abzüglich der Bewirtschaftungskosten für das Grundstück (§ 18 WertV). Bodenwert und Wert der baulichen und sonstigen Anlagen ergeben unter Berücksichtigung von Zu- und Abschlägen (§ 19 WertV) den Ertragswert des Grundstücks.

Bei Anwendung des **vereinfachten Verfahrens** (vgl. b) ermittelt sich der Ertragswert als Barwert der künftigen Reinerträge, die nicht um den Bodenwertverzinsungsbetrag vermindert werden zuzüglich des über die Restnutzungsdauer der baulichen Anlagen diskontierten Bodenwerts. Bei einer Restnutzungsdauer der baulichen Anlagen von mindestens 50 Jahren kann der diskontierte Bodenwert vernachlässigt werden. Der Bodenwert von selbstständig nutzbaren Teilflächen ist jedoch in voller Höhe zu berücksichtigen.

3.5.1 Rohertrag (Nr. 1.3.1 der Anlage 2)

Der Rohertrag umfasst alle bei ordnungsgemäßer Bewirtschaftung und zulässiger Nutzung nachhaltig erzielbaren Einnahmen aus dem Grundstück. Anstelle von Mieten können auch ortsübliche (branchenübliche) Pachten gegebenenfalls in Verbindung mit Umsätzen zur Ermittlung des Rohertrags herangezogen werden.

Umlagen, die zur Deckung von Betriebskosten gezahlt werden, sind nicht zu berücksichtigen. Deshalb sind die herangezogenen Vergleichsmieten daraufhin zu überprüfen, ob es sich um Nettokaltmieten handelt, die die umlagefähigen Betriebskosten nicht enthalten. Dies gilt insbesondere für Grundstücke, die zu Wohnzwecken genutzt werden.

Grundsätzlich müssen sowohl die tatsächlich erzielten als auch die nachhaltig erzielbaren Erträge festgestellt werden. Zu diesem Zweck sind die bestehenden Miet- und Pachtverhältnisse mit ihren wesentlichen Vertragsdaten darzustellen.

Weichen die tatsächlichen Erträge von den nachhaltig erzielbaren ortsüblichen Erträgen ab, dann ist der (vorläufige) Ertragswert zunächst auf der Grundlage der nachhaltig erzielbaren Erträge zu ermitteln. Die Abweichungen zwischen den tatsächlichen und den nachhaltig erzielbaren ortsüblichen Erträgen sind zusätzlich unter Nr. 1.3.8 der Anlage 2 zu berücksichtigen.

Beruht die Abweichung auf einer nicht nur kurzfristigen rechtlichen Bindung, dann ist dies im Rahmen von Nr. 3.5.8 oder nach Nr. 4 des Zweiten Teils zu berücksichtigen.

Die auf Grund allgemeiner wirtschaftlicher Verhältnisse zu erwartenden Änderungen der Ertrags- und Wertverhältnisse werden durch den Ansatz eines angemessenen und nutzungstypischen Liegenschaftszinssatzes i.S. von § 11 WertV berücksichtigt (vgl. Nr. 3.5.4).

Die Einnahmen für Reklameflächen u.Ä. sind besonders auszuweisen und auszuwerten.

Für vorübergehend leerstehende und eigengenutzte Räume sowie für solche, die z.B. aus persönlichen Gründen billiger vermietet werden, ist ebenfalls die ortsüblich nachhaltig erzielbare Miete anzusetzen.

Bei Ertragswertobjekten sind die Wohn- und Nutzflächen durch eigene oder durch Überprüfung vorliegender Berechnungen (mit Quellenangabe) getrennt nach Nutzungsart zu ermitteln und nachzuweisen.

Eine aufgegliederte Mietberechnung (Einnahmenberechnung) nach Gebäudeart, Geschossen und Flächen (m^2) ist als Anlage beizufügen.

3.5.2 Bewirtschaftungskosten (Nr. 1.3.2 der Anlage 2)

Die im Rahmen des Ertragswertverfahrens anzusetzenden Bewirtschaftungskosten nach den Nrn. 3.5.2.3 – 3.5.2.5 sind regelmäßig und nachhaltig anfallende Ausgaben.

Grundsätzlich sind die üblichen, dem Objekt angemessenen Bewirtschaftungskosten unter Berücksichtigung der Restnutzungsdauer nach Erfahrungssätzen zu Grunde zu legen. Soweit Abweichungen der tatsächlichen von den üblichen Bewirtschaftungskosten die Ertragsfähigkeit des Objektes beeinflussen, sind sie bei der Wertermittlung zusätzlich zu berücksichtigen.

Zinsen für Hypothekendarlehen und Grundschulden oder sonstige Zahlungen für auf dem Grundstück lastende privatrechtliche Verpflichtungen sind bei den Bewirtschaftungskosten nicht zu berücksichtigen.

Die Bewirtschaftungskosten sind möglichst in ihren einzelnen Positionen anzusetzen (Nr. 0.8.2 der Anlage 2).

3.5.2.1 Abschreibung

Im Rahmen der Wertermittlung entfällt der Ansatz eines besonderen Betrags für die Abschreibung.

3.5.2.2 Betriebskosten (Nr. 0.8.2.1 der Anlage 2)

Betriebskosten sind die Kosten, die durch das Eigentum am Grundstück oder durch den bestimmungsgemäßen Gebrauch des Grundstücks sowie seiner baulichen und sonstigen Anlagen laufend entstehen (§ 18 Abs. 3 WertV). Diese sind bei der Wertermittlung nur einzusetzen, soweit sie üblicherweise nicht vom Eigentümer auf die Mieter umgelegt werden.

Eine Aufstellung der umlegbaren Betriebskosten für Wohnraum enthält § 2 BetrKV.

Bei von der Grundsteuer befreiten Grundstücken ist zu prüfen, inwieweit fiktive Beträge für die Grundsteuer in Ansatz zu bringen sind.

3.5.2.3 Verwaltungskosten (Nr. 0.8.2.2 der Anlage 2)

Verwaltungskosten sind die Kosten der zur Verwaltung des Grundstücks erforderlichen Arbeitskräfte und Einrichtungen, die Kosten der Aufsicht sowie die Kosten für die Prüfungen des Jahresabschlusses oder für die Geschäftsführung des Eigentümers.

Die Verwaltungskosten richten sich nach der Art des Grundstücks, der Aufteilung des Wertermittlungsobjekts in Nutzungseinheiten und den örtlichen Verhältnissen, die sehr unterschiedlich sein können.

Die Sätze können je Mieteinheit, je m² Mietfläche bzw. in einem Vomhundertsatz der Nettokaltmiete angegeben werden.

Anhaltspunkte für den Ansatz der Verwaltungskosten ergeben sich aus Anlage 3 dieser Richtlinien.

3.5.2.4 Instandhaltungskosten (Nr. 0.8.2.3 der Anlage 2)

Instandhaltungskosten sind Kosten, die infolge Abnutzung, Alterung und Witterung zur Erhaltung des bestimmungsgemäßen Gebrauchs der baulichen Anlagen während ihrer Nutzungsdauer aufgewendet werden müssen. Die Instandhaltungskosten umfassen sowohl die für die laufende Unterhaltung als auch für die Erneuerung einzelner baulicher Teile aufzuwendenden Kosten und sind hinsichtlich der Höhe mit ihrem langfristigen Mittel zu berücksichtigen.

Von den Instandhaltungskosten sind die Modernisierungskosten (vgl. § 16 Abs. 3 Wohnraumförderungsgesetz - WoFG) zu unterscheiden. Zur Berücksichtigung der Modernisierung im Rahmen der Wertermittlung vgl. unter Nr. 3.5.6.2 .

Zu den Instandhaltungskosten gehören grundsätzlich auch die Schönheitsreparaturen. Sie sind jedoch nur in den besonderen Fällen anzusetzen, in denen sie vom Eigentümer zu tragen sind.

Ein Instandhaltungsstau ist gesondert nachzuweisen und gemäß Nr. 3.5.8 zu berücksichtigen.

Instandhaltungskosten können mit Hilfe von Erfahrungssätzen je m^2 Geschossfläche, Nutz- oder Wohnfläche ermittelt werden.

Anhaltspunkte für den Ansatz der Instandhaltungskosten in Abhängigkeit vom Alter ergeben sich aus Anlage 3 dieser Richtlinie.

3.5.2.5 Mietausfallwagnis (Nr. 0.8.2.4 der Anlage 2)

Mietausfallwagnis ist das Risiko einer Ertragsminderung, die durch Mietminderung, uneinbringliche Zahlungsrückstände oder Leerstehen von Raum, der zur Vermietung bestimmt ist, entsteht und umfasst somit auch die bei Leerstand weiterhin unvermeidlich anfallenden Bewirtschaftungskostenanteile.

Das Mietausfallwagnis erfasst auch die Kosten einer Rechtsverfolgung auf Zahlung, Aufhebung eines Mietverhältnisses oder Räumung.

Die Höhe des Mietausfallwagnisses ist abhängig vom Zustand und der Art des Grundstücks sowie von der örtlichen Marktlage unter Berücksichtigung der Restnutzungsdauer.

Anhaltspunkte für den Ansatz des Mietausfallwagnisses ergeben sich aus Anlage 3 dieser Richtlinie.

Auf sektoralen und regionalen Teilmärkten können sich durchaus deutlich höhere Werte ergeben, die einen höheren Ansatz des Mietausfallwagnisses rechtfertigen, soweit sie nicht schon an anderer Stelle gesondert berücksichtigt wurden (vgl. Nr. 3.5.8).

3.5.3 Reinertrag (Nr. 1.3.3 der Anlage 2)

Der Reinertrag ist der Rohertrag abzüglich der Bewirtschaftungskosten.

3.5.4 Liegenschaftszinssatz (Nr. 1.3.0.2 der Anlage 2)

Der Liegenschaftszinssatz ist der Zinssatz, mit dem sich das im Verkehrswert gebundene Kapital verzinst, wobei sich der Zinssatz nach dem aus der Liegenschaft marktüblich erzielbaren Reinertrag im Verhältnis zum Verkehrswert bemisst.

Der angemessene und nutzungstypische Liegenschaftszinssatz ist nach der Art des Grundstücks (z.B. Mietwohngrundstück, gemischt genutztes Grundstück, Geschäftsgrundstück, gewerbliches Grundstück oder ähnliches) und der Lage auf dem Grundstücksmarkt zu bestimmen. Dabei soll auf den vom örtlichen Gutachterausschuss für Grundstückswerte ermittelten und veröffentlichten Liegenschaftszinssatz zurückgegriffen werden (§ 11 WertV). Ist für das Grundstück kein am regionalen Markt orientierter Liegenschaftszinssatz feststellbar, so kann auf Liegenschaftszinssätze aus vergleichbaren Gebieten, die auch in anderen Gemeinden liegen können, zurückgegriffen werden.

Mit dem Liegenschaftszinssatz werden die allgemein vom Grundstücksmarkt erwarteten künftigen Entwicklungen insbesondere der Ertrags- und Wertverhältnisse sowie der üblichen steuerlichen Rahmenbedingungen berücksichtigt. Besondere Ertragsverhältnisse auf Grund wohnungs- und mietrechtlicher Bindungen bedürfen dagegen einer eigenständigen Berücksichtigung (vgl. Nrn. 3.5.1, 3.5.8 und 4.3).

3.5.5 Bodenwert und Bodenwertverzinsungsbetrag (Nr. 1.3.4 der Anlage 2)

Bei Anwendung des umfassenden Ertragswertverfahrens (vgl. Nr. 3.5 a) auf der Grundlage der Anlage 2 wird der Reinertrag in einen Bodenwert- und einen Gebäudewertanteil aufgespalten, indem der Reinertrag um den Betrag vermindert wird, der sich durch eine angemessene Verzinsung des Bodenwerts ergibt (Bodenwertverzinsungsbetrag).

Der Ermittlung des Bodenwertverzinsungsbetrags ist der angemessene und nutzungstypische Liegenschaftszinssatz zu Grunde zu legen.

Bei der Bestimmung des für den Bodenwertverzinsungsbetrag maßgeblichen Bodenwerts sind folgende Grundsätze zu beachten:

a) Ist die vorhandene Grundstücksfläche größer als es einer den baulichen Anlagen angemessenen Nutzung entspricht und ist nach rechtlichen Gegebenheiten eine höherwertige, selbstständige Nutzung der Mehrfläche zulässig und möglich, so ist diese Mehrfläche beim Ansatz des maßgeblichen Bodenwerts nicht zu berücksichtigen.

b) Bei zu erwartenden, am Wertermittlungsstichtag aber noch nicht erhobenen Abgaben und Beiträgen (z.B. Erschließungsbeitrag) bestimmt sich der maßgebliche Bodenwert grundsätzlich nach dem abgaben- und beitragsfreien Zustand.

c) Bei der Ermittlung des Kaufpreises eines bebauten Grundstücks bei gleichzeitiger verbilligter und unentgeltlicher Abgabe des Grund und Bodens ist der Bodenwertverzinsungsbetrag auf der Grundlage des üblichen Bodenwerts zu ermitteln.

In den Fällen a bis c kann es im Ergebnis erforderlich werden, dass in das Ertragswertverfahren zwei unterschiedliche Bodenwerte eingeführt werden müssen.

Bei Anwendung des Ertragswertverfahrens auf Objekte mit kurzer Restnutzungsdauer der baulichen Anlagen (z.B. zum Zwecke der Zwischennutzung) ist der aus Vergleichspreisen (Bodenrichtwerten) unbebauter Grundstücke abgeleitete Bodenwert um die gewöhnlichen Freilegungskosten zu vermindern. Der verminderte Bodenwert ist sowohl bei der Ermittlung des Bodenwertverzinsungsbetrags als auch bei dem unter Nr. 1.1.6 der Anlage 2 auszuweisenden Bodenwert anzusetzen.

3.5.6 Gesamtnutzungsdauer und Restnutzungsdauer (Nr. 1.0.2.2 der Anlage 2)

Grundsätzlich kommt es bei der Verkehrswertermittlung stets auf die wirtschaftliche Gesamt- und Restnutzungsdauer der baulichen Anlagen an; die technische Lebensdauer kann lediglich die oberste Grenze der wirtschaftlichen Nutzungsdauer darstellen. Dies gilt auch dann, wenn die Restnutzungsdauer durch Abzug des Alters von der Gesamtnutzungsdauer ermittelt wird.

Die Gesamt- und Restnutzungsdauer der baulichen Anlagen sind nach Art und Eigenschaften der Gebäude und insbesondere unter Berücksichtigung des Gebäudeausbaus abzuschätzen.

3.5.6.1 Gesamtnutzungsdauer (Nr. 1.0.2.2 der Anlage 2)

Als Anhaltspunkt für die durchschnittliche wirtschaftliche Gesamtnutzungsdauer können die in der Anlage 4 für die einzelnen Gebäudetypen angegebenen Werte gelten, wobei der Anwender dieser Tabelle gehalten ist, eigenverantwortlich die Gesamtnutzungsdauer des zu wertenden Objekts, insbesondere unter Berücksichtigung der Lage des Objekts, seiner Eigenschaften und der wirtschaftlichen Verwertungsfähigkeit zu ermitteln.

3.5.6.2 Restnutzungsdauer (Nr. 1.0.2.2 der Anlage 2)

Als Restnutzungsdauer ist die Anzahl der Jahre anzusetzen, in denen die baulichen Anlagen bei ordnungsgemäßer Unterhaltung und Bewirtschaftung voraussichtlich noch wirtschaftlich genutzt werden können. Dabei ist zu berücksichtigen, dass durchgeführte Instandsetzungen oder Modernisierungen die Restnutzungsdauer verlängern, unterlassene Instandhaltung oder andere Gegebenheiten die Restnutzungsdauer verkürzen können (vgl. § 23 Abs. 2 WertV).

Die Restnutzungsdauer bestimmt sich auf der Grundlage einer wirtschaftlichen Betrachtungsweise unter Berücksichtigung der Modernisierung bzw. Erneuerung von einzelnen Gebäuden bzw. Gebäudeteilen.

Bei der Bemessung der Restnutzungsdauer ist zu beachten, ob die baulichen Anlagen den allgemeinen Anforderungen an gesunde Wohn- und Arbeitsverhältnisse und an die Sicherheit der auf dem betroffenen Grundstück oder im umliegenden Gebiet wohnenden oder arbeitenden Menschen oder den künftigen wirtschaftlichen Anforderungen an Art und Ausstattung entsprechen.

Es ist die Restnutzungsdauer zu wählen, die die wirtschaftlich sinnvollste Nutzung des Grundstücks gewährleistet.

Mit abnehmender Restnutzungsdauer der baulichen Anlagen kommt der richtigen Einschätzung der Restnutzungsdauer eine zunehmende Bedeutung zu.

Zur Anwendung des Ertragswertverfahrens auf Objekte mit kurzer Restnutzungsdauer der baulichen Anlage vgl. Nr. 3.5.5.

Bei Grundstücken mit mehreren aufstehenden Gebäuden unterschiedlicher Restnutzungsdauer, die eine wirtschaftliche Einheit bilden, sowie bei Gebäuden mit Bauteilen, die eine deutlich voneinander abweichende Restnutzungsdauer aufweisen, bestimmt sich die maßgebliche Restnutzungsdauer nicht zwangsläufig nach dem Gebäude mit der kürzesten Restnutzungsdauer, sondern ist nach wirtschaftlichen Gesichtspunkten unter Einbeziehung der Möglichkeit der Modernisierung wirtschaftlich verbrauchter Gebäude und Bauteile zu bestimmen.

3.5.7 VERVIELFÄLTIGER (NR. 1.3.6 DER ANLAGE 2)

Der Vervielfältiger für die Ermittlung des Ertragswerts ist aus der Tabelle Anlage 5 nach der Restnutzungsdauer des Gebäudes und dem angemessenen, nutzungstypischen Liegenschaftszinssatz zu entnehmen. Dabei handelt es sich um den Rentenbarwertfaktor einer jährlich nachschüssigen Rente, die auch im Falle einer monatlich vorschüssigen Zahlungsweise Anwendung finden kann. Bei auf mehrere Monate angelegter vorschüssiger Zahlungsweise (z.B. viertel-, halb- oder jährlich) muss dem besonders durch Angleichung des entsprechenden Vervielfältigers Rechnung getragen werden.

3.5.8 ZU- UND ABSCHLÄGE (NR. 1.3.8 DER ANLAGE 2)

Soweit Erträge oder Kosten nach den vorstehenden Regelungen noch nicht berücksichtigt sind, wie Einnahmen aus besonderen Nutzungen von Gebäuden oder sonstigen Grundstücksflächen oder Kosten für eine unterlassene Instandhaltung (Instandhaltungsstau) sowie eine Beeinflussung des Ertrags durch besondere miet- oder wohnungsrechtliche Bindungen, ist dies durch entsprechende Zu- oder Abschläge auf den ermittelten Wert zu berücksichtigen (vgl. Nr. 3.5.1).

Weist ein Objekt Baumängel oder Bauschäden (vgl. Nr. 3.6.1.1.8) auf und soll der Verkehrswert unter Berücksichtigung der Kosten für deren Beseitigung sowie unter Berücksichtigung der erfolgten Modernisierung ermittelt werden, sind entsprechend dem geplanten Bauzustand eines mangelfreien und ggf. modernisierten Objekts:

- die nachhaltig erzielbaren Erträge (Nettokaltmieten),
- die nachhaltig anfallenden Bewirtschaftungskosten (insbesondere Höhe der laufenden Instandhaltungskosten) und
- die ggf. auf der Grundlage einer Modernisierung verlängerte Restnutzungsdauer

zu Grunde zu legen und das Ergebnis der Wertermittlung um die aufzuwendenden Kosten (getrennt nach Instandsetzungs- und Modernisierungsmaßnahmen) zu vermindern.

Nur in bestimmten Fällen sind die Instandsetzungskosten in voller Höhe wertmindernd zu berücksichtigen (z.B. bei zwingend erforderlichen Maßnahmen; vgl. auch Nrn. 3.6.1.1.8, 3.6.1.1.9).

Soweit eine Verpflichtung zum Erhalt der baulichen Anlage nicht besteht, ist bei überdurchschnittlichen Kosten zur Beseitigung der Baumängel und Bauschäden im Verhältnis zum Gebäudeertragswert des instand gesetzten Gebäudes zu prüfen, ob sachgerechte Ergebnisse unter Zugrundelegung des gegebenen Erhaltungszustands oder eines sofortigen Rückbaus des Gebäudes erzielt werden können.

3.6 SACHWERT (NR. 1.4 DER ANLAGE 2)

Der Sachwert umfasst den Bodenwert sowie den Wert der baulichen und der sonstigen Anlagen (§ 21 WertV).

Der Bodenwert ist in der Regel im Vergleichswertverfahren zu ermitteln. Die Ausführungen unter Nr. 2.3 für die Wertermittlung unbebauter Grundstücke gelten sinngemäß.

Zu den baulichen Anlagen zählen Gebäude, bauliche Außenanlagen (z.B. Wege- und Platzbefestigungen, Ver- und Entsorgungseinrichtungen auf dem Grundstück, Einfriedungen) und besondere Betriebseinrichtungen (z.B. Tresor- und Tankanlagen, Förderanlagen).

Unter dem Begriff der sonstigen Anlagen sind insbesondere Gartenanlagen, Anpflanzungen und Parks zu verstehen.

Die Werte der einzelnen baulichen Anlagen sind getrennt zu ermitteln.

3.6.1 Wert der baulichen Anlagen am Wertermittlungsstichtag

Zur Ermittlung des Werts der baulichen Anlagen ist von den gewöhnlichen Herstellungskosten auszugehen, die unter Beachtung wirtschaftlicher Gesichtspunkte für die Neuerrichtung des Wertermittlungsobjekts am Wertermittlungsstichtag aufzuwenden wären (Ersatzbeschaffungskosten).

3.6.1.1 Wert der Gebäude (Nr. 1.4.1 der Anlage 2)

Grundsätzlich kann der Herstellungswert eines Gebäudes ermittelt werden:

a) auf der Grundlage von Erfahrungssätzen bezogen auf eine geeignete Bezugseinheit (Normalherstellungskosten),

b) nach gewöhnlichen Herstellungskosten für einzelne Bauleistungen oder

c) nach den tatsächlich entstandenen Herstellungskosten.

Vorrangig wird der Herstellungswert auf der Grundlage von Normalherstellungskosten ermittelt.

Voraussetzung für die Anwendung dieses Verfahrens ist das Vorliegen geeigneter Normalherstellungskosten. Geeignet sind Normalherstellungskosten, wenn sie sich auf Gebäude beziehen, die dem zu wertenden Gebäude vor allem bezüglich der Gebäudeart, Bauweise, Bauausführung und Ausstattung hinreichend entsprechen.

Zur Ermittlung des Herstellungswerts eines Gebäudes sind die gewöhnlichen Herstellungskosten (Normalherstellungskosten) je Flächen- oder Raumeinheit mit der Fläche oder dem Rauminhalt des zu wertenden Gebäudes zu vervielfachen.

Bei der Ermittlung der Flächen oder des Rauminhalts sind dieselben Berechnungsvorschriften anzuwenden, wie sie für die Ableitung der Normalherstellungskosten gelten.

Die Normalherstellungskosten sind in möglichst aktueller Höhe für unterschiedliche Gebäudearten getrennt anzusetzen.

Im Falle einer anstehenden zukünftigen Nutzungsänderung ist die Ermittlung des Herstellungswerts nur auf die Gebäudeteile zu beschränken, die auch zukünftig Weiterverwendung finden.

Bei der Überführung der bisherigen Nutzung in eine Anschlussnutzung sind die Kosten für Freilegung, Teilabbruch- und Sicherungsmaßnahmen ebenso zu berücksichtigen wie die Verwertungserlöse für abgängige Bauteile.

3.6.1.1.1 NORMALHERSTELLUNGSKOSTEN 2000 - NHK 2000 (NR. 1.4.1.1 DER ANLAGE 2)

Auf der Grundlage der sich aus Anlage 7 ergebenden Normalherstellungskosten 2000 werden die gewöhnlichen Herstellungskosten einschließlich einer 16%igen Mehrwertsteuer bezogen auf die Preisbasis 2000 entsprechend dem Gebäudetyp, dem Baujahr und dem Ausstattungsstandard des Bewertungsobjekts bestimmt.

Sie können zur Ermittlung des Sachwerts von Gebäuden herangezogen werden, wenn keine anderen zuverlässigen Erfahrungswerte über die gewöhnlichen Herstellungskosten des örtlichen Grundstücksmarkts zur Verfügung stehen.

Insbesondere im Hinblick auf die für die älteren Baujahrsklassen ausgewiesenen Normalherstellungskosten wird darauf hingewiesen, dass es sich dabei um die gewöhnlichen Herstellungskosten für Ersatzbeschaffungsmaßnahmen unter Berücksichtigung neuzeitlicher, wirtschaftlicher Bauweisen und nicht um Rekonstruktionskosten handelt.

Die spezifischen Merkmale des Bewertungsobjekts können sowohl bei den Gebäudetypen als auch bei den Ausstattungsstandards und den Baujahrsklassen durch Interpolation berücksichtigt werden.

Die Normalherstellungskosten 2000 enthalten für jeden Gebäudetyp eine Kurzbeschreibung des Ausstattungsstandards. Der Gegenstand der Wertermittlung ist auf der Grundlage dieser Ausstattungsmerkmale zu qualifizieren.

Es ist zu beachten, dass die in den Ausstattungsstandards angegebenen Kostengruppen ungleichgewichtig sind und im Einzelfall das zu wertende Objekt zugeordnet werden muss.

Für die Bestimmung der Baujahrsklasse für Gebäude, die überdurchschnittlich instand gehalten, instand gesetzt oder modernisiert wurden, kann von einer entsprechend verjüngten Baujahrsklasse ausgegangen werden, wenn dem nicht bereits durch Zuschläge Rechnung getragen wurde. Bei durchgreifend modernisierten Gebäuden ist fiktiv die Baujahrsklasse zu Grunde zu legen, die dem Standard der Baujahrsklasse entspricht, der durch die Modernisierung herbeigeführt wurde.

Umgekehrt ist eine vernachlässigte Instandhaltung (Instandhaltungsstau) durch die Einordnung in eine ältere Baujahrsklasse zu berücksichtigen, wenn dem nicht in anderer Weise Rechnung getragen wurde.

Die in den Gebäudetypenblättern ausgewiesenen Normalherstellungskosten differenzieren u.a. nach Gebäuden mit und ohne ausgebautem Dachgeschoss.

Ist ein Dachgeschoss nur teilweise ausgebaut oder ist zusätzlich eine nutzbare (zugängliche) Ebene in einem Steildach (ausgebauter Spitzboden) vorhanden, sind Zu- bzw. Abschläge von den Normalherstellungskosten oder eine Berechnung im Gebäude-Mix erforderlich (Anlage 6).

Bezugsgrundlage der Normalherstellungskosten ist grundsätzlich die Brutto-Grundfläche (BGF) der DIN 277 (1987); in besonderen Fällen der Brutto-Rauminhalt (BRI).

3.6.1.1.2 KORREKTURFAKTOREN (NR. 1.4.1.3 DER ANLAGE 2)

Bei Heranziehung der ausgewiesenen Normalherstellungskosten sind, von landwirtschaftlichen Gebäuden abgesehen, Abweichungen auf Grund regionaler Einflüsse und der Ortsgröße zu berücksichtigen. Dabei sind die ggf. von den Gutachterausschüssen für Grundstückswerte ermittelten Korrekturfaktoren oder andere Auswertungen heranzuziehen.

Bei einzelnen Gebäudetypen sind weitere Korrekturfaktoren angegeben, die eine Anpassung der speziellen Merkmale des Bewertungsobjekts an das Vergleichsobjekt der Normalherstellungskosten 2000 erlauben.

Die sich hier ergebenden Zu- bzw. Abschläge sind durch Multiplikation mit den Tabellenwerten der Normalherstellungskosten zu berücksichtigen.

3.6.1.1.3 BERECHNUNG DER BRUTTO-GRUNDFLÄCHE (NR. 1.4.1.5 DER ANLAGE 2)

Die Brutto-Grundfläche (BGF) ist die Summe der Grundflächen aller Grundrissebenen eines Bauwerks. Hinweise zur Berechnung der Brutto-Grundfläche enthält Anlage 6.

Eine detaillierte Berechnung der Brutto-Grundfläche ist beizufügen.

3.6.1.1.4 BAUNEBENKOSTEN (NR. 1.4.1.6 DER ANLAGE 2)

Baunebenkosten sind die Kosten für Planung, Baudurchführung, behördliche Prüfungen und Genehmigungen sowie die unmittelbar mit der Herstellung der baulichen Anlagen erforderlichen Kosten der Finanzierung.

Die Baunebenkosten sind in den Normalherstellungskosten 2000 nicht enthalten und müssen demzufolge noch zusätzlich berücksichtigt werden. Anhaltspunkte für durchschnittliche Baunebenkosten sind auf den einzelnen Gebäudetypenblättern der NHK 2000 aufgeführt.

Mit zunehmendem Gebäudesachwert vermindern sich die relativen Baunebenkosten.

3.6.1.1.5 BAUPREISINDEX (NR. 1.4.1.7 DER ANLAGE 2)

Der aus den Normalherstellungskosten ermittelte Herstellungswert ist in der Regel auf den Wertermittlungsstichtag zu beziehen.

Bei der Ermittlung des Werts der baulichen Anlagen ist der letzte vor dem Wertermittlungsstichtag veröffentlichte, für die jeweilige Gebäudeart zutreffende Preisindex (Baupreisindex) des Statistischen Bundesamtes (Internetadresse www.destatis.de) bzw. der Statistischen Landesämter mit dem entsprechenden Basisjahr zu Grunde zu legen.

3.6.1.1.6 GESAMT- UND RESTNUTZUNGSDAUER (NR. 1.4.1.9 DER ANLAGE 2)

Zum Ansatz der Gesamt- und Restnutzungsdauer vergleiche die Ausführungen unter Nr. 3.5.6. Anhaltspunkte für die durchschnittliche Gesamtnutzungsdauer der einzelnen Gebäudetypen enthält die Anlage 4 sowie die Ausführungen unter Nr. 3.6.1.1.1.

3.6.1.1.7 Wertminderung wegen Alters (Nr. 1.4.1.9 der Anlage 2)

Der auf der Grundlage der Normalherstellungskosten 2000 unter Berücksichtigung der entsprechenden Korrekturfaktoren und mit Hilfe des Baupreisindexes auf den Wertermittlungsstichtag bezogene Wert entspricht dem eines neu errichteten Gebäudes.

Soweit es sich um ein älteres Gebäude handelt, muss dieser Wert entsprechend dem Alter des Gebäudes gemindert werden.

Die Alterswertminderung wird in einem Vomhundertsatz des Gebäudeherstellungswerts ausgedrückt.

Dabei wird die für den jeweiligen Gebäudetyp übliche Gesamtnutzungsdauer (vgl. Nr. 3.5.6.1) der ggf. durch Instandsetzung oder Modernisierung verlängerten oder durch unterlassene Instandhaltung oder anderen Gegebenheiten verkürzten Restnutzungsdauer (vgl. Nr. 3.5.6.2) gegenübergestellt.

Die zur Zeit überwiegend in der Praxis angewandten Abschreibungstabellen sind in der Anlage 8 wiedergegeben.

Die Art der Abschreibung ist anzugeben und zu begründen.

3.6.1.1.8 Wertminderung wegen Baumängeln und Bauschäden (Nr. 1.4.1.10 der Anlage 2)

Baumängel entstehen während der Bauzeit. Als Sachmangel führen § 434 BGB bzw. § 633 BGB Abweichungen von der vereinbarten Beschaffenheit, von der vorausgesetzten Verwendung und von der gewöhnlichen Verwendung auf. Zu den Baumängeln gehören z.B. mangelnde Isolierung, mangelnde statische Festigkeit und unzweckmäßige Baustoffe. Baumängel können sowohl durch unsachgemäße Bauausführung als auch durch Einsparungen verursacht werden, die sich auf die geforderte Qualität des Bauwerks auswirken.

Bauschäden entstehen nach der Fertigstellung infolge äußerer Einwirkung; dazu gehören z.B. vernachlässigte Instandhaltung (Instandhaltungsstau), Bergschäden, Wasserschäden, Holzerkrankungen und Schädlingsbefall. Bauschäden können auch als Folge von Baumängeln auftreten.

Eine Wertminderung wegen Baumängeln oder Bauschäden ist nur dann anzusetzen, wenn diese nicht schon auf andere Weise wertmindernd berücksichtigt wurden.

Wertminderungen auf Grund von Baumängeln und/oder Bauschäden können folgendermaßen berücksichtigt werden:

- durch Verminderung des angesetzten Herstellungswerts,
- durch eine entsprechend geminderte Restnutzungsdauer,
- durch Abschlag nach Erfahrungswerten (in v.H. der Gebäudeherstellungskosten) unter Verwendung von Bauteiltabellen,
- durch Abzug der Schadensbeseitigungskosten.

Bei der letztgenannten Verfahrensweise muss beachtet werden, dass der Wertminderungsbetrag nicht höher sein kann als der Wertanteil des betreffenden Bauteils am Gesamtwert des Baukörpers. Aus diesem Grund ist es in der Regel notwendig, die nach den Wertverhältnissen am Wertermittlungsstichtag ermittelten Schadensbeseitigungskosten unter Anwendung des unter Nr. 3.6.1.1.7 aufgeführten Alterswertminderungssatzes zu kürzen (vgl. Nr. 3.5.8).

Welche dieser Verfahrensweisen sachgerecht ist, hängt vom Einzelfall ab und sollte vom Standpunkt eines wirtschaftlich vernünftig handelnden Eigentümers betrachtet werden. In jedem Fall sind Doppelberücksichtigungen zu vermeiden.

3.6.1.1.9 Sonstige wertbeeinflussende Umstände (Nr. 1.4.1.11 der Anlage 2)

Wertbeeinflussende Umstände, die bisher nicht erfasst oder berücksichtigt worden sind, sind durch Zu- oder Abschläge oder in anderer geeigneter Weise zu berücksichtigen (§ 25 WertV). Als solche Umstände kommen insbesondere in Betracht:

- wirtschaftliche Wertminderung,
- überdurchschnittlicher Erhaltungszustand,
- erhebliche Abweichung der tatsächlichen von der nach § 5 Abs. 1 WertV maßgeblichen Nutzung.

Eine Wertminderung auf Grund überhoher Geschosshöhen entfällt bei der Wertermittlung von Gebäuden auf der Grundlage von Normalherstellungskosten (vgl. Anlage 6), deren Bezugseinheit die Brutto-Grundfläche ist. In diesen Fällen ist jedoch zu prüfen, ob nicht überhohe Geschosshöhen entsprechend den Gepflogenheiten des allgemeinen Geschäftsverkehr zu einer Werterhöhung führen können.

3.6.1.1.9.1 Wirtschaftliche Wertminderung (Nr. 1.4.1.12 der Anlage 2)

Ein Abschlag wegen wirtschaftlicher Wertminderung neben dem Ansatz der normalen Alterswertminderung kommt in Betracht, wenn das Bewertungsobjekt seine volle wirtschaftliche Verwendungsfähigkeit auch bei möglicher anderweitiger Verwendung verloren hat.

Für eine wirtschaftliche Wertminderung kommen folgende Umstände in Betracht, die in Vomhundertsätzen als Abschläge zu berücksichtigen sind:

- zeitbedingte oder zweckbedingte Baugestaltung, letzteres vor allem bei gewerblichen oder öffentlichen Zweckbauten,
- unorganischer Aufbau und Grundriss des Gebäudes,
unorganische Anordnung der Gebäude auf dem Grundstück und zueinander,
- Strukturänderung, Zweckentfremdung, nicht mehr gewährleistete Funktionserfüllung auf Grund Gestaltung und Alters der Gebäude,
- wirtschaftliche Überalterung (allgemeine Nutzungsmöglichkeit).

Die wirtschaftliche Wertminderung der Außenanlagen ist abhängig von der wirtschaftlichen Wertminderung der Gebäude, wenn sie deren Schicksal teilen.

3.6.1.1.9.2 Erhebliche Abweichung der tatsächlichen von der nach § 5 Abs. 1 WertV maßgeblichen Nutzung (Nr. 1.4.1.13 der Anlage 2)

Besteht ein offensichtliches Missverhältnis zwischen der tatsächlichen Nutzung und der rechtlich zulässigen bzw. lagetypischen Nutzung und wird dadurch die Nutzungsmöglichkeit des Grundstücks tatsächlich eingeschränkt oder wird durch die tatsächliche Nutzung die rechtlich zulässige Nutzung überschritten, so kann hierdurch eine Minderung oder Erhöhung des Gesamtwerts des Grundstücks begründet sein (vgl. § 5 Abs. 1 WertV sowie Nr. 2.3.4.6). Dieser durch die vorhandene Bebauung bedingten Wertminderung oder Werterhöhung ist durch einen entsprechenden Abschlag oder Zuschlag Rechnung zu tragen. Die Höhe der Wertminderung oder -erhöhung ist insbesondere vom Ausmaß dieses Missverhältnisses und von der Restnutzungsdauer der vorhandenen Bebauung abhängig.

3.6.1.2 Wert der baulichen Außenanlagen (Nr. 1.4.2.1 der Anlage 2)

Die Ermittlung des Wertanteils der baulichen Außenanlagen erfolgt in der Regel auf der Grundlage von Erfahrungswerten.

3.6.1.3 Wert der besonderen Betriebseinrichtungen (Nr. 1.4.2.2 der Anlage 2)

Der Wertanteil der besonderen Betriebseinrichtungen ist nur dann gesondert zu ermitteln, soweit diese nicht bereits mit den nach § 22 WertV angesetzten Normalherstellungskosten berücksichtigt wurden.

Wenn erforderlich, kann der Wert der besonderen Betriebseinrichtungen aus Erfahrungssätzen abgeleitet werden.

3.6.2 Wert der sonstigen Anlagen (Nr. 1.4.2.4 der Anlage 2)

Der Wertanteil der sonstigen Anlagen, wie Gartenanlagen, Anpflanzungen und Parks ist nur dann gesondert zu ermitteln, soweit sie nicht bereits im Bodenwert enthalten sind.

Wenn erforderlich, kann der Wert der sonstigen Anlagen aus Erfahrungssätzen oder aus den gewöhnlichen Herstellungskosten, bei forstlichem Aufwuchs nach dem Abtriebswert (vgl. WaldR 2000) abgeleitet werden.

3.7 Verkehrswert – Marktwert (Nr. 1.5 der Anlage 2)

Der Verkehrswert (§ 194 BauGB, § 7 WertV) ist aus den Ergebnissen der angewandten Wertermittlungsverfahren abzuleiten.

Soweit mit den bei den einzelnen Wertermittlungsverfahren herangezogenen Daten die jeweilige Lage auf dem Grundstücksmarkt nicht hinreichend Berücksichtigung finden kann, ist die Angebots- und Nachfragesituation zu ergründen, darzulegen und ggf. durch entsprechende Zu- oder Abschläge auf die ermittelten Sach- bzw. Ertragswerte zu berücksichtigen. Die Mittelbildung des Sach- und Ertragswerts stellt in der Regel keine geeignete Methode zur Ableitung des Verkehrswerts dar.

Das Ergebnis der Sach- bzw. Ertragswertermittlung ist umso kritischer zu würdigen, je größer die beim Übergang vom Sach- bzw. Ertragswert zum Verkehrswert anzubringenden Marktkorrekturen ausfallen. Hohe Marktanpassungskorrekturen sprechen gegen die Eignung des jeweils angewandten Verfahrens.

3.8 Werterhöhende Investitionen Dritter

Werterhöhende Investitionen Dritter sind gesondert zu bezeichnen, soweit sie nicht abgelöst oder durch verbilligte Miete verrechnet sind.

Es sind dabei in der Regel anzugeben:

- Investitionskosten nach Baujahren getrennt mit Angabe der Art der baulichen Maßnahmen,
- Investitionsförderung,
- Investitionswert.

Sofern vertragliche Regelungen nicht entgegenstehen, ist der Investitionswert gleich der Differenz zwischen dem Wert des Grundstücks mit Berücksichtigung der Investition und dem Wert desselben Grundstücks ohne Berücksichtigung der Investition am gleichen Wertermittlungsstichtag. Dies trifft sowohl für die Ermittlung der Verkehrswerte im Vergleichs-, Ertrags- als auch im Sachwertverfahren zu.

Dipl. Ing. (FH) Bernhard Metzger
Immobilien- & Baumanagement

Sachverständigenbüro für
Grundstückswertermittlung und Schäden an Gebäuden

Herr
Dr. Helmut Schulze
Salzstraße 24

82335 Berg

Beispielgutachten
Bewertung eines
Einfamilienhauses

(Hinweis: Die Angaben zum Bewertungsobjekt und zum Eigentümer etc. wurden aus Gründen der Anonymität verändert!)

Am Kastenacker 4
82266 Inning

Telefon: 08143 / 94494
Telefax: 08143 / 94495
Internet: www.m-ib.info
EMail: metzger@m-ib.info

Datum: 17.05.2010
Az.: me/2010.5-41

GUTACHTEN

über den Verkehrswert (i.S.d. § 194 Baugesetzbuch)
für das mit einem
Einfamilienwohnhaus bebaute Grundstück
in 82335 Berg, Salzstraße 24

Der **Verkehrswert des Grundstücks** wurde zum Stichtag
17.05.2010 ermittelt mit rd.

534.000,00 €

Ausfertigung Nr. 1
Dieses Gutachten besteht aus 34 Seiten zzgl. 7 Anlagen mit insgesamt 13 Seiten.[1]
Das Gutachten wurde in zwei Ausfertigungen erstellt, davon eine für meine Unterlagen.

[1] Die Anlagen wurden aus Gründen der Anonymität nicht beigefügt

Inhaltsverzeichnis

1 Allgemeine Angaben

1.1 Angaben zum Bewertungsobjekt

Art des Bewertungsobjekts:	Grundstück, bebaut mit Einfamilienwohnhaus und unterkellerter Doppelgarage
Objektadresse:	Salzstraße 24 82335 Berg
Grundbuchangaben:	Grundbuch von Berg, Band 25, Blatt 885, lfd. Nr. 1
Katasterangaben:	Gemarkung Berg, Flurstück 376/4 (800 m²)

1.2 Angaben zum Auftraggeber und Eigentümer

Auftraggeber und Eigentümer[2]:	Herr Dr. Helmut Schulze Salzstraße 24 82335 Berg Auftrag vom 21.04.2010 (Datum des Auftragsschreibens)

1.3 Angaben zum Auftrag und zur Auftragsabwicklung

Grund der Gutachtenerstellung:	Verkehrswertermittlung zum Zwecke der Vermögensübersicht
Wertermittlungsstichtag:	17.05.2010
Tag der Ortsbesichtigung:	17.05.2010
Teilnehmer am Ortstermin:	Herr Dr. Helmut Schulze und der Sachverständige
Herangezogene Unterlagen, Erkundigungen, Informationen:	• Auszug aus der Straßenkarte im Maßstab 1 : 150.000, • Auszug aus dem Stadtplan im Maßstab 1 : 20.000, • Auszug aus der Katasterkarte in Maßstab 1 : 1.000, • unbeglaubigter Grundbuchauszug vom 22.4.2010 • Erforderliche Daten der Wertermittlung aus eigener Bibliothek • Bodenrichtwertauskunft des zuständigen Gutachterausschusses, • telefonische Auskunft über planungsrechtliche Gegebenheiten vom 22.4.2010 Vom Auftraggeber wurden für diese Gutachtenerstellung im Wesentlichen folgende Unterlagen und Informationen zur Verfügung gestellt: • Bauzeichnungen (Grundrisse, Ansichten, Schnitte); • Berechnung des Bruttorauminhalts und der Wohn- und Nutzflächen.

[2] Die Angaben des Auftraggebers und Eigentümers wurden aus Gründen der Anonymität verändert

2 Grund- und Bodenbeschreibung

2.1 Lage

2.1.1 Großräumige Lage

Bundesland:	Bayern
Kreis:	Starnberg
Ort und Einwohnerzahl:	Berg (ca. 7.000 Einwohner)
Überörtliche Anbindung / Entfernungen: (vgl. Anlage 1)	Nächstgelegene größere Städte: Starnberg (ca. 6,5 km entfernt) Landeshauptstadt: München (ca. 25 km entfernt) Autobahnzufahrt: Autobahnanschluß Percha (A95) (ca. 4 km entfernt) Bahnhof: Starnberg (ca. 7 km entfernt) Flughafen: München (Franz Josef Strauß Flughafen) (ca. 70 km entfernt)

2.1.2 Kleinräumige Lage

innerörtliche Lage: (vgl. Anlage 2)	Ortsrand; die Entfernung zum Stadtzentrum beträgt ca. 400 m; Geschäfte des täglichen Bedarfs in fußläufiger Entfernung; Schulen und Ärzte in unmittelbarer Nähe; öffentliche Verkehrsmittel (Bushaltestelle) ca. 200 m entfernt; gute Wohnlage
Art der Bebauung und Nutzungen in der Straße und im Ortsteil:	ausschließlich wohnbauliche Nutzungen; überwiegend offene Bauweise ein bis zweigeschoßige Bauweise
Beeinträchtigungen:	keine
topografische Grundstückslage:	leicht hängig; Garten mit Südausrichtung

2.2 Gestalt und Form

Gestalt und Form: (vgl. Anlage 3)	Straßenfront: ca. 20 m; mittlere Tiefe: ca. 40 m; Grundstücksgröße: Flurst.Nr.: 376/4 Größe: 800 m² Bemerkungen: rechteckige Grundstücksform

2.3 Erschließung

Straßenart:	Anliegerstraße;
Straßenausbau:	voll ausgebaut, Fahrbahn aus Bitumen; Gehweg einseitig vorhanden, befestigt mit Betonverbundstein; Parkstreifen ausreichend vorhanden
Anschlüsse an Versorgungsleitungen und Abwasserbeseitigung:	elektrischer Strom, Wasser aus öffentlicher Versorgung; Kanalanschluss; Telefonanschluss
Grenzverhältnisse, nachbarliche Gemeinsamkeiten:	einseitige Grenzbebauung des Wohnhauses; eingefriedet durch Maschendrahtzaun
Baugrund, Grundwasser (soweit augenscheinlich ersichtlich):	gewachsener, normal tragfähiger Baugrund; keine Grundwasserschäden
Anmerkung:	In dieser Wertermittlung ist eine lageübliche Baugrund- und Grundwassersituation insoweit berücksichtigt, wie sie in die Vergleichskaufpreise bzw. Bodenrichtwerte eingeflossen ist. Darüber hinausgehende vertiefende Untersuchungen und Nachforschungen wurden auftragsgemäß nicht angestellt.

2.4 Privatrechtliche Situation

Grundbuchlich gesicherte Belastungen:	Dem Sachverständigen liegt ein Grundbuchauszug vom 22.04.2010 vor. Hiernach besteht in Abteilung II des Grundbuchs von Berg, Band 25, Blatt 885 keine wertbeeinflussende Eintragung.
Anmerkung:	Schuldverhältnisse, die ggf. in Abteilung III des Grundbuchs verzeichnet sein können, werden in diesem Gutachten nicht berücksichtigt. Es wird davon ausgegangen, dass ggf. valutierende Schulden beim Verkauf gelöscht oder durch Reduzierung des Verkaufspreises ausgeglichen werden.
Bodenordnungsverfahren:	Das Grundstück ist zum Wertermittlungsstichtag in kein Bodenordnungsverfahren einbezogen.
Nicht eingetragene Rechte und Lasten:	Sonstige nicht eingetragene Lasten (z.B. begünstigende) Rechte, besondere Wohnungs- und Mietbindungen, Verunreinigungen (z.B. Altlasten) sind nach Auskunft des Auftraggebers nicht vorhanden. Auftragsgemäß werden vom Sachverständigen diesbezüglich keine weiteren Nachforschungen und Untersuchungen angestellt.

2.5 Öffentlich-rechtliche Situation

2.5.1 Baulasten und Denkmalschutz

Baulasten:	Nach Rücksprache mit der Bauaufsichtsbehörde bestehen keine Baulasten.

Denkmalschutz:	Denkmalschutz besteht nach Auskunft des Auftraggebers nicht.

2.5.2 Bauplanungsrecht

Darstellungen im Flächennutzungsplan:	Der Bereich des Bewertungsobjekts ist im Flächennutzungsplan als Wohnbaufläche (W) dargestellt.
Festsetzungen im Bebauungsplan:	Für den Bereich des Bewertungsobjektes trifft der Bebauungsplan folgende Festsetzungen: WR = reines Wohngebiet; GRZ = 0,15 (Grundflächenzahl); GFZ = 0,25 (Geschossflächenzahl); o = offene Bauweise; Einzel-/Doppelhausbebauung

2.5.3 Bauordnungsrecht

Die Wertermittlung wurde auf der Grundlage der übergebenen Pläne durchgeführt.
Das Vorliegen einer Baugenehmigung und ggf. die Übereinstimmung des ausgeführten Vorhabens mit den vorgelegten Bauzeichnungen wurde auftragsgemäß nicht geprüft.

2.6 Entwicklungszustand inkl. Beitrags- und Abgabensituation

Entwicklungszustand (Grundstücksqualität):	baureifes Land
Abgabenrechtlicher Zustand:	Das Bewertungsgrundstück ist bezüglich der Beiträge und Abgaben für Erschließungseinrichtungen nach BauGB und KAG beitrags- und abgabenfrei.
Anmerkung:	Diese Informationen zur Beitrags- und Abgabensituation wurden telefonisch erkundet.

2.7 Hinweise zu den durchgeführten Erhebungen

Die Informationen zur privatrechtlichen und öffentlichrechtlichen Situation wurden, sofern nicht anders angegeben, telefonisch eingeholt.
Es wird empfohlen, vor einer vermögensmäßigen Disposition bezüglich des Bewertungsobjekts zu diesen Angaben von der jeweils zuständigen Stelle schriftliche Bestätigungen einzuholen.

2.8 Derzeitige Nutzung und Vermietungssituation

(vgl. Anlage 2)

Das Grundstück ist mit einem Einfamilienwohnhaus bebaut (vgl. nachfolgende Gebäudebeschreibung).
Auf dem Grundstück befinden sich insgesamt 2 Garagenplätze.
Das Objekt ist eigengenutzt.

3 Beschreibung der Gebäude und Außenanlagen

3.1 Vorbemerkungen zur Gebäudebeschreibung

Grundlage für die Gebäudebeschreibungen sind die Erhebungen im Rahmen der Ortsbesichtigung sowie die vorliegenden Bauakten und Beschreibungen.

Die Gebäude und Außenanlagen werden nur insoweit beschrieben, wie es für die Herleitung der Daten in der Wertermittlung notwendig ist. Hierbei werden die offensichtlichen und vorherrschenden Ausführungen und Ausstattungen beschrieben. In einzelnen Bereichen können Abweichungen auftreten, die dann allerdings nicht werterheblich sind. Angaben über nicht sichtbare Bauteile beruhen auf Angaben aus den vorliegenden Unterlagen, Hinweisen während des Ortstermins bzw. Annahmen auf Grundlage der üblichen Ausführung im Baujahr. Die Funktionsfähigkeit einzelner Bauteile und Anlagen sowie der technischen Ausstattungen und Installationen (Heizung, Elektro, Wasser etc.) wurde nicht geprüft; im Gutachten wird die Funktionsfähigkeit unterstellt.

Baumängel und -schäden wurden soweit aufgenommen, wie sie zerstörungsfrei, d.h. offensichtlich erkennbar waren. In diesem Gutachten sind die Auswirkungen der ggf. vorhandenen Bauschäden und Baumängel auf den Verkehrswert nur pauschal berücksichtigt worden. Es wird ggf. empfohlen, eine diesbezüglich vertiefende Untersuchung anstellen zu lassen. Untersuchungen auf pflanzliche und tierische Schädlinge sowie über gesundheitsschädigende Baumaterialien wurden nicht durchgeführt.

3.2 Einfamilienwohnhaus

3.2.1 Art des Gebäudes, Baujahr und Außenansicht

Gebäudeart:	Einfamilienwohnhaus, ausschließlich zu Wohnzwecken genutzt; zweigeschossig; Das Gebäude ist unterkellert und z.T. hochwertig ausgebaut; Das Dachgeschoss ist vollständig ausgebaut;
Baujahr:	1972
Modernisierungen:	Neue Heizungsanlage Baujahr 1985
Außenansicht:	insgesamt rau verputzt und gestrichen, Edelputz; Sockel verputzt und gestrichen

3.2.2 Nutzungseinheiten, Raumaufteilung

Kellergeschoss:
Bestehend aus einem großen Hobbyraum, Fitnessraum mit Sauna, Waschküche, Bügelzimmer, Arbeitszimmer, Heizraum und Öllager mit 10.000 ltr. Tank

Erdgeschoss:
Bestehend aus einem Wohnzimmer, Küche, Esszimmer, Gästezimmer, Vorratsraum, Garderobe und Gäste-WC.

Der Zugang zum KG und DG erfolgt über eine geradeläufige offene Holztreppe mit Zwischenpodest

Dachgeschoss:
Bestehend aus einem Schlafzimmer, 2 Kinderzimmer, einem Bad und einer Ankleide

3.2.3 Gebäudekonstruktion (Keller, Wände, Decken, Treppen, Dach)

Konstruktionsart:	Massivbau

Fundamente:	Streifenfundament, Bodenplatte, Beton
Keller:	Beton; Abdichtung als Außendichtung mit Bitumenbahnen (sog. "schwarze Wanne") ausgeführt; Wärmedämmung durch Perimeterdämmung; Lichschächte massiv
Umfassungswände:	einschaliges Mauerwerk ohne zusätzliche Wärmedämmung,
Innenwände:	tragende Innenwände Ziegelmauerwerk; nicht tragende Innenwände Ziegelmauerwerk
Geschossdecken:	Stahlbeton
Treppen:	repräsentativ, sehr gepflegt; <u>Kelleraußentreppe:</u> Beton mit Naturstein <u>Geschosstreppe</u>: Holzkonstruktion (Buche); Geländer in Edelstahl mit Holzhandlauf

3.2.4 Allgemeine technische Gebäudeausstattung

Wasserinstallationen:	Zentrale Wasserversorgung über Anschluss an das öffentliche Trinkwassernetz; Wasserleitungen aus Edelstahlrohr; Ausführung als Vorwandinstallation
Abwasserinstallationen:	Ableitung in kommunales Abwasserkanalnetz; Grundleitungen (Erdleitungen) aus Steinzeug; Abflussrohre (Sammel- und Fallleitungen) aus Gusseisen
Elektroinstallation:	hochwertige Ausstattung; je Raum mehrere Lichtauslässe; je Raum mehrere Steckdosen; hochwertige Beleuchtungskörper, hochwertige Fernmelde- und informationstechnische Anlagen und Antennen, Türöffner, Klingelanlage, Alarmanlage, Blitzschutzanlage, Telefonanschluss, Starkstromanschluss
Heizung:	Zentralheizung, mit flüssigen Brennstoffen (Öl), Baujahr 1985; Gussheizkörper, mit Thermostatventilen; Stahltank, Tankgröße ca. 10.000 Liter, Baujahr 1972
Lüftung:	keine besonderen Lüftungsanlagen (herkömmliche Fensterlüftung)
Warmwasserversorgung:	überwiegend zentral über Heizung

3.2.5 Besondere Bauteile/Einrichtungen, Zustand des Gebäudes

Besondere Bauteile:	Balkon, überdachte Terrasse, Markise, Kelleraußentreppe

Besondere Einrichtungen:	Alarmanlage, Blitzschutzanlage, Wasserentkalkungsanlage
Besonnung und Belichtung:	gut
Baumängel und Bauschäden:	Feuchte Flecken im Bereich der nördlichen Außenwand der unterkellerten Doppelgarage
Wirtschaftliche Wertminderungen:	keine
Allgemeinbeurteilung:	Der bauliche Zustand ist gut.

3.3 Nebengebäude

Garage (unterkellerte Doppelgarage, massiv, Stahlschwingtor, Betonboden, Strom- und Wasseranschluss)

3.4 Außenanlagen

Versorgungsanlagen vom Hausanschluss bis an das öffentliche Netz;
Wegebefestigung, befestigte Stellplatzfläche, Terrasse, Gartenanlagen und Pflanzungen;
Standplatz für 2 Mülltonnen an der Grundstücksgrenze zur Straße; Einfriedung (Mauer mit Holzlattenzaun)

4 Ermittlung des Verkehrswerts

Nachfolgend wird der Verkehrswert für das mit einem Einfamilienwohnhaus bebaute Grundstück in 82335 Berg, Salzstraße 24 zum Wertermittlungsstichtag 17.05.2010 ermittelt.

Grundstücksdaten:

Grundbuch	Band	Blatt		lfd. Nr.
Starnberg	*25*	*885*		*1*
Gemarkung	Flurstück		Fläche	
Berg	*376/4*		*800 m²*	
Fläche insgesamt:				800 m²

4.1 Verfahrenswahl mit Begründung

4.1.1 Bewertungsrechtliche und bewertungstheoretische Vorbemerkungen

4.1.1.1 Grundsätze zur Wahl der Wertermittlungsverfahren

Nach § 194 BauGB wird der Verkehrswert (Marktwert) "durch den Preis bestimmt, der in dem Zeitpunkt, auf den sich die Ermittlung bezieht, im gewöhnlichen Geschäftsverkehr nach den rechtlichen Gegebenheiten und tatsächlichen Eigenschaften, der sonstigen Beschaffenheiten und der Lage des Grundstücks oder des sonstigen Wertermittlungsobjekts ohne Rücksicht auf ungewöhnliche oder persönliche Verhältnisse zu erzielen wäre."
Ziel jeder Verkehrswertermittlung ist es, einen möglichst marktkonformen Wert des Grundstücks (d.h. den wahrscheinlichsten Kaufpreis im nächsten Kauffall) zu bestimmen.
Zur Verkehrswertermittlung bieten die einschlägige Literatur und die Wertermittlungsvorschriften (insbesondere die Immobilienwertermittlungsverordnung - ImmoWertV) mehrere Verfahren an. Die möglichen Verfahren sind jedoch nicht in jedem Bewertungsfall alle gleichermaßen gut zur Ermittlung marktkonformer Verkehrswerte geeignet. Es ist deshalb **Aufgabe des Sachverständigen, das** für die konkret anstehende Bewertungsaufgabe geeignetste (oder besser noch: **die geeignetesten**) **Wertermittlungsverfahren auszuwählen** und anzuwenden.
Nach den Vorschriften der ImmoWertV sind zur Ermittlung des Verkehrswerts

- das *Vergleichswertverfahren*,
- das *Ertragswertverfahren* und
- das *Sachwertverfahren*

oder mehrere dieser Verfahren heranzuziehen (§ 8 Abs. 1 Satz 1 ImmoWertV). Die Verfahren sind nach der *Art des Wertermittlungsobjekts*, unter Berücksichtigung der *im gewöhnlichen Geschäftsverkehr bestehenden Gepflogenheiten* und den *sonstigen Umständen des Einzelfalls* zu wählen; die Wahl ist zu begründen (§ 8 Abs. 1 Satz 2 ImmoWertV).
Die in der ImmoWertV geregelten 3 klassischen Wertermittlungsverfahren (das Vergleichs-, das Ertrags- und das Sachwertverfahren) liefern in Deutschland - wie in den Abschnitten 2 und 3 noch ausgeführt wird - grundsätzlich die marktkonformsten Wertermittlungsergebnisse.
Die **Begründung der Wahl** der anzuwendenden Wertermittlungsverfahren basiert auf der Beschreibung und Beurteilung der für marktorientierte Wertermittlungsverfahren verfügbaren Ausgangsdaten (das sind die aus dem Grundstücksmarkt abgeleiteten Vergleichsdaten für marktkonforme Wertermittlungen) sowie der Erläuterung der auf dem Grundstücksteilmarkt, zu dem das Bewertungsgrundstück gehört, im gewöhnlichen (Grundstücks)Marktgeschehen bestehenden üblichen Kaufpreisbildungsmechanismen und der Begründung des gewählten Untersuchungsweges. Die in den noch folgenden Abschnitten enthaltene Begründung der Wahl der angewendeten Wertermittlungsverfahren dient deshalb vorrangig der "Nachvollziehbarkeit" dieses Verkehrswertgutachtens.

4.1.1.2 Allgemeine Kriterien für die Eignung der Wertermittlungsverfahren

Entscheidende Kriterien für die Wahl der anzuwendenden Wertermittlungsverfahren sind:

- Der Rechenablauf und die Einflussgrößen der Verfahren sollen den in diesem Grundstücksteilmarkt vorherrschenden **Marktüberlegungen** (Preisbildungsmechanismen) entsprechen.
- Zur Bewertung bebauter Grundstücke sollten **mindestens zwei** möglichst weitgehend voneinander

unabhängige **Wertermittlungsverfahren angewendet** werden (§ 8 Abs. 1 Satz 3 ImmoWertV). Das zweite Verfahren dient zur Überprüfung des ersten Verfahrensergebnisses (unabhängige Rechenprobe; Würdigung dessen Aussagefähigkeit; Reduzierung der Risiken bei Vermögensdispositionen des Gutachtenverwenders und des Haftungsrisikos des Sachverständigen).

- Hauptaufgabe dieser Wertermittlung ist es, den Verkehrswert (Marktwert) i.S.d. § 194 BauGB, d.h. den im nächsten Kauffall **am wahrscheinlichsten zu erzielenden Kaufpreis**, möglichst zutreffend zu ermitteln. Die Bewertung inkl. Verfahrenswahl ist deshalb auf die **wahrscheinlichste Grundstücksnutzung** nach dem nächsten (nötigenfalls fiktiv zu unterstellenden) Kauffall abzustellen (Prinzip: Orientierung am "gewöhnlichen Geschäftsverkehr" im nächsten Kauffall). Die einzelnen Verfahren sind nur Hilfsmittel zur Schätzung dieses Wertes. Da dieser wahrscheinlichste Preis (Wert) am plausibelsten aus für vergleichbare Grundstücke vereinbarten Kaufpreisen abzuleiten ist, sind die drei klassischen deutschen Wertermittlungsverfahren (ihre sachrichtige Anwendung vorausgesetzt) verfahrensmäßige Umsetzungen des Preisvergleichs. Diesbezüglich ist das Verfahren am geeignetesten und vorrangig zur Ableitung des Verkehrswerts heranzuziehen, **dessen für marktkonforme Wertermittlungen erforderliche Daten** (i.S.d. § 193 Abs. 5 BauGB i.V.m. § 8 Abs. 1 Satz 2 ImmoWertV) **am zuverlässigsten** aus dem Grundstücksmarkt (d.h. aus vergleichbaren Kauffällen) **abgeleitet wurden** bzw. dem Sachverständigen zur Verfügung stehen.

  Für die drei klassischen deutschen Wertermittlungsverfahren werden nachfolgend die den Preisvergleich (d.h. die Marktkonformität ihrer Ergebnisse) garantierenden Größen sowie die in dem jeweiligen Verfahren die Preisunterschiede am wesentlichsten bestimmenden Einflussfaktoren benannt.

  - Vergleichswertverfahren:
    Marktanpassungsfaktor: Vergleichskaufpreise,
    Einflussfaktoren: Kenntnis der wesentlichen wertbestimmenden Eigenschaften der Vergleichsobjekte und des Bewertungsobjekts, Verfügbarkeit von diesbezüglichen Umrechnungskoeffizienten - Vergleichskaufpreisverfahren
    oder geeignete Vergleichsfaktoren (z.B. hinreichend definierte Bodenrichtwerte oder Vergleichsfaktoren für Eigentumswohnungen) - Vergleichsfaktorverfahren;
  - Ertragswertverfahren:
    Marktanpassungsfaktor: Liegenschaftszinssätze,
    vorrangige Einflussfaktoren: ortsübliche und marktüblich erzielbare Mieten;
  - Sachwertverfahren:
    Marktanpassungsfaktor: Sachwertfaktoren,
    vorrangige Einflussfaktoren: Bodenwerte/Lage und (jedoch nachrangig) ein plausibles System der Herstellungskostenermittlung.

Hinweis: Grundsätzlich sind alle drei Verfahren (Vergleichs-, Ertrags- und Sachwertverfahren) gleichwertige verfahrensmäßige Umsetzungen des Kaufpreisvergleichs; sie liefern gleichermaßen (nur) so marktkonforme Ergebnisse, wie zur Ableitung der vorgenannten Daten eine hinreichend große Zahl von geeigneten Marktinformationen (insbesondere Vergleichskaufpreise) zur Verfügung standen.

4.1.2 Zu den herangezogenen Verfahren

4.1.2.1 Beschreibung des Bewertungsmodells der Bodenwertermittlung

Die Preisbildung für den Grund und Boden orientiert sich im gewöhnlichen Geschäftsverkehr vorrangig an den allen Marktteilnehmern (z.B. durch Vergleichsverkäufe, veröffentlichte Bodenrichtwerte, aber auch Zeitungsannoncen und Maklerexposés) bekannt gewordenen Informationen über Quadratmeterpreise für unbebaute Grundstücke.
Der Bodenwert ist deshalb (auch in den Verfahren zur Bewertung bebauter Grundstücke - dort, getrennt vom Wert der Gebäude und der Außenanlagen) i.d.R. auf der Grundlage von **Vergleichskaufpreisen** (§ 16 ImmoWertV) zu ermitteln, wie er sich ergeben würde, wenn das Grundstück unbebaut wäre).
Liegen geeignete **Bodenrichtwerte** vor, so können diese anstelle oder ergänzend zu den Vergleichskaufpreisen zur Bodenwertermittlung herangezogen werden (§ 16 Abs. 1 Satz 2 ImmoWertV).
Bodenrichtwerte sind geeignet, wenn sie entsprechend

- den örtlichen Verhältnissen,
- der Lage und
- des Entwicklungszustandes gegliedert und
- nach Art und Maß der baulichen Nutzung,
- der Erschließungssituation sowie des abgabenrechtlichen Zustandes und
- der jeweils vorherrschenden Grundstücksgestalt

hinreichend bestimmt und mit der notwendigen Sorgfalt aus Kaufpreisen für vergleichbare unbebaute

Grundstücke abgeleitet sind (§ 16 Abs. 1 Satz 3 ImmoWertV).
Zur Ableitung und Veröffentlichung von Bodenrichtwerten aus realisierten Kaufpreisen sind die Gutacherausschüsse verpflichtet (§ 193 Abs. 5 BauGB i.V.m. § 196 Abs. 1 Satz 1 BauGB). Er ist bezogen auf den Quadratmeter der Grundstücksfläche (Dimension: €/m² Grundstücksfläche).
Abweichungen des zu bewertenden Grundstücks vom Vergleichsgrundstück bzw. von dem Bodenrichtwertgrundstück in den wertbeeinflussenden Merkmalen - wie Erschließungszustand, spezielle Lage, Art und Maß der baulichen Nutzung, Bodenbeschaffenheit, Grundstücksgestalt -, aber auch Abweichungen des Wertermittlungsstichtags vom Kaufzeitpunkt der Vergleichsgrundstücke bzw. vom Stichtag, zu dem der Bodenrichtwert abgeleitet wurde, bewirken i.d.R. entsprechende Abweichungen seines Bodenwerts von dem Vergleichskaufpreis bzw. dem Bodenrichtwert (§ 15 Abs. 1 Satz 4 ImmoWertV).

Für die anzustellende Bewertung liegt ein i.S.d. § 15 Abs. 1 Satz 2 ImmoWertV i.V.m. § 196 Abs. 1 Satz 4 BauGB geeigneter, d.h. hinreichend gegliederter und bezüglich seiner wesentlichen Einflussfaktoren definierter **Bodenrichtwert** vor. Der vom Gutachterausschuss veröffentlichte Bodenrichtwert wurde bezüglich seiner relativen Richtigkeit (Vergleich mit den Bodenrichtwerten der angrenzenden Bodenrichtwertzonen) und seiner absoluten Höhe (Vergleich mit Bodenrichtwerten von in etwa lagegleichwertigen Bodenrichtwertzonen, auch aus anderen Gemeinden) auf Plausibilität überprüft und als zutreffend beurteilt. Die Bodenwertermittlung erfolgt deshalb auf der Grundlage dieses Bodenrichtwerts, d.h. durch dessen Umrechnung auf die allgemeinen Wertermittlungsverhältnisse zum Wertermittlungsstichtag und die Grundstücksmerkmale des Bewertungsobjekts (vgl. § 15 Abs. 1 Satz 4 ImmoWertV und nachfolgender Abschnitt "Bodenwertermittlung" dieses Gutachtens).

4.1.2.2 Bewertung des bebauten Gesamtgrundstücks

4.1.2.2.1 Anwendbare Verfahren

Zur Bewertung bebauter Grundstücke werden in Deutschland vorrangig das Vergleichswert-, das Ertragswert- und das Sachwertverfahren angewendet. Dies ist insbesondere darin begründet, weil

- die Anwendung dieser Verfahren in der ImmoWertV vorgeschrieben ist (vgl. § 8 Abs. 1 ImmoWertV); und demzufolge
- (nur) für diese klassischen Wertermittlungsverfahren die für marktkonforme Wertermittlungen erforderlichen Erfahrungswerte ("erforderliche Daten" der Wertermittlung i.S.d. § 193 Abs. 5 BauGB i.V.m. ImmoWertV, Abschnitt 2) durch Kaufpreisanalysen abgeleitet verfügbar sind.
  Hinweis: (Nur) Beim Vorliegen der verfahrensspezifischen "erforderlichen Daten" ist ein Wertermittlungsverfahren ein Preisvergleichsverfahren (vgl. nachfolgende Abschnitte) und erfüllt die Anforderungen, die von der Rechtsprechung und der Bewertungstheorie an Verfahren zur Verkehrswertermittlung gestellt werden.

Andere Verfahren scheiden i.d.R. wegen Fehlens hinreichender Erfahrungswerte zur Anpassung deren Ergebnisse an den deutschen Grundstücksmarkt aus.

Vergleichswertverfahren
Für manche Grundstücksarten (z.B. Eigentumswohnungen, Reihenhausgrundstücke) existiert ein hinreichender Grundstückshandel mit vergleichbaren Objekten. Den Marktteilnehmern sind zudem die für vergleichbare Objekte gezahlten oder (z.B. in Zeitungs- oder Maklerangeboten) verlangten Kaufpreise bekannt. Da sich im gewöhnlichen Geschäftsverkehr die Preisbildung für derartige Objekte dann an diesen Vergleichspreisen orientiert, sollte zu deren Bewertung möglichst auch das Vergleichswertverfahren herangezogen werden.
Die **Voraussetzungen** für die Anwendbarkeit des **Vergleichswertverfahrens** sind, dass

a) eine hinreichende Anzahl wertermittlungsstichtagsnah realisierter Kaufpreise für in allen wesentlichen wertbeeinflussenden Eigenschaften mit dem Bewertungsobjekt hinreichend übereinstimmender Vergleichsgrundstücke aus der Lage des Bewertungsgrundstücks oder aus vergleichbaren Lagen und

b) die Kenntnis der zum Kaufzeitpunkt gegebenen wertbeeinflussenden Eigenschaften der Vergleichsobjekte

oder

c) i.S.d. § 15 Abs. 2 ImmoWertV geeignete Vergleichsfaktoren, vom Gutachterausschuss abgeleitet und veröffentlicht (z.B. hinreichend definierte Vergleichsfaktoren für Wohnungseigentum)

sowie

d) Umrechnungskoeffizienten für alle wesentlichen wertbeeinflussenden Eigenschaften der zu bewertenden Grundstücksart und eine Preisindexreihe zur Umrechnung vom Kaufzeitpunkt der Vergleichsobjekte bzw. vom Stichtag, für den der Vergleichsfaktor abgeleitet wurde, auf den Wertermittlungsstichtag
   gegeben sind.

Die **Anwendung des Vergleichswertverfahrens** zur Bewertung des bebauten Grundstücks ist im vorliegenden Fall **nicht möglich**, weil keine

- hinreichende Anzahl zum Preisvergleich geeigneter **Vergleichskaufpreise** verfügbar ist

und auch

- keine hinreichend differenziert beschriebenen **Vergleichsfaktoren** des örtlichen Grundstücksmarkts zur Bewertung des bebauten Grundstücks zur Verfügung stehen.

Ertragswertverfahren
Steht für den Erwerb oder die Errichtung vergleichbarer Objekte üblicherweise die zu erzielende Rendite (Mieteinnahme, Wertsteigerung, steuerliche Abschreibung) im Vordergrund, so wird nach dem Auswahlkriterium "Kaufpreisbildungsmechanismen im gewöhnlichen Geschäftsverkehr" das Ertragswertverfahren als vorrangig anzuwendendes Verfahren angesehen.[3)]

Dies gilt für die hier zu bewertende Grundstücksart nicht, da es sich um **kein typisches Renditeobjekt** handelt. Dennoch wird das Ertragswertverfahren angewendet. Dies ist wie folgt begründet:

- Auch bei mit dem Bewertungsobjekt vergleichbaren Grundstücken kalkuliert der Erwerber die Rendite seines Objekts, z.B. die eingesparte Miete, die eingesparten Steuern oder die möglichen Fördermittel.
- Für mit dem Bewertungsobjekt vergleichbare Grundstücksarten stehen die für marktkonforme Ertragswertermittlungen erforderlichen Daten (marktüblich erzielbare Mieten, Liegenschaftszinssätze) zur Verfügung.
- Die Anwendung eines zweiten Wertermittlungsverfahrens ist grundsätzlich zur Ergebnisstützung unverzichtbar.

Das Ertragswertverfahren (gem. §§ 17 - 20 ImmoWertV) ist durch die Verwendung des aus vielen Vergleichskaufpreisen abgeleiteten Liegenschaftszinssatzes (Reinerträge: Kaufpreise) ein Preisvergleich, in dem vorrangig die in dieses Bewertungsmodell eingeführten Einflussgrößen (insbesondere Mieten, Restnutzungsdauer; aber auch Zustandsbesonderheiten) die Wertbildung und die Wertunterschiede bewirken.

Sachwertverfahren
Mit dem Sachwertverfahren werden solche bebaute Grundstücke vorrangig bewertet, die üblicherweise nicht zur Erzielung von Renditen, sondern zur renditeunabhängigen Eigennutzung verwendet (gekauft oder errichtet) werden.

Dies trifft für das hier zu bewertende Grundstück zu, deshalb ist es als **Sachwertobjekt** anzusehen.

3) Vgl. auch BGH, Urteil vom 13.07.1970 - VII ZR 189/68 (WF-BIB); BGH, Urteil vom 16.06.1977 - VII ZR 2/76 (WF-BIB) und BFH, Urteil vom 02.02.1990 - III R 173/86 (WF-BIB).

4.2 Bodenwertermittlung

Bodenrichtwert mit Definition des Bodenrichtwertgrundstücks

Der **Bodenrichtwert** beträgt (gute Lage) **450,00 €/m²** zum **Stichtag 01.01.2010.** Das Bodenrichtwertgrundstück ist wie folgt definiert:

Entwicklungsstufe	=	baureifes Land
Art der baulichen Nutzung	=	WR (reines Wohngebiet)
abgabenrechtlicher Zustand	=	frei
Geschossflächenzahl (GFZ)	=	0,3
Anzahl der Vollgeschosse	=	1
Grundstücksfläche	=	700 m²

Beschreibung des Bewertungsgrundstücks

Wertermittlungsstichtag	=	17.05.2010
Entwicklungszustand	=	baureifes Land
Art der baulichen Nutzung	=	WR (reines Wohngebiet)
abgabenrechtlicher Zustand	=	frei
Geschossflächenzahl (GFZ)	=	0,25
Anzahl der Vollgeschosse	=	1
Grundstücksfläche	=	800 m²

Bodenwertermittlung des Bewertungsgrundstücks

Nachfolgend wird der Bodenrichtwert an die allgemeinen Wertverhältnisse zum Wertermittlungsstichtag 17.05.2010 und die wertbeeinflussenden Grundstücksmerkmale des Bewertungsgrundstücks angepasst.

I. Umrechnung des Bodenrichtwerts auf den abgabenfreien Zustand		Erläuterung
abgabenrechtlicher Zustand des Bodenrichtwerts (frei)	= 450,00 €/m²	
abgabenfreier Bodenrichtwert (Ausgangswert für weitere Anpassung)	**= 450,00 €/m²**	

II. Zeitliche Anpassung des Bodenrichtwerts				
	Richtwertgrundstück	Bewertungsgrundstück	Anpassungsfaktor	Erläuterung
Stichtag	01.01.2010	17.05.2010	× 1,00	E1

III. Anpassungen wegen Abweichungen in den wertbeeinflussenden Grundstücksmerkmalen				
Lage	gute Lage	gute Lage	× 1,00	
lageangepasster abgabenfreier BRW am Wertermittlungsstichtag			= 450,00 €/m²	E2
GFZ	0,3	0,25	× 0,95	E3
Fläche (m²)	700	800	× 1,00	E5
Entwicklungsstufe	baureifes Land	baureifes Land	× 1,00	
Art der baulichen Nutzung	WR (reines Wohngebiet)	WR (reines Wohngebiet)	× 1,00	
Vollgeschosse	1	1	× 1,00	
angepasster abgabenfreier relativer Bodenrichtwert			= 427,50 €/m²	
Werteinfluss durch beim Bewertungsobjekt noch ausstehende Abgaben			– 0,00 €/m²	
abgabenfreier relativer Bodenwert			**= 427,50 €/m²**	

IV. Ermittlung des Gesamtbodenwerts		Erläuterung
abgabenfreier relativer Bodenwert	**= 427,50 €/m²**	
Fläche	× 800 m²	
abgabenfreier Bodenwert	= 342.000,00 € **rd. 342.000,00 €**	

Der **abgabenfreie Bodenwert** beträgt zum Wertermittlungsstichtag 17.05.2010 insgesamt **342.000,00 €**.

Erläuterungen zur Bodenrichtwertanpassung

E1

Nach Auskunft des Gutacherausschusses haben sich die Bodenwerte im Zeitraum des Richtwert- und Wertermittlungsstichtags unwesentlich verändert. Eine Anpassung bezüglich der allgemeinen Wertverhältnisse ist daher nicht erforderlich.

E2

Auf diesen "an die Lage und die Anbauart angepassten abgabenfreien Bodenwert" ist der Marktanpassungsfaktor des Sachwertverfahrens abzustellen (der lageangepasste Bodenwert dient als Maßstab für die Wirtschaftskraft der Region bzw. die Kaufkraft der Nachfrager nach Grundstücken in dieser Lage; die Anbauart bestimmt den objektartspezifischen Sachwertfaktor mit). Die danach ggf. noch berücksichtigten den Bodenwert beeinflussenden Grundstücksmerkmale gehen in den Gesamtbodenwert ein und beeinflussen demzufolge über die Höhe des vorläufigen Sachwerts (Substanzwert) den Marktanpassungsfaktor.

E3

Die Wertbeeinflussung durch die gegenüber dem Richtwertgrundstück höhere GFZ wird mittels der in [1], Kapitel 3.10.1 veröffentlichten bundesdurchschnittlichen GFZ-Umrechnungskoeffizienten berücksichtigt:
GFZ des Bewertungsgrundstücks = 0,25 => GFZ-Umrechnungskoeffizient = 0,55
GFZ des Richtwertgrundstücks = 0,30 => GFZ-Umrechnungskoeffizient = 0,58
Anpassungsfaktor : 0,55/0,58 = 0,948 => rd. 0,95

E5

Die Wertbeeinflussung durch die gegenüber dem Richtwertgrundstück größere Grundstücksfläche wird im Rahmen der Anpassung an die bauliche Ausnutzbarkeit mittels GFZ-Umrechnung berücksichtigt.

4.3 Sachwertermittlung

4.3.1 Das Sachwertmodell der Immobilienwertermittlungsverordnung

Das Modell der Verkehrswertermittlung im Sachwertverfahren ist in den §§ 21 - 23 ImmoWertV gesetzlich geregelt.

Der Sachwert wird demnach aus der Summe des Bodenwerts und den Sachwerten der auf dem Grundstück vorhandenen nutzbaren Gebäude und Außenanlagen sowie ggf. den Auswirkungen der zum Wertermittlungsstichtag vorhandenen besonderen objektspezifischen Grundstücksmerkmale abgeleitet.

Der Bodenwert ist getrennt vom Sachwert der Gebäude und Außenanlagen i. d. R. im Vergleichswertverfahren nach § 16 ImmoWertV grundsätzlich so zu ermitteln, wie er sich ergeben würde, wenn das Grundstück unbebaut wäre.

Der Sachwert der Gebäude (Normgebäude zzgl. eventuell vorhandener besonderer Bauteile und besonderer Einrichtungen) ist auf der Grundlage der (Neu)Herstellungskosten unter Berücksichtigung der jeweils individuellen Merkmale:

- Objektart,
- Ausstattungsstandard,
- Restnutzungsdauer (Alterswertminderung),
- Baumängel und Bauschäden und
- besondere objektspezifische Grundstücksmerkmale abzuleiten.

Der Sachwert der Außenanlagen wird, sofern dieser nicht bereits bei der Bodenwertermittlung mit erfasst worden ist, entsprechend der Vorgehensweise für die Gebäude i. d. R. auf der Grundlage von üblichen Herstellungskosten oder als Zeitwert aufgrund von Erfahrungssätzen abgeleitet.

Die Summe aus Bodenwert, Sachwert der Gebäude und Sachwert der Außenanlagen ergibt, ggf. nach der Berücksichtigung vorhandener und bei der Bodenwertermittlung sowie bei der Ermittlung der (Zeit)Werte der Gebäude und Außenanlagen noch nicht berücksichtigter besonderer objektspezifischer Grundstücksmerkmale, den vorläufigen Sachwert (= Substanzwert) des Grundstücks.

Der so rechnerisch ermittelte vorläufige Sachwert ist abschließend hinsichtlich seiner Realisierbarkeit auf dem örtlichen Grundstücksmarkt zu beurteilen und an die Marktverhältnisse anzupassen. Zur Berücksichtigung der Marktgegebenheiten ist ein Zu- oder Abschlag vom vorläufigen Sachwert vorzunehmen. Die "Marktanpassung" des vorläufigen Sachwerts an die Lage auf dem örtlichen Grundstücksmarkt mittels des sog. Sachwertfaktors (vgl. § 14 Abs. 2 Ziffer 1 ImmoWertV) führt im Ergebnis zum marktkonformen Sachwert des Grundstücks.

Die Marktanpassung ist nicht explizit innerhalb der ImmoWertV-Regelungen zum Sachwertverfahren (§§ 21 – 23 ImmoWertV) genannt. Der Begriff des Sachwertfaktors ist jedoch in § 14 Abs. 2 Ziffer 1 ImmoWertV erläutert. Seine Position innerhalb der Sachwertermittlung regelt § 8 Abs. 2 ImmoWertV. Diese ergibt sich u.a. aus der Praxis, in der Sachwert-(Marktanpassungs)faktoren aus im Wesentlichen schadensfreien Objekten abgeleitet werden. Umgekehrt muss deshalb auch bei der Bewertung der Sachwert-Marktanpassungsfaktor auf den vorläufigen Sachwert des fiktiv schadensfreien Objekts (bzw. des Objekts zunächst ohne Berücksichtigung besonderer objektspezifischer Grundstücksmerkmale) angewendet werden. Erst anschließend dürfen besondere objektspezifische Grundstücksmerkmale durch Zu- bzw. Abschläge am vorläufigen marktangepassten Sachwert berücksichtigt werden. Durch diese Vorgehensweise wird die in der Wertermittlung erforderliche Modelltreue beachtet.

Das Sachwertverfahren ist insbesondere durch die Verwendung des Sachwertfaktors **ein Preisvergleich**, bei dem vorrangig der Zeitwert der Substanz (Boden + Gebäude + Außenanlagen) den Vergleichsmaßstab bildet.

4.3.2 Erläuterungen der bei der Sachwertberechnung verwendeten Begriffe

Herstellungskosten (§ 22 ImmoWertV)

Die Gebäudeherstellungskosten werden durch Multiplikation des Gebäuderauminhalts (m^3) oder der Gebäudefläche (m^2) des **(Norm)Gebäudes** mit **Normalherstellungskosten** (NHK) für vergleichbare Gebäude ermittelt. Den so ermittelten Herstellungskosten sind noch die Werte **von besonders zu veranschlagenden Bauteilen** und **besonderen (Betriebs) Einrichtungen** sowie die **Baunebenkosten** (BNK) hinzuzurechnen.

Normalherstellungskosten

Die Normalherstellungskosten (NHK) basieren auf Auswertungen von reinen Baukosten für Gebäude mit annähernd gleichem Ausbau- und Ausstattungsstandard. Sie werden für die Wertermittlung auf ein einheitliches Index-Basisjahr zurückgerechnet. Durch die Verwendung eines einheitlichen Basisjahres ist eine hinreichend genaue Bestimmung des Wertes möglich, da der Gutachter über mehrere Jahre hinweg mit konstanten Grundwerten arbeitet und diesbezüglich gesicherte Erfahrungen, insbesondere hinsichtlich der Einordnung des jeweiligen Bewertungsobjekts in den Gesamtgrundstücksmarkt sammeln kann.
Die Normalherstellungskosten besitzen überwiegend die Dimension "€/m³ Bruttorauminhalt" bzw. "€/m² Bruttogrundfläche" des Gebäudes und verstehen sich inkl. Mehrwertsteuer.

Normgebäude, besonders zu veranschlagende Bauteile

Bei der Ermittlung des Gebäuderauminhalts oder der Gebäudeflächen werden einige den Gebäudewert wesentlich beeinflussenden Gebäudeteile nicht erfasst. Das Gebäude ohne diese Bauteile wird in dieser Wertermittlung mit "Normgebäude" bezeichnet. Zu diesen bei der Rauminhalts- oder Grundflächenberechnung nicht erfassten Gebäudeteilen gehören insbesondere Kelleraußentreppen, Eingangstreppen und Eingangsüberdachungen, u.U. auch Balkone und Dachgauben.
Der Wert dieser Gebäudeteile ist deshalb zusätzlich zu den für das Normgebäude ermittelten Herstellungskosten (i.d.R. errechnet als "Normalherstellungskosten × Rauminhalt bzw. Fläche") durch Wertzuschläge besonders zu berücksichtigen.

Besondere Einrichtungen

Die NHK berücksichtigen definitionsgemäß nur Herstellungskosten von Gebäuden mit - wie der Name bereits aussagt - normalen, d.h. üblicherweise vorhandenen bzw. durchschnittlich wertvollen Einrichtungen. Im Bewertungsobjekt vorhandene und den Gebäudewert erhöhende besondere Einrichtungen sind deshalb zusätzlich zu dem mit den NHK ermittelten Herstellungskosten (oder Zeitwert) des Normgebäudes zu berücksichtigen.
Unter besonderen Einrichtungen sind deshalb innerhalb der Gebäude vorhandene Ausstattungen und i.d.R. fest mit dem Gebäude verbundene Einrichtungen zu verstehen, die in vergleichbaren Gebäuden nicht vorhanden sind. Diese wurden deshalb auch nicht bei der Festlegung des Ausstattungsstandards mit erfasst und demzufolge bei der Ableitung der Normalherstellungskosten nicht berücksichtigt (z.B. Sauna im Einfamilienwohnhaus).
Befinden sich die besonderen Einrichtungen in Geschäfts-, Gewerbe- und Industriegebäuden, spricht man auch von besonderen Betriebseinrichtungen.

Baunebenkosten (§ 22 Abs. 2 Satz 3 ImmoWertV)

Zu den Herstellungskosten gehören auch die Baunebenkosten (BNK), welche als "Kosten für Planung, Baudurchführung, behördliche Prüfung und Genehmigungen sowie für die in unmittelbarem Zusammenhang mit der Herstellung erforderlichen Finanzierung" definiert sind.
Ihre Höhe hängt von der Gebäudeart, von den Gesamtherstellungskosten der baulichen Anlagen sowie dem Schwierigkeitsgrad der Planungsanforderungen und damit von der Bauausführung und der Ausstattung der Gebäude ab. Sie werden als Erfahrungs(Prozent)sätze in der üblicherweise entstehenden Höhe angesetzt.

Alterswertminderung (§ 23 ImmoWertV)

Die Wertminderung der Gebäude wegen Alters (Alterswertminderung) wird üblicherweise nach dem linearen Abschreibungsmodell auf der Basis der sachverständig geschätzten wirtschaftlichen **Restnutzungsdauer** (RND) des Gebäudes und der jeweils üblichen **Gesamtnutzungsdauer** (GND) vergleichbarer Gebäude ermittelt.

Restnutzungsdauer (§ 6 Abs. 6 ImmoWertV)

Als Restnutzungsdauer (RND) wird die Anzahl der Jahre angesetzt, in denen die baulichen (und sonstigen) Anlagen bei ordnungsgemäßer Unterhaltung und Bewirtschaftung voraussichtlich noch wirtschaftlich genutzt werden können. Sie ist demnach auch in der vorrangig substanzorientierten Sachwertermittlung entscheidend vom wirtschaftlichen, aber auch vom technischen Zustand des Objekts, nachrangig vom Alter des Gebäudes bzw. der Gebäudeteile abhängig.

Gesamtnutzungsdauer

Wie auch bei der Restnutzungsdauer ist hier die übliche wirtschaftliche Nutzungsdauer = Gesamtnutzungsdauer (GND) gemeint - nicht die technische Standdauer, die wesentlich länger sein kann. Die Gesamtnutzungsdauer ist objektartspezifisch definiert, nach der vorherrschenden Meinung, wird z.B. die wirtschaftliche GND von Wohngebäuden auf 60 bis 100 Jahre begrenzt.

Baumängel und Bauschäden (§ 8 Abs. 2 und 3 ImmoWertV)

Baumängel sind Fehler, die dem Gebäude i.d.R. bereits von Anfang an anhaften - z.B. durch mangelhafte Ausführung oder Planung. Sie können sich auch als funktionale oder ästhetische Mängel durch die Weiterentwicklung des Standards oder Wandlungen in der Mode einstellen.
Bauschäden sind auf unterlassene Unterhaltungsaufwendungen, auf nachträgliche äußere Einwirkungen oder auf Folgen von Baumängeln zurückzuführen.
Für behebbare Schäden und Mängel werden die diesbezüglichen Wertminderungen auf der Grundlage der Kosten geschätzt, die zu ihrer Beseitigung aufzuwenden sind. Die Schätzung kann durch pauschale Ansätze oder auf der Grundlage von auf Einzelpositionen bezogene Kostenermittlungen erfolgen.
Der Bewertungssachverständige kann i.d.R die wirklich erforderlichen Aufwendungen zur Herstellung eines normalen Bauzustandes nur überschlägig schätzen, da

- nur zerstörungsfrei - augenscheinlich untersucht wird,
- grundsätzlich keine Bauschadensbegutachtung erfolgt (dazu ist die Beauftragung eines Bauschadens-Sachverständigen notwendig).

Es ist ausdrücklich darauf hinzuweisen, dass die Angaben in dieser Verkehrswertermittlung allein aufgrund Mitteilung von Auftraggeber, Mieter etc. und darauf basierenden in Augenscheinnahme beim Ortstermin ohne jegliche differenzierte Bestandsaufnahme, technischen, chemischen o.ä. Funktionsprüfungen, Vorplanung und Kostenschätzung angesetzt sind.

Besondere objektspezifische Grundstücksmerkmale (§ 8 Abs. 2 und 3 ImmoWertV)

Unter den besonderen objektspezifischen Grundstücksmerkmalen versteht man alle vom üblichen Zustand vergleichbarer Objekte abweichenden individuellen Eigenschaften des Bewertungsobjekts (z.B. Abweichungen vom normalen baulichen Zustand, insbesondere Baumängel und Bauschäden, oder Abweichungen von der marktüblich erzielbaren Miete). Zu deren Berücksichtigung vgl. die Ausführungen im Vorabschnitt.

Außenanlagen (§ 21 Abs. 3 ImmoWertV)

Dies sind außerhalb der Gebäude befindliche mit dem Grundstück fest verbundene bauliche Anlagen (insb. Ver- und Entsorgungsanlagen von der Gebäudeaußenwand bis zur Grundstücksgrenze, Einfriedungen, Wegebefestigungen) und nicht bauliche Anlagen (insb. Gartenanlagen).

Markanpassungsfaktor (§ 14 Abs. 2 Satz 1 ImmoWertV)

Ziel aller in der ImmoWertV beschriebenen Wertermittlungsverfahren ist es, den Verkehrswert, d.h. den am Markt durchschnittlich (d.h. am wahrscheinlichsten) zu erzielenden Preis zu ermitteln.
Das herstellungskostenorientierte Rechenergebnis “vorläufiger Sachwert” ist in aller Regel nicht mit hierfür gezahlten Marktpreisen identisch. Deshalb muss das Rechenergebnis “vorläufiger Sachwert” (= Substanzwert des Grundstücks) an den Markt, d.h. an die für vergleichbare Grundstücke realisierten Kaufpreise angepasst werden. Das erfolgt mittels des sog. Sachwertfaktors.
Die Marktanpassung ist nicht explizit innerhalb der ImmoWertV-Regelungen zum Sachwertverfahren (§§ 21 – 23 ImmoWertV) genannt. Der Begriff des Sachwertfaktors ist jedoch in § 14 Abs. 2 Ziffer 1 ImmoWertV erläutert. Seine Position innerhalb der Sachwertermittlung regelt § 8 Abs. 2 ImmoWertV. Diese ergibt sich u.a. aus der Praxis, in der Sachwert-(Marktanpassungs)faktoren aus im Wesentlichen schadensfreien Objekten abgeleitet werden. Umgekehrt muss deshalb auch bei der Bewertung der Sachwert-Marktanpassungsfaktor auf den vorläufigen Sachwert des fiktiv schadensfreien Objekts (bzw. des Objekts zunächst ohne Berücksichtigung besonderer objektspezifischer Grundstücksmerkmale) angewendet werden. Erst anschließend dürfen besondere objektspezifische Grundstücksmerkmale durch Zu- bzw. Abschläge am vorläufigen marktangepassten Sachwert berücksichtigt werden. Durch diese Vorgehensweise wird die in der Wertermittlung erforderliche Modelltreue beachtet. Der Sachwertfaktor ist das durchschnittliche Verhältnis aus Kaufpreisen und den ihnen entsprechenden, nach den Vorschriften der ImmoWertV ermittelten “vorläufigen Sachwerte” (= Substanzwerte). Er wird vorrangig gegliedert nach der Objektart (er ist z.B. für Einfamilienwohnhausgrundstücke anders als für Geschäftsgrundstücke), der Region (er ist z.B. in wirtschaftsstarken Regionen mit hohem Bodenwertniveau höher als in wirtschaftsschwachen Regionen) und der Objektgröße.
Durch die sachrichtige Anwendung des aus Kaufpreisen für vergleichbare Objekte abgeleiteten Marktanpassungsfaktors ist das Sachwertverfahren ein echtes Vergleichspreisverfahren.

4.3.3 Sachwertberechnung

Gebäudebezeichnung	Einfamilienwohnhaus
unterstellte Folgenutzung	
Berechnungsbasis • umbauter Raum (uR) • Brutto-Grundfläche (BGF)	 388,00 m²
Baupreisindex (BPI) 17.05.2010 (2000 = 100)	115,9
Normalherstellungskosten (ohne BNK) • NHK im Basisjahr (2000) • NHK am Wertermittlungsstichtag	 722,00 €/m² BGF 836,80 €/m² BGF
Herstellungskosten (ohne BNK) • Normgebäude • Zu-/Abschläge • besondere Bauteile • besondere Einrichtungen	 324.678,40 € 5.000,00 €
Gebäudeherstellungskosten (ohne BNK)	329.678,40 €
Baunebenkosten (BNK) • prozentual • Betrag	 16,00 % 52.748,54 €
Gebäudeherstellungskosten (inkl. BNK)	382.426,94 €
Alterswertminderung • Modell • Gesamtnutzungsdauer (GND) • Restnutzungsdauer (RND) • prozentual • Betrag	 linear 80 Jahre 42 Jahre 47,50 % 181.652,80 €
Zeitwert (inkl. BNK) • Gebäude (bzw. Normgebäude) • besondere Bauteile • besondere Einrichtungen	 200.774,14 € 20.000,00 € 7.500,00 €
Gebäudewert (inkl. BNK)	228.274,14 €

Gebäudesachwerte insgesamt		**228.274,14 €**
Sachwert der Außenanlagen	+	**9.130,96 €**
Sachwert der Gebäude und Außenanlagen	=	**237.405,10 €**
Bodenwert (vgl. Bodenwertermittlung)	+	**342.000,00 €**
vorläufiger Sachwert	=	**579.405,10 €**
Sachwertfaktor (Marktanpassung)	×	**0,93**
marktangepasster vorläufiger Sachwert	=	**538.846,74 €**
besondere objektspezifische Grundstücksmerkmale	–	**5.000,00 €**
(marktangepasster) Sachwert	=	**533.846,74 €**
	rd.	**534.000,00 €**

4.3.4 Erläuterungen zu den Wertansätzen in der Sachwertberechnung

Berechnungsbasis

Die Berechnung des Gebäuderauminhalts (Bruttorauminhalts - BRI) bzw. der Gebäudeflächen (Bruttogrundflächen - BGF) wurde von mir durchgeführt. Die Berechnungen weichen teilweise von der diesbezüglichen Vorschrift (DIN 277 - Ausgabe 1987) ab; sie sind deshalb nur als Grundlage dieser Wertermittlung verwendbar. Die Abweichungen bestehen daher insbesondere in wertbezogenen Modifizierungen (vgl. [2], Teil 1, Kapitel 16 und 17);
beim BRI z.B.

- nur Anrechnung von üblichen / wirtschaftlich vollwertigen Geschosshöhen;
- nur Anrechnung der Gebäudeteile a und tlw. b bzw.
- Nichtanrechnung der Gebäudeteile c (z.B. Balkone);

bei der BGF z.B.

- (Nicht)Anrechnung der Gebäudeteile c (z.B. Balkone) und
- Anrechnung von (ausbaubaren aber nicht ausgebauten) Dachgeschossen.

Herstellungskosten

Die Normalherstellungskosten (NHK) werden nach den Ausführungen in der Wertermittlungsliteratur und den Erfahrungen des Sachverständigen auf der Basis der Preisverhältnisse im Jahre 2000 (Basisjahr) angesetzt. Der Ansatz der NHK ist aus [1], Kapitel 3.01.1 entnommen.

Ermittlung der Normalherstellungskosten bezogen auf das Basisjahr 2000 (NHK 2000 nach Sprengnetter) für das Gebäude: Einfamilienwohnhaus

Ermittlung des Ausstattungsstandards (AS):

Gebäudeteil (rel. Anteil)	**Ausstattungsstandard-stufe des Gebäudes**	**Beschreibung der Ausstattungs-standardstufe (allgemein)**
Fassade (rel. Anteil 4,00 %)	mittel	Putz mit Fenster- und Türeinfassungen geputzt, Vormauersteine gefugt, Wärmedämmputz
Innenwandbekleidungin Nassräumen (rel. Anteil 4,00 %)	gehoben	Putz/Trockenputz mit hochwertigem Farbanstrich, Tapete (mittlere Preisklasse), Wandvertäfelungen (einfach), Fliesen wandhoch
Deckenbekleidung (rel. Anteil 1,00 %)	mittel	Deckenputz gefilzt mit Binderfarbenanstrich, Gipskartonplatten
BodenbelägeTreppenbelägein Nassräumen (rel. Anteil 5,00 %)	gehoben	Kunststoffböden, Textilbelag (gehobene Preisklasse), Parkett (mittlere Preisklasse), großformatige Fliesen (gehobene Preisklasse)
Dachdeckung (rel. Anteil 5,00 %)	gehoben	hochwertige Deckungen aus Dachbahnen, Gründächer, Deckung aus Dachziegeln mit Unterdach, Schieferdeckung, Metalldeckungen; gehobener Wärmedämmstandard
Fenster (rel. Anteil 5,00 %)	gehoben	Einfachfenster/ Verbundfenster aus Holz, Kunststoff oder Alu/ Holz mit Isolierverglasung; hochwertige Beschläge, Rollläden oder Fensterläden, Fensterbänke aus Alu oder Werkstein
Türen (rel. Anteil 6,00 %)	gehoben	Türen aus Holz/ Holzwerkstoffen mit hochwertiger Oberfläche, Eingangstüren Eiche oder Alu; gute Schlösser und Beschläge
Heizung (rel. Anteil 7,00 %)	gehoben	Zentralheizung als Pumpenheizung mit Flachheizkörper, Fußbodenheizung, Elt-Speicherheizung, Regeltechnik, Warmwasser zentral/dezentral
Sanitär etc. (rel. Anteil 6,00 %)	gehoben	Wasser- und Abwasserinstallation unter Putz, Bad mit WC und WC getrennt (je Wohnung), gehobene Ausführung, hochwertige Bedienungselemente
Elektroinstallation (rel. Anteil 3,00 %)	gehoben	hochwertige EltInstallation, je Raum mehrere Lichtauslässe und Steckdosen gute Beleuchtungskörper bessere Fernmelde- und informationstechnische Anlagen, Antennen
Insgesamt 46,00 % davon:	mittel gehoben	5,00 % 41,00 %

Bestimmung der ausstattungsbezogenen NHK 2000 für das Gebäude: Einfamilienwohnhaus

Eigenschaften des tabellierten Standardgebäudes

Nutzungsgruppe:	Ein- und Zweifamilienwohnhäuser (EFH und ZFH)
Gebäudeart:	Ein- u. Zweifamilienwohnhäuser, massiv
Gebäudetyp:	KG+EG+OG, SD (voll ausgeb.)
Ausstattungsstandard:	gehoben

Berücksichtigung der Eigenschaften des Bewertungsgebäudes

tabellierter NHK 2000 Grundwert		=	305,00 €/m³ BRI
Umrechnung auf die Bezugseinheit Bruttogrundfläche (BGF)		x	2,80
Gebäudeart:	Ein- u. Zweifamilienwohnhäuser, massiv		
Gebäudetyp:	KG+EG+OG, SD (voll ausgebaut)	x	1,00
Ausstattungsstandard:	gehoben	x	1,00
(fiktives) Baujahr:	1972	x	0,86
modifizierter NHK-Grundwert		=	734,44 €/m² BGF

Berücksichtigung der Eigenschaften des Bewertungsgebäudes

tabellierter NHK 2000 Grundwert		=	305,00 €/m³ BRI
Umrechnung auf die Bezugseinheit Bruttogrundfläche (BGF)		x	2,80
Gebäudeart:	Ein- u. Zweifamilienwohnhäuser, massiv		
Gebäudetyp:	KG+EG+OG, SD (voll ausgebaut)	x	1,00
Ausstattungsstandard:	mittel	x	0,84
(fiktives) Baujahr:	1972	x	0,86
modifizierter NHK-Grundwert		=	616,93 €/m² BGF

Gewichtung der ausstattungsbezogenen NHK 2000

Ausstattungs-standard	modifizierter NHK 2000-Grundwert [€/m² BGF]	relativer Gebäudeanteil [%]	relativer NHK 2000 - Anteil [€/m² BGF]
gehoben mittel	734,44 616,93	41,0/46 5,0/46	654,61 67,06
Summe		46/46	721,67

gewichtete, ausstattungsbezogene NHK 2000 rd. **= 722,00 €/m² BGF**

Baupreisindex

Die Anpassung der NHK aus dem Basisjahr an die allgemeinen Wertverhältnisse am Wertermittlungsstichtag erfolgt mittels dem Verhältnis des Baupreisindexes am Wertermittlungsstichtag und dem Baupreisindex im Basisjahr (= 100). Der Baupreisindex zum Wertermittlungsstichtag wurde beim Statistischen Bundesamt erfragt und mit den Angaben in [1], Kapitel 4.04.1 verglichen.

Zu-/Abschläge zu den Herstellungskosten

Hier werden Zu- bzw. Abschläge zu den Herstellungskosten des Normgebäudes berücksichtigt. Diese sind aufgrund zusätzlichem bzw. mangelndem Gebäudeausbau des zu bewertenden Gebäudes gegenüber dem Ausbauzustand des Normgebäudes erforderlich (bspw. Keller- oder Dachgeschossteilausbau).

Bezeichnung	Zu-/Abschlag (ohne BNK)
hochwertige Kellernutzung (pauschal geschätzt)	5.000,00 €
Summe	5.000,00 €

Normgebäude, besonders zu veranschlagende Bauteile

Die in der Rauminhalts- bzw. Gebäudeflächenberechnung nicht erfassten und damit in den Herstellungskosten des Normgebäudes nicht berücksichtigten wesentlich wertbeeinflussenden besonderen Bauteile werden einzeln erfasst. Danach erfolgen bauteilweise getrennte aber pauschale Herstellungskosten- bzw. Zeitwertzuschläge in der Höhe, wie dies dem gewöhnlichen Geschäftsverkehr entspricht. Grundlage dieser Zuschlagsschätzungen sind die in [1], Kapitel 3.01.4 angegebenen Erfahrungswerte für durchschnittliche Herstellungskosten für besondere Bauteile. Bei älteren und/oder schadhaften und/oder nicht zeitgemäßen besonderen Bauteilen erfolgt die Zeitwertschätzung unter Berücksichtigung diesbezüglicher Abschläge.

Besonders zu veranschlagende Bauteile

besondere Bauteile	Herstellungskosten (ohne BNK)	Zeitwert (inkl. BNK)
unterkellerte Doppelgarage		20.000,00 €
Summe		20.000,00 €

Besondere Einrichtungen

Die besonderen (Betriebs)Einrichtungen werden einzeln erfasst und einzeln pauschal in ihren Herstellungskosten bzw. ihrem Zeitwert geschätzt, jedoch nur in der Höhe, wie dies dem gewöhnlichen Geschäftsverkehr entspricht. Grundlage sind die in [1], Kapitel 3.01.3 angegebenen Erfahrungswerte der durchschnittlichen Herstellungskosten für besondere (Betriebs)Einrichtungen.

besondere Einrichtungen	Herstellungskosten (ohne BNK)	Zeitwert (inkl. BNK)
Einbauschränke		2.500,00 €
Sauna		2.000,00 €
offener Kamin		3.000,00 €
Summe		7.500,00 €

Baunebenkosten

Die Baunebenkosten (BNK) werden prozentual als Funktion der Gesamtherstellungskosten (einschl. der Herstellungskosten der Nebenbauteile, besonderen Einrichtungen und Außenanlagen) und den Planungsanforderungen bestimmt.
Dieser Wertermittlung werden die in [1], Kapitel 3.01.7 veröffentlichten durchschnittlichen pauschalisierten BNK zugrunde gelegt.

Außenanlagen

Die wesentlich wertbeeinflussenden Außenanlagen wurden im Ortstermin getrennt erfasst und einzeln pauschal in ihrem Sachwert geschätzt. Grundlage sind die in [1], Kapitel 3.01.5 angegebenen Erfahrungswerte für durchschnittliche Herstellungskosten. Bei älteren und/oder schadhaften Außenanlagen erfolgt die Sachwertschätzung unter Berücksichtigung diesbezüglicher Abschläge.

Außenanlagen	Sachwert (inkl. BNK)
prozentuale Schätzung: 4,00 % der Gebäudesachwerte insg. (228.274,14 €)	9.130,96 €
Summe	9.130,96 €

Gesamtnutzungsdauer

Die übliche wirtschaftliche Nutzungsdauer = Gesamtnutzungsdauer (GND) ergibt sich aus der für die Bestimmung der NHK gewählten Gebäudeart sowie dem Gebäudeausstattungsstandard. Sie ist deshalb wertermittlungstechnisch dem Gebäudetyp zuzuordnen und ebenfalls aus [1], Kapitel 3.01.1 entnommen.

Restnutzungsdauer

Als Restnutzungsdauer ist in erster Näherung die Differenz aus "üblicher Gesamtnutzungsdauer" abzüglich "tatsächlichem Lebensalter am Wertermittlungsstichtag" zugrunde gelegt. Diese wird allerdings dann verlängert (d.h. das Gebäude fiktiv verjüngt), wenn beim Bewertungsobjekt wesentliche Modernisierungsmaßnahmen durchgeführt wurden oder in den Wertermittlungsansätzen unmittelbar erforderliche Arbeiten zur Beseitigung des Unterhaltungsstaus sowie zur Modernisierung in der Wertermittlung als bereits durchgeführt unterstellt werden.

Zur Bestimmung der Restnutzungsdauer insbesondere unter Berücksichtigung von durchgeführten oder zeitnah durchzuführenden wesentlichen Modernisierungsmaßnahmen wird das in [1], Kapitel 3.02.4 beschriebene Modell angewendet.

Alterswertminderung

Die Alterswertminderung der Gebäude erfolgt nach dem linearen Abschreibungsmodell auf der Basis der sachverständig geschätzten wirtschaftlichen **Restnutzungsdauer** (RND) des Gebäudes und der jeweils üblichen **Gesamtnutzungsdauer** (GND) vergleichbarer Gebäude.

Wertminderung wegen Baumängel und Bauschäden

Die in der Gebäudebeschreibung aufgeführten Wertminderungen wegen zusätzlich zum Kaufpreis erforderlicher Aufwendungen insbesondere für die Beseitigung von Bauschäden und die erforderlichen (bzw. in den Wertermittlungsansätzen als schon durchgeführt unterstellten) Modernisierungen werden nach den Erfahrungswerten auf der Grundlage für diesbezüglich notwendige Kosten marktangepasst, d.h. der hierdurch (ggf. zusätzlich "gedämpft" unter Beachtung besonderer steuerlicher Abschreibungsmöglichkeiten) eintretenden Wertminderungen quantifiziert.

Sachwertfaktor

Der angesetzte objektartspezifische Sachwertfaktor k wird auf der Grundlage der verfügbaren Angaben des örtlichen Gutachterausschusses unter Hinzuziehung des in [1], Kapitel 3.03 veröffentlichten Gesamtsystems der bundesdurchschnittlichen Sachwertfaktoren als Referenz- und Ergänzungssystem, in dem die Sachwertfaktoren insbesondere gegliedert nach Objektart, Wirtschaftskraft der Region, Bodenwertniveau und Objektgröße (d.h. Gesamtgrundstückswert) angegeben sind, sowie eigener Ableitungen des Sachverständigen, insbesondere zu der regionalen Anpassung der v.g. bundesdurchschnittlichen Sachwertfaktoren, bestimmt.
Danach liegen Kaufpreise für gleichartige Grundstücke in dieser Region rd. 7 % unterhalb des ermittelten vorläufigen Sachwerts (d.h. des herstellungskostenorientiert berechneten Substanzwerts).

besondere objektspezifische Grundstücksmerkmale

Hier werden die wertmäßigen Auswirkungen der nicht in den Wertermittlungsansätzen des Sachwertverfahrens bereits berücksichtigten Besonderheiten des Objekts korrigierend insoweit berücksichtigt, wie sie offensichtlich waren oder vom Auftraggeber, Eigentümer etc. mitgeteilt worden sind.

besondere objektspezifische Grundstücksmerkmale		Wertbeeinflussung insg.
Bauschäden		-5.000,00 €
• Feuchtigkeitsschäden an der nördlichen Außenwand der unterkellerten Doppelgarage	-5.000,00 €	
Summe		-5.000,00 €

4.4 Ertragswertermittlung

4.4.1 Das Ertragswertmodell der Immobilienwertermittlungsverordnung

Das Modell für die Ermittlung des Ertragswerts ist in den §§ 17 - 20 ImmoWertV beschrieben.

Die Ermittlung des Ertragswerts basiert auf den marktüblich erzielbaren jährlichen Erträgen (insbesondere Mieten und Pachten) aus dem Grundstück. Die Summe aller Erträge wird als **Rohertrag** bezeichnet. Maßgeblich für den (Ertrags)Wert des Grundstücks ist jedoch der **Reinertrag**. Der Reinertrag ermittelt sich als Rohertrag abzüglich der Aufwendungen, die der Eigentümer für die Bewirtschaftung einschließlich Erhaltung des Grundstücks aufwenden muss (**Bewirtschaftungskosten**).

Das Ertragswertverfahren fußt auf der Überlegung, dass der dem Grundstückseigentümer verbleibende Reinertrag aus dem Grundstück die Verzinsung des Grundstückswerts (bzw. des dafür gezahlten Kaufpreises) darstellt. Deshalb wird der Ertragswert als **Rentenbarwert** durch Kapitalisierung des Reinertrags bestimmt.

Hierbei ist zu beachten, dass der Reinertrag für ein bebautes Grundstück sowohl die Verzinsung für den Grund und Boden als auch für die auf dem Grundstück vorhandenen baulichen (insbesondere Gebäude) und sonstigen Anlagen (z.B. Anpflanzungen) darstellt. Der Grund und Boden gilt grundsätzlich als unvergänglich (bzw. unzerstörbar). Dagegen ist die (wirtschaftliche) **Restnutzungsdauer** der baulichen und sonstigen Anlagen zeitlich begrenzt.

Der **Bodenwert** ist getrennt vom Wert der Gebäude und Außenanlagen i.d.R. im Vergleichswertverfahren (vgl. § 16 ImmoWertV) grundsätzlich so zu ermitteln, wie er sich ergeben würde, wenn das Grundstück unbebaut wäre.

Der auf den Bodenwert entfallende Reinertragsanteil wird durch Multiplikation des Bodenwerts mit dem **Liegenschaftszinssatz** bestimmt. (Der Bodenertragsanteil stellt somit die ewige Rentenrate des Bodenwerts dar.)

Der auf die baulichen und sonstigen Anlagen entfallende Reinertragsanteil ergibt sich als Differenz „(Gesamt)Reinertrag des Grundstücks“ abzüglich „Reinertragsanteil des Grund und Bodens“.

Der (Ertrags)**Wert der baulichen und sonstigen Anlagen** wird durch Kapitalisierung (d.h. Zeitrentenbarwertberechnung) des (Rein)Ertragsanteils der baulichen und sonstigen Anlagen unter Verwendung des Liegenschaftszinssatzes und der Restnutzungsdauer ermittelt.

Der vorläufige Ertragswert setzt sich aus der Summe von „Bodenwert“ und „Wert der baulichen und sonstigen Anlagen“ zusammen.

Ggf. bestehende **besondere objektspezifische Grundstücksmerkmale**, die bei der Ermittlung des vorläufigen Ertragswerts nicht berücksichtigt wurden, sind bei der Ableitung des Ertragswerts aus dem vorläufigen Ertragswert sachgemäß zu berücksichtigen.

Das **Ertragswertverfahren** stellt insbesondere durch Verwendung des aus Kaufpreisen abgeleiteten Liegenschaftszinssatzes **einen Kaufpreisvergleich** im Wesentlichen auf der Grundlage des marktüblich erzielbaren Grundstücksreinertrages dar.

4.4.2 Erläuterungen der bei der Ertragswertberechnung verwendeten Begriffe

Rohertrag (§ 18 Abs. 2 ImmoWertV)

Der Rohertrag umfasst alle bei ordnungsgemäßer Bewirtschaftung und zulässiger Nutzung marktüblich erzielbaren Erträge aus dem Grundstück. Bei der Ermittlung des Rohertrags ist von den üblichen (nachhaltig gesicherten) Einnahmemöglichkeiten des Grundstücks (insbesondere der Gebäude) auszugehen.

Weicht die tatsächliche Nutzung von Grundstücken oder Grundstücksteilen von den üblichen, nachhaltig gesicherten Nutzungsmöglichkeiten ab und/oder werden für die tatsächliche Nutzung von Grundstücken oder Grundstücksteilen vom Üblichen abweichende Entgelte erzielt, sind für die Ermittlung des Rohertrags zunächst die für eine übliche Nutzung marktüblich erzielbaren Erträge zugrunde zu legen.

Bewirtschaftungskosten (§ 19 ImmoWertV)

Die Bewirtschaftungskosten sind marktüblich entstehende Aufwendungen, die für eine ordnungsgemäße Bewirtschaftung und zulässige Nutzung des Grundstücks (insbesondere der Gebäude) laufend erforderlich sind. Die Bewirtschaftungskosten umfassen die Verwaltungskosten, die Instandhaltungskosten, das Mietausfallwagnis und die Betriebskosten.

Unter dem Mietausfallwagnis ist insbesondere das Risiko einer Ertragsminderung zu verstehen, die durch uneinbringliche Rückstände von Mieten, Pachten und sonstigen Einnahmen oder durch vorübergehenden Leerstand von Raum, der zur Vermietung, Verpachtung oder sonstigen Nutzung bestimmt ist, entsteht. Es umfasst auch das Risiko von uneinbringlichen Kosten einer Rechtsverfolgung auf Zahlung, Aufhebung eines Mietverhältnisses oder Räumung (§ 19 Abs. 2 Ziffer 3 ImmoWertV u. § 29 Satz 1 und 2 II. BV).

Zur Bestimmung des Reinertrags werden vom Rohertrag nur die Bewirtschaftungskosten(anteile) in Abzug gebracht, die vom Eigentümer zu tragen sind, d.h. nicht zusätzlich zum angesetzten Rohertrag auf die Mieter umgelegt werden können.

Ertragswert / Rentenbarwert (§ 17 Abs. 2 und § 20 ImmoWertV)

Der Ertragswert ist der auf die Wertverhältnisse am Wertermittlungsstichtag bezogene (Einmal)Betrag, der der Summe aller aus dem Objekt während seiner Nutzungsdauer erzielbaren (Rein)Erträge einschließlich Zinsen und Zinseszinsen entspricht. Die Einkünfte aller während der Nutzungsdauer noch anfallenden Erträge - abgezinst auf die Wertverhältnisse zum Wertermittlungsstichtag - sind wertmäßig gleichzusetzen mit dem Ertragswert des Objekts.

Als Nutzungsdauer ist für die baulichen und sonstigen Anlagen die (wirtschaftliche) Restnutzungsdauer anzusetzen, für den Grund und Boden unendlich (ewige Rente).

Liegenschaftszinssatz (§ 14 Abs. 3 ImmoWertV)

Der Liegenschaftszinssatz ist eine Rechengröße im Ertragswertverfahren. Er ist auf der Grundlage geeigneter Kaufpreise und der ihnen entsprechenden Reinerträge für mit dem Bewertungsgrundstück hinsichtlich Nutzung und Bebauung gleichartiger Grundstücke nach den Grundsätzen des Ertragswertverfahrens als Durchschnittswert abgeleitet (vgl. § 14 Nr. 3 Satz 2 ImmoWertV). Der Ansatz des (marktkonformen) Liegenschaftszinssatzes für die Wertermittlung im Ertragswertverfahren stellt somit sicher, dass das Ertragswertverfahren ein marktkonformes Ergebnis liefert, d.h. dem Verkehrswert entspricht.

Der Liegenschaftszinssatz ist demzufolge der Marktanpassungsfaktor des Ertragswertverfahrens. Durch ihn werden die allgemeinen Wertverhältnisse auf dem Grundstücksmarkt erfasst, soweit diese nicht auf andere Weise berücksichtigt sind.

Restnutzungsdauer (§ 6 Abs. 6 ImmoWertV)

Als Restnutzungsdauer wird die Anzahl der Jahre angesetzt, in denen die baulichen (und sonstigen) Anlagen bei ordnungsgemäßer Unterhaltung und Bewirtschaftung voraussichtlich noch wirtschaftlich genutzt werden können. Sie ist demnach entscheidend vom wirtschaftlichen, aber auch vom technischen Zustand des Objekts, nachrangig vom Alter des Gebäudes bzw. der Gebäudeteile abhängig. Instandsetzungen oder Modernisierungen oder unterlassene Instandhaltungen oder andere Gegebenheiten können die Restnutzungsdauer verlängern oder verkürzen.

Besondere objektspezifische Grundstücksmerkmale (§ 8 Abs. 2 und 3 ImmoWertV)

Unter den besonderen objektspezifischen Grundstücksmerkmalen versteht man alle vom üblichen Zustand vergleichbarer Objekte abweichenden individuellen Eigenschaften des Bewertungsobjekts (z.B. Abweichungen vom normalen baulichen Zustand, eine wirtschaftliche Überalterung, insbesondere Baumängel und Bauschäden (siehe nachfolgende Erläuterungen), oder Abweichungen von den marktüblich erzielbaren Erträgen).

Baumängel und Bauschäden (§ 8 Abs. 2 und 3 ImmoWertV)

Baumängel sind Fehler, die dem Gebäude i.d.R. bereits von Anfang an anhaften - z.B. durch mangelhafte Ausführung oder Planung. Sie können sich auch als funktionale oder ästhetische Mängel durch die Weiterentwicklung des Standards oder Wandlungen in der Mode einstellen.
Bauschäden sind auf unterlassene Unterhaltungsaufwendungen, auf nachträgliche äußere Einwirkungen oder auf Folgen von Baumängeln zurückzuführen.
Für behebbare Schäden und Mängel werden die diesbezüglichen Wertminderungen auf der Grundlage der Kosten geschätzt, die zu ihrer Beseitigung aufzuwenden sind. Die Schätzung kann durch pauschale Ansätze oder auf der Grundlage von auf Einzelpositionen bezogene Kostenermittlungen erfolgen.
Der Bewertungssachverständige kann i.d.R. die wirklich erforderlichen Aufwendungen zur Herstellung eines normalen Bauzustandes nur überschlägig schätzen, da

- nur zerstörungsfrei - augenscheinlich untersucht wird,
- grundsätzlich keine Bauschadensbegutachtung erfolgt (dazu ist die Beauftragung eines Bauschadens-

sind. Die Bewirtschaftungskosten umfassen die Verwaltungskosten, die Instandhaltungskosten, das Mietausfallwagnis und die Betriebskosten.

Unter dem Mietausfallwagnis ist insbesondere das Risiko einer Ertragsminderung zu verstehen, die durch uneinbringliche Rückstände von Mieten, Pachten und sonstigen Einnahmen oder durch vorübergehenden Leerstand von Raum, der zur Vermietung, Verpachtung oder sonstigen Nutzung bestimmt ist, entsteht. Es umfasst auch das Risiko von uneinbringlichen Kosten einer Rechtsverfolgung auf Zahlung, Aufhebung eines Mietverhältnisses oder Räumung (§ 19 Abs. 2 Ziffer 3 ImmoWertV u. § 29 Satz 1 und 2 II. BV).

Zur Bestimmung des Reinertrags werden vom Rohertrag nur die Bewirtschaftungskosten(anteile) in Abzug gebracht, die vom Eigentümer zu tragen sind, d.h. nicht zusätzlich zum angesetzten Rohertrag auf die Mieter umgelegt werden können.

Ertragswert / Rentenbarwert (§ 17 Abs. 2 und § 20 ImmoWertV)

Der Ertragswert ist der auf die Wertverhältnisse am Wertermittlungsstichtag bezogene (Einmal)Betrag, der der Summe aller aus dem Objekt während seiner Nutzungsdauer erzielbaren (Rein)Erträge einschließlich Zinsen und Zinseszinsen entspricht. Die Einkünfte aller während der Nutzungsdauer noch anfallenden Erträge - abgezinst auf die Wertverhältnisse zum Wertermittlungsstichtag - sind wertmäßig gleichzusetzen mit dem Ertragswert des Objekts.

Als Nutzungsdauer ist für die baulichen und sonstigen Anlagen die (wirtschaftliche) Restnutzungsdauer anzusetzen, für den Grund und Boden unendlich (ewige Rente).

Liegenschaftszinssatz (§ 14 Abs. 3 ImmoWertV)

Der Liegenschaftszinssatz ist eine Rechengröße im Ertragswertverfahren. Er ist auf der Grundlage geeigneter Kaufpreise und der ihnen entsprechenden Reinerträge für mit dem Bewertungsgrundstück hinsichtlich Nutzung und Bebauung gleichartiger Grundstücke nach den Grundsätzen des Ertragswertverfahrens als Durchschnittswert abgeleitet (vgl. § 14 Nr. 3 Satz 2 ImmoWertV). Der Ansatz des (marktkonformen) Liegenschaftszinssatzes für die Wertermittlung im Ertragswertverfahren stellt somit sicher, dass das Ertragswertverfahren ein marktkonformes Ergebnis liefert, d.h. dem Verkehrswert entspricht.

Der Liegenschaftszinssatz ist demzufolge der Marktanpassungsfaktor des Ertragswertverfahrens. Durch ihn werden die allgemeinen Wertverhältnisse auf dem Grundstücksmarkt erfasst, soweit diese nicht auf andere Weise berücksichtigt sind.

Restnutzungsdauer (§ 6 Abs. 6 ImmoWertV)

Als Restnutzungsdauer wird die Anzahl der Jahre angesetzt, in denen die baulichen (und sonstigen) Anlagen bei ordnungsgemäßer Unterhaltung und Bewirtschaftung voraussichtlich noch wirtschaftlich genutzt werden können. Sie ist demnach entscheidend vom wirtschaftlichen, aber auch vom technischen Zustand des Objekts, nachrangig vom Alter des Gebäudes bzw. der Gebäudeteile abhängig. Instandsetzungen oder Modernisierungen oder unterlassene Instandhaltungen oder andere Gegebenheiten können die Restnutzungsdauer verlängern oder verkürzen.

Besondere objektspezifische Grundstücksmerkmale (§ 8 Abs. 2 und 3 ImmoWertV)

Unter den besonderen objektspezifischen Grundstücksmerkmalen versteht man alle vom üblichen Zustand vergleichbarer Objekte abweichenden individuellen Eigenschaften des Bewertungsobjekts (z.B. Abweichungen vom normalen baulichen Zustand, eine wirtschaftliche Überalterung, insbesondere Baumängel und Bauschäden (siehe nachfolgende Erläuterungen), oder Abweichungen von den marktüblich erzielbaren Erträgen).

Baumängel und Bauschäden (§ 8 Abs. 2 und 3 ImmoWertV)

Baumängel sind Fehler, die dem Gebäude i.d.R. bereits von Anfang an anhaften - z.B. durch mangelhafte Ausführung oder Planung. Sie können sich auch als funktionale oder ästhetische Mängel durch die Weiterentwicklung des Standards oder Wandlungen in der Mode einstellen.
Bauschäden sind auf unterlassene Unterhaltungsaufwendungen, auf nachträgliche äußere Einwirkungen oder auf Folgen von Baumängeln zurückzuführen.
Für behebbare Schäden und Mängel werden die diesbezüglichen Wertminderungen auf der Grundlage der Kosten geschätzt, die zu ihrer Beseitigung aufzuwenden sind. Die Schätzung kann durch pauschale Ansätze oder auf der Grundlage von auf Einzelpositionen bezogene Kostenermittlungen erfolgen.
Der Bewertungssachverständige kann i.d.R. die wirklich erforderlichen Aufwendungen zur Herstellung eines normalen Bauzustandes nur überschlägig schätzen, da

- nur zerstörungsfrei - augenscheinlich untersucht wird,
- grundsätzlich keine Bauschadensbegutachtung erfolgt (dazu ist die Beauftragung eines Bauschadens-

4.4.4 Erläuterungen zu den Wertansätzen in der Ertragswertberechnung

Wohn- bzw. Nutzflächen
Die Berechnungen der Wohn- bzw. Nutzflächen wurden von mir durchgeführt. Sie orientieren sich an der Wohnflächen- und Mietwertrichtlinie - Richtlinie zur wohnwertabhängigen Wohnflächenberechnung und Mietwertermittlung (WMR), in der die von der Rechtsprechung insbesondere für Mietwertermittlungen entwickelten Maßgaben zur wohnwertabhängigen Anrechnung der Grundflächen auf die Wohnfläche systematisiert sind (vgl. Literaturverzeichnis [2], Teil 1, Kapitel 15). Die Berechnungen weichen demzufolge teilweise von den diesbezüglichen Vorschriften (DIN 277; WoFlV) ab; sie sind deshalb nur als Grundlage dieser Wertermittlung verwendbar.

Rohertrag
Die Basis für die Ermittlung des Rohertrags ist die aus dem Grundstück marktüblich erzielbare Nettokaltmiete. Diese entspricht der jährlichen Gesamtmiete ohne sämtliche auf den Mieter zusätzlich zur Grundmiete umlagefähigen Bewirtschaftungskosten. Sie wird auf der Grundlage von Vergleichsmieten für mit dem Bewertungsgrundstück vergleichbar genutzte Grundstücke

- aus der Mietpreissammlung des Sachverständigen und
- ggf. aus dem Mietspiegel der Gemeinde oder vergleichbarer Gemeinden

als mittelfristiger Durchschnittswert abgeleitet.

Bewirtschaftungskosten
Die vom Vermieter zu tragenden Bewirtschaftungskostenanteile werden auf der Basis von Marktanalysen vergleichbar genutzter Grundstücke (insgesamt als prozentualer Anteil am Rohertrag, oder auch auf €/m² Wohn- oder Nutzfläche bezogen oder als Absolutbetrag je Nutzungseinheit bzw. Bewirtschaftungskostenanteil) bestimmt.
Dieser Wertermittlung werden u.a. die in [1], Kapitel 3.05 veröffentlichten durchschnittlichen Bewirtschaftungskosten zugrunde gelegt. Dabei wurde darauf geachtet, dass dasselbe Bestimmungsmodell verwendet wurde, das auch der Ableitung der Liegenschaftszinssätze zugrunde liegt.

Liegenschaftszinssatz

Der für das Bewertungsobjekt angesetzte Liegenschaftszinssatz wurde auf der Grundlage

- der verfügbaren Angaben des örtlichen Gutachterausschusses unter Hinzuziehung
- des in [1], Kapitel 3.04 veröffentlichten Gesamtsystems der bundesdurchschnittlichen Liegenschaftszinssätze als Referenz- und Ergänzungssystem, in dem die Liegenschaftszinssätze gegliedert nach Objektart, Restnutzungsdauer des Gebäudes sowie Objektgröße (d.h. des Gesamtgrundstückswerts) angegeben sind, sowie
- eigener Ableitungen des Sachverständigen, insbesondere zu der regionalen Anpassung der v.g. bundesdurchschnittlichen Liegenschaftszinssätze,

bestimmt.

Gesamtnutzungsdauer

Die übliche wirtschaftliche Nutzungsdauer = Gesamtnutzungsdauer (GND) ergibt sich aus der für die Bestimmung der NHK gewählten Gebäudeart sowie dem Gebäudeausstattungsstandard. Sie ist deshalb wertermittlungstechnisch dem Gebäudetyp zuzuordnen und ebenfalls aus [1], Kapitel 3.01.1 entnommen.

Vgl. diesbezüglich die differenzierte GND-Ermittlung in der Sachwertermittlung.

Restnutzungsdauer
Als Restnutzungsdauer ist in erster Näherung die Differenz aus "üblicher Gesamtnutzungsdauer" abzüglich "tatsächlichem Lebensalter am Wertermittlungsstichtag" angesetzt. Diese wird allerdings dann verlängert (d.h. das Gebäude fiktiv verjüngt), wenn beim Bewertungsobjekt wesentliche Modernisierungsmaßnahmen durchgeführt wurden oder in den Wertermittlungsansätzen unmittelbar erforderliche Arbeiten zur Beseitigung des Unterhaltungsstaus sowie zur Modernisierung in der Wertermittlung als bereits durchgeführt unterstellt werden.
Zur Bestimmung der Restnutzungsdauer insbesondere unter Berücksichtigung von durchgeführten oder zeitnah durchzuführenden wesentlichen Modernisierungsmaßnahmen wird das in [1], Kapitel 3.02.4 beschriebene Modell angewendet.

besondere objektspezifische Grundstücksmerkmale

Hier werden die wertmäßigen Auswirkungen der nicht in den Wertermittlungsansätzen des Ertragswertverfahrens bereits berücksichtigten Besonderheiten des Objekts korrigierend insoweit berücksichtigt, wie sie offensichtlich waren oder vom Auftraggeber, Eigentümer etc. mitgeteilt worden sind.

besondere objektspezifische Grundstücksmerkmale		Wertbeeinflussung insg.
Bauschäden		-5.000,00 €
• Feuchtigkeitsschäden an der nördlichen Außenwand der unterkellerten Doppelgarage	-5.000,00 €	
Summe		-5.000,00 €

4.5 Verkehrswert

Grundstücke mit der Nutzbarkeit des Bewertungsgrundstücks werden üblicherweise zu Kaufpreisen gehandelt, die sich vorrangig am Sachwert orientieren.
Der **Sachwert** wurde zum Wertermittlungsstichtag mit rd. **534.000,00 €** ermittelt.
Der zur Stützung ermittelte **Ertragswert** beträgt rd. **536.000,00 €**.

Der **Verkehrswert** für das mit einem Einfamilienwohnhaus bebaute Grundstück in 82335 Berg, Salzstraße 24

Grundbuch *Starnberg*	Blatt *885*	lfd. Nr. *1*
Gemarkung *Berg*	Flur	Flurstücke *376/4*

wird zum Wertermittlungsstichtag 17.05.2010 mit rd.

534.000,00 €

in Worten: fünfhundertvierunddreißigtausend Euro

geschätzt.

Der Sachverständige bescheinigt durch seine Unterschrift zugleich, dass ihm keine Ablehnungsgründe entgegenstehen, aus denen jemand als Beweiszeuge oder Sachverständiger nicht zulässig ist oder seinen Aussagen keine volle Glaubwürdigkeit beigemessen werden kann.

Inning, den 17. Mai 2010

Dipl. Ing. (FH) Bernhard Metzger

Hinweise zum Urheberschutz und zur Haftung

Urheberschutz, alle Rechte vorbehalten. Das Gutachten ist nur für den Auftraggeber und den angegebenen Zweck bestimmt. Eine Vervielfältigung oder Verwertung durch Dritte ist nur mit schriftlicher Genehmigung gestattet.

Der Auftragnehmer haftet unbeschränkt, sofern der Auftraggeber oder (im Falle einer vereinbarten Drittverwendung) ein Dritter Schadenersatzansprüche geltend macht, die auf Vorsatz oder grobe Fahrlässigkeit, einschließlich von Vorsatz oder grober Fahrlässigkeit der Vertreter oder Erfüllungsgehilfen des Auftragnehmers beruhen, in Fällen der Übernahme einer Beschaffenheitsgarantie, bei arglistigem Verschweigen von Mängeln, sowie in Fällen der schuldhaften Verletzung des Lebens, des Körpers oder der Gesundheit.

In sonstigen Fällen der leichten Fahrlässigkeit haftet der Auftragnehmer nur, sofern eine Pflicht verletzt wird, deren Einhaltung für die Erreichung des Vertragszwecks von besonderer Bedeutung ist (Kardinalpflicht). In einem solchen Fall ist die Schadensersatzhaftung auf den vorhersehbaren und typischerweise eintretenden Schaden begrenzt.

Die Haftung nach dem Produkthaftungsgesetz bleibt unberührt.

Ausgeschlossen ist die persönliche Haftung des Erfüllungsgehilfen, gesetzlichen Vertreters und Betriebsangehörigen des Auftragnehmers für von ihnen durch leichte Fahrlässigkeit verursachte Schäden.

Die Haftung für die Vollständigkeit, Richtigkeit und Aktualität von Informationen und Daten, die von Dritten im Rahmen der Gutachtenbearbeitung bezogen oder übermittelt werden, ist auf die Höhe des für den Auftragnehmer möglichen Rückgriffs gegen den jeweiligen Dritten beschränkt.

Eine über das Vorstehende hinausgehende Haftung ist ausgeschlossen bzw. ist für jeden Einzelfall auf maximal 1.000.000,00 EUR begrenzt.

Außerdem wird darauf hingewiesen, dass die im Gutachten enthaltenen Karten (z.B. Straßenkarte, Stadtplan, Lageplan, Luftbild, u.ä.) und Daten urheberrechtlich geschützt sind. Sie dürfen nicht aus dem Gutachten separiert und/oder einer anderen Nutzung zugeführt werden. Falls das Gutachten im Internet veröffentlicht wird, wird zudem darauf hingewiesen, dass die Veröffentlichung nicht für kommerzielle Zwecke gestattet ist. Im Kontext von Zwangsversteigerungen darf das Gutachten bis maximal zum Ende des Zwangsversteigerungsverfahrens veröffentlicht werden, in anderen Fällen maximal für die Dauer von 6 Monaten.

5 Rechtsgrundlagen, verwendete Literatur und Software

5.1 Rechtsgrundlagen der Verkehrswertermittlung

BauGB:
Baugesetzbuch i.d.F. der Bekanntmachung vom 23.September 2004 (BGBl. I S. 2414), zuletzt geändert durch Artikel 4 des Gesetzes vom 29. Juli 2009 (BGBl. I S. 2542)

BauNVO:
Baunutzungsverordnung – Verordnung über die bauliche Nutzung der Grundstücke vom 23. Januar 1990 (BGBl. I S. 132), zuletzt geändert durch Art. 3 des Investitionserleichterungs- und Wohnbaulandgesetzes vom 22. April 1993 (BGBl. I S. 466)

ImmowertV:
Immobilienwertermittlungsverordnung – Verordnung über die Grundsätze für die Ermittlung der Verkehrswerte von Grundstücken vom x. xxxxxx 2010 (BGBl. I S. xxxx)

WertR:
Wertermittlungsrichtlinien – Richtlinien für die Ermittlung der Verkehrswerte (Marktwerte) von Grundstücken in der Fassung vom 1. März 2006 (BAnz Nr. 108a vom 10. Juni 2006)

BGB:
Bürgerliches Gesetzbuch vom 2. Januar 2002 (BGBl. I S. 42, 2909), zuletzt geändert durch Artikel 1 des Gesetzes vom 28. September 2009 (BGBl. I S. 3161)

EnEV:
Energieeinsparverordnung – Verordnung über energiesparenden Wärmeschutz und energiesparende Anlagentechnik bei Gebäuden i.d.F. der Bekanntmachung vom 24. Juli 2007 (BGBl. I S. 1519), zuletzt geändert durch Artikel 1 des Gesetzes vom 29. April 2009 (BGBl. I S. 954)

WoFlV:
Wohnflächenverordnung – Verordnung zur Berechnung der Wohnfläche vom 25. November 2003 (BGBl. I S. 2346)

BetrKV:
Betriebskostenverordnung – Verordnung über die Aufstellung von Betriebskosten vom 25. November 2003 (BGBl. I S. 2346)

WMR:
Wohnflächen- und Mietwertrichtlinie – Richtlinie zur wohnwertabhängigen Wohnflächenberechnung und Mietwertermittlung vom 18. Juli 2007 ([1], Kapitel 2.12.4)

DIN 283:
DIN 283 Blatt 2 "Wohnungen; Berechnung der Wohnflächen und Nutzflächen" (Ausgabe Februar 1962; obwohl im Oktober 1983 zurückgezogen findet die Vorschrift in der Praxis weiter Anwendung)

II. BV:
Zweite Berechnungsverordnung - Verordnung über wohnungswirtschaftliche Berechnungen in der Fassung vom 12. Oktober 1990 (BGBl. I S. 2178), zuletzt geändert durch Artikel 3 der Verordnung vom 25. November 2003 (BGBl. I S. 2346)

5.2 Verwendete Wertermittlungsliteratur

[1] **Sprengnetter (Hrsg.):** Immobilienbewertung - Marktdaten und Praxishilfen, Loseblattsammlung, Sprengnetter Immobilienbewertung, Sinzig 2010

[2] **Sprengnetter (Hrsg.):** Immobilienbewertung - Lehrbuch und Kommentar; Loseblattsammlung. Sprengnetter Immobilienbewertung, Sinzig 2010

[3] **Sprengnetter/Kierig u.a.:** Sprengnetter - Bibliothek, EDV-gestützte Entscheidungs-, Gesetzes-, Literatur- und Adresssammlung zur Grundstücks- und Mietwertermittlung sowie Bodenordnung, Version 20.0, Sprengnetter GmbH, Sinzig 2010

5.3 Verwendete fachspezifische Software

Das Gutachten wurde unter Verwendung des von der Sprengnetter GmbH, Sinzig entwickelten Softwareprogramms "Sprengnetter - ProSa" erstellt.

6 Verzeichnis der Anlagen [4]

Anlage 1: Auszug aus der Straßenkarte im Maßstab 1 : 150.000 mit Kennzeichnung der großräumigen Lage des Bewertungsobjekts

Anlage 2: Auszug aus dem Stadtplan im Maßstab 1 : 20.000 mit Kennzeichnung der innerörtlichen Lage des Bewertungsobjekts

Anlage 3: Auszug aus der Katasterkarte im Maßstab 1 : 1.000 mit Kennzeichnung des Bewertungsobjekts

Anlage 4: Fotoübersichtsplan und Fotos in Anlage 5 (Aufnahmestandort, Aufnahmerichtung, Bildnummern)

Anlage 5: Fotos mit Bildnummern entsprechend Anlage 4

Anlage 6: Gebäudeansichten, Grundrisse und Schnitte

Anlage 7: Wohn- und Nutzflächenberechnungen

[4] Die Anlagen wurden aus Gründen der Anonymität nicht beigefügt

Notizen

Notizen